人物叢書

新装版

大黒屋光太夫

だいこくやこうだゆう

亀井高孝

日本歴史学会編集

吉川弘文館

光太夫と磯吉

『奇観録』(『漂民御覧之記』漢訳)所載　漂民御覧の際の写生図による。光太夫の胸間にさげられたものは金牌，右手にもつものは，魁蔵(まるとう)の杖である。氈笠(けおりのかさ)は磯吉が左の手にもっていて，本文の記事とちがっている。(144 ページ参照)

書　簡（部分）

（本文173ページ参照）

光太夫の

旗艦エカテリナ二世号

（本文 123, 126 ページ参照）

はしがき

明治天皇崩御のあと間もないころである。九段に近い神田の和書専門の店でめずらしい本を手に入れた。その本そのものは戦災でなくしたので記憶にたよるほかはないが、第一枚目に「江戸古書儈達磨屋五一」という角印と、楕円形の「待賈堂」の黒印が押されていたと思う。達磨屋は江戸末期で名うての本屋だったそうだが、その本は当時でも珍らしいものなので、主人が売品にせず捺印して愛蔵していたものらしい。漂流ものであるが、石井研堂翁編の『漂流奇談全集』の中にも採録されていない。これが『北槎聞略』である。新村出博士の『伊勢漂民の事蹟』に接したのは、そのすぐ後のことであった。私蔵本はその後、東大法学部政治学教室の某氏を経て吉野作造教授の目にとまり、同教室でこれを台本として写本された筈である。それほどこの本は当時世に知られない稀覯本であった。かねて出版報国を念願とされていた三秀舎主島連太郎氏は、東洋文庫長岩井大慧君を通じ本書の上梓を快諾された。よって私蔵本を台本にして原稿をつくり、内閣文庫所蔵の正本（将軍進献本）について厳密な校合をとげ、内容の点で正本を彷彿させる豪華な私刊本として世に送ったのが昭和十二年である。ここに改めて島翁の篤志に感謝したい。本書は日露国交史の文献を飾る最初のすぐれた編著であって、桂川甫周という当代第一流の蘭学者が親しく筆録し、漂民光太夫の体験をば彼の口から語らしめたもっとも価値の高い漂流物語である。この複刻本をもととしてソ連科学者の手で近く全訳が上梓される筈であり、それとは別にアメリカでも同国在住の日本婦人によって翻訳が進められつつある。

　本書の主人公大黒屋光太夫についての研究は上記の如く新村博士によって『伊勢漂民の事蹟』と題して公けにされたが、大正初期までに入手しえられるあらゆる内外の文献を駆使されて博引旁証もらす所なく彼の事蹟を論及されて余蘊がない。光太夫評伝として永く最高の典拠として推奨さるべき名著である。拙著もそれに負う所多く、内容において多くその埒外に立つものではない。しかし同論攷の発表以来半世紀間に、博士の見落されたもの、あるいはあらたに見出だされた資料文献も少なしとしない。私は本稿起草に当って『北槎聞略』を軸として、新資料に眼をさらし、またソ連・日本諸学者の援助をえて幸いにも本書の脱稿を見た。ただし私は光太夫に関係ありと見られる大小さまざまの日本文献をすべてもれなく渉猟したわけではない。それは徒らに労多くして功がこれに伴わないし、それら一々について真偽・異同、ないし矛盾の個所を列挙考証するのはこの小冊子のよくする所でないからである。従って大体巻末にしるした文献書目を主たる参考資料とした。そのため多少の逸脱は保しがたいかもしれないが諒とせられたい。

昭和三十九年六月

亀井高孝

本書を読まれる方に申し上げる

本書における暦日・里程・時刻は光太夫の言うところをそのままに記したので、正しいとは言いがたい場合もあろう。その上その表現が現に行なわれているものとちがっているが、それを正確に今に換算しえない点もあるから、わざともとの表現に従っておくことを許されたい。里とあるは古来の日本の里ではなくロシア里であって、「一里は日本の五百間で、十町弱」とあるから、ここにいう一里とは一キロメートルかと思われるが、メートル法はとらずそのままにする。また時刻は、十二支による呼び方をしている。これは午前・午後・夜中など大体のことはわかるが、夏冬または緯度の高低によって違うので、二十四時制にあてはめるとくるってくるし、彼が懐中時計をもつようになったのがいつごろからか明らかでないから、むしろ元の表記に従い、括弧の中に現代の時をはさむことにした。暦日の場合は旧暦・

新暦のほか、あの当時のロシア暦はいわゆるユリウス暦でグレゴリウス暦とは十一—一二日の開きがあるし、彼のいうところは大体ロシアの暦日と思われるから、これを現行の暦日に換算することは必ずしも難事ではないけれども、それほどの必要なしと見てもとのままに従う。

目次

口絵

挿図

序説

一　鎖国までの日欧関係概観

四面海にめぐらされている日本列島は、われらの祖先が住みついた遠い昔から、あらゆる海難の苦にさいなまれ、今日もなお変りないことは、この国土に負わされている宿命である。数千年この方数しられぬ海上遭難者がどのような方面でどのような形で漂流し遭難したかは、むろんはっきり知りようはない。内閣文庫に所蔵されている多数の文献や、明治時代に刊行された石井研堂翁編にかかる『漂流奇談全集』などによって、江戸時代に入ってからの漂流談を読みあさると、一往の見当はつけられるし、思いもよらぬ「漂流奇談」一に接して津々(しんしん)として興味つきないものがある。それらの中でも、ことにあらゆる点から圧巻とみてしかるべきは、本書にのべようとするロシア漂泊十年の大黒屋光太夫の物語であろう。彼の前にロシア領に漂着し、そのまま行方不明になった日本人がどれほどだか、もとよりわかる筈はないが、ロシアの文献にのこされてその消息が多少なり明らかなのは約四件である。彼はそのあとを受けた漂流者であるが、最初の祖国帰還者となりえたのは、彼の切なる帰国願がみとめられたことと、それ以上に、ロシア側で彼を橋渡しとして日本を開国させようとした底意があったからである。その点で彼の帰国は鎖国後最初の日本とヨーロッパ——ロシアとの外交折衝の皮切となったのである。よってまず遡って鎖国以前までの日欧関係の大勢を見渡し、つぎにロシアの千島方面進出以後における日露両国の北海方面についての動きをしるしたあと、光太夫について筆を進めるであろう。

日本人の対外活動

わが国は北太平洋の中央にあって西南から東北に長く延びているから、世界の海洋を自由に乗廻わせる利点をもっている。それにもかかわらず、東海に孤立してゆたかな自然に恵まれており、生活のかてを強いて遠く外にもとめる必要がない国柄なので、古来対外活動はあまり振わなかった。史上にあらわれる日本と外国との交渉は神功皇后この方戦国末までいうに足りない。その間にあって沿岸の民は、海の幸(さち)を求め海上交通の便に乗じて全国各地方で盛んに舟出したであろう。中でも西南日本での辺民は早くから大陸や南洋各地への航海貿易を行なっており、特に鎌倉時代末から戦国時代にかけては、国内政情の不安と表裏して中央政府とつながりをもたない分散的・無統制な活動が跋扈(ばっこ)して、そのあげく倭寇の形となった。その時代の世界をごく大ざっぱに見渡すと、わが国では室町幕府時代の十五−六世紀は全国的に分国対立の不安動揺期に属する。しかるに西ヨーロッパでは日本に先んじて十五世紀末ころまでにその諸国の多くは、中世的封建制度が克服されて中央集権的専制王権に取って代られ、蓄積された国力を外に発揚すべき機運が盛り上って来た。西欧諸国の世界海洋制覇という近世運動がここに展開されるのである。

ポルトガル人の種ヶ島渡来

この運動のさきがけをなしたのはポルトガル・イスパニアの両国であるが、コロンブスがさがし求めていたジパングは、一五四三年（天文十二年）ポルトガル人の種ヶ島到着によって発見の緒（いとぐち）が開かれた。一五四九年早くもイエズス会東洋布教総監フランシスコ＝ザビエルが渡来するに及んで、キリシタン宗門はじめ、近世初期に花咲いた西欧文物が輸入され、九州・中国から京阪にかけて新奇好みの西国諸大名の関心をかき立てた。中でも時代が戦国末期だっただけに、時代の先端に立ったのが「種ヶ島」の名で一般化した鉄砲であった。

外国に対する恐怖心

ところでポルトガル・イスパニア二国の初期資本主義的運動は、その中に十字軍的なカトリック主義が混在していたので、現世的な且つ実利追求の欧州近代運動との間に互に相容れがたい矛盾がひそんでいた。そのため一時さしもに繁栄した両国の国運も約百年の後、次いで興った新興諸国に圧せられて急に下り坂となった。この事実は両国の対日関係の上でも例外なく反映されている。ポルトガル人の種ヶ島渡来後約半世紀の間に、わが国は織豊二氏によって国内統一の態勢が整えられた。この期間に、キリシタン宗門は宣教師の献身的な努力によって主として西部日本において急速に且つ確実に根を張り枝をひろげたにかかわらず、彼らの中で慎重を欠き行過ぎた振舞が行われたのが禍いして、世界情勢の動向に暗かった日本の政治家をしてキリシタン諸派の宣伝を不当に恐怖させた。そのため織豊二氏のあとを受けて封建体制を完成した徳川氏をして、国内の秩序維持、キリシタン撲滅のためには、貿易上の利益を犠牲にして世界に対して門戸を鎖ざさせてしまった。近代精神およびその活動と全く背馳する不自然な鎖国政策の殻の中に自ら好んでもぐりこむ結果となったのである。

西欧諸国の植民活動

十六世紀の西ヨーロッパは、新旧両教国家の政治上・宗教上の騒乱に明け暮れたが、結局十七世紀の中ごろ結ばれたウェストファリア条約によって、政治と宗教との関係は一往清算された。その後は現実的な政治活動と経済的利益追求に徹したプロテスタント諸国すなわちオランダ・イギリス・フランスが優位に立ち、西ヨーロッパの現実勢力は中世的なものを払拭（ふっしき）して新時代へと進んでゆく。まさにこの時、イギリスではクロンウェルのピューリタン独裁、フランスでは太陽王ルイ十四世の親政独裁の初年に当って財政総監コルベール執政の際である。両国ともに重商主義的経済政策を行なって海洋に覇を争った。いまやインドと東南アジアはポルトガル・イスパニア制覇時代が終りをつげて、オランダ・イギリス・フランスの植民活動の舞台となる。徳川氏が鎖国政策を強行した年（一六三九）の二十年後に過ぎないのである。

十八世紀に入ると海洋活動の先駆者であったポルトガル・イスパニアが第一線

から消えたばかりでなく、両国を凌いで東洋航路を確保し且つ東南アジア諸島をひろく占領したオランダも本国自体が小国のため、英仏両国の板挾みにあってその活動は鈍化した。最後にのこったのはイギリスとフランスであるが、両国雌雄の決戦は、インドでも北米でもイギリスが決定的勝利を収めてフランスは新旧両大陸の植民地の大半を失った。こうして二十世紀初めまでユニオンジャックの旗が七つの海洋にへんぽんとひるがえるのである。

英・仏両国の太平洋探検

さて西ヨーロッパ諸国の海洋発展は、十八世紀における文化活動の進歩に伴って未知の世界探検を促進し、広漠たる東太平洋の海上が縦横に乗りまわされた。イギリスの大探検家クックの三回の探検（一七六八—七九）はオーストラリアを英領とする緒（いとぐち）となり、それに刺激されてフランスでもルイ十六世の命を奉じたラペルーズは一七八五—八八年にかけて日本周辺の北太平洋の状況を明らかにした。彼は宗谷（そうや）海峡（外国ではラペルーズ海峡と呼ぶ）を横切ったが、彼の日本海通過は久しく眠っていたわが国民の夢をおどろかした。

「はんべんごろう」事件

それにもましてわが官民に寝耳に水であったのは「はんべんごろう」の日本近海出没である。彼の名は正しくはベニヨーウスキーという。自称ハンガリー貴族であって、ヨーロッパにおけるある戦争で戦犯者としてロシアの俘虜となりカムチャツカに流刑された。猟奇冒険家である彼は同地官憲に反抗して同じ流刑囚約七十人を語らい、一七七一年官船を奪って洋上に脱出した。彼らは日本近海に沿うて南下し、その途すがらわが沿岸民から食糧や飲料水の補給をえた。その場所は明らかでないが紀伊・阿波の辺である。ベニヨーウスキーは奄美大島から長崎のオランダ商館長あてに書簡をのこしてアモイに去った。その書簡の中で、奇怪にも彼はロシアの日本侵略の陰謀が間近だとのべている。この密告は無稽の風説を流したものと見たいが、当時の日本人の神経を不必要に刺激した。

ロシアの北太平洋進出

日本と外国との交渉はそれまで殆んどすべてが西南方面であった。いまや新しくはじめて北海方面からの圧力が日本に加えられるようになった。ほかならぬロシア帝国である。ロシアは地理的位置に制約されて、アジア進出の上では南方の海上を通る西欧諸国と全くちがった地続きの陸路をとり、ウラルを越えてひたぶるにシベリアを東進したのち北方海上から日本に迫るのであるが、それについては改めて後でのべる。

日本の対外認識の不足

以上で近世ヨーロッパ諸国のわが国への動きを中心としてその海洋進出のあらましをのべた。その締め括りとして受身の立場にあったその当時の日本についてのべよう。海洋制覇の先進国ポルトガル・イスパニアは最も強力な国家権力の至上命令のもとにその政策を強行した。それに取って代った蘭・英・仏の三国はその海洋活動に当って東インド会社の形態をとっていたが、同じく国家権力を背後に負うていた。それら諸国民はいずれもアジアの貨物ことに香料に対する異常な執念をもち、それら東南アジア商品を売捌(さば)くべきひろい市場を全ヨーロッパにひかえて莫大な利益を収めていた。しかるに日本ではこれと事情がちがっている。室町時代、瀬戸内・九州の大名・豪族らの西南海上への活動は中央政府を無視した無統制なまたしばしば半海賊的な散発的活動でもあった。織豊二氏の手で漸く国家統一の実があがってからは、南蛮人の来船と呼応して中央政府でも海外貿易への道は進められた。関ヶ原役後、徳川家康は平和的貿易に強い関心を示し、御朱印船は一時大いに活躍した。しかし日本の場合、営利追求を目的とする博多や長崎商人のもたらし帰る海外知識が貧弱かつ不正確であったため、日本人の海外雄飛には殆んど役に立たない（秀吉がフィリピン太守やインド副王に対する威喝的態度などその著しいあらわれである）。唯一の例外は伊達政宗が海外情勢偵察のために支倉常長を遣わしたことであろうが、これも鎖国寸前の国内事情のために徒労に帰した。その上海外貿易そのものもわが国の場合、西欧諸国の例に見るようなひろい国際市場

対外政策の貧困

を対手にするのではなく、せいぜい国内一部の好奇心充足程度にすぎず、国家的

利益を大きく左右するものでなかった。この点でたとえばイギリスがイスパニアのインヴィンシブル＝アルマダ（無敵艦隊）の来襲を迎えて国運を賭しての大勝を博しその後三百年、世界七つの海洋を支配する礎（いしずえ）を開いた場合とは全く事情がちがっている。このような世界知識に対する盲目と、それにもとづく謂われないキリシタン恐怖症とのかねあいにおいて、江戸幕府は海上航行のまだ不安定な風帆船（ふうはんせん）時代、台風圏内に安んじえられたわが国をして消極的な鎖国政策に踏切らせたのが一六三九年（寛永十六年）であって、これから二百年余、わが国は自ら好んで近世諸国家の動きに対して無関心のままにすごすのだが、これと全く対蹠（たいしょ）的に西欧諸国は海洋制覇・植民運動に鎬（しのぎ）を削る時代に入るのである。わが日本の現代の立遅れは全く時を同じうした十七世紀中ごろにおける両者の百八十度反対する国策にもとづいている。

鎖国に入った江戸時代は民間産業がしだいに盛んになり、平和安逸になれた国民の間に奢侈(しゃし)遊楽の風がひろまった。都会の繁栄と一部商工業は大いに隆昌したが、そのため逆に支配階級である武士の階層と、彼らに搾取された働き蜂である農民層とは日ましに貧困に陥って封建社会の矛盾をさながらに露呈した。幕府はじめ全国諸藩の殖産興業の奨励も焼石に水に過ぎず、鎖国政策の弊は西欧世界の進運とうらはらにわが国にとって救いのない癌(がん)となったまま、十一代将軍家斉の時代を迎える。

二　ロシアの極東進出　日本近海出没

日本漂流者の行先

四面環海(かんかい)の国土にすむわが国民が受ける海難の犠牲は測り知られないし、東西南北のいたる所で多くの惨事の記録をのこしている。北太平洋のまん中を占める日本列島の地理的位置の関係上、黒潮が西南から東北へと大きい海流をなして流れているし、夏から秋にかけての必ず襲来する颱(たい)風禍の圏内にあるから（突発的な季節に関係ない暴風も見のがせないが)、遭難する頻度や方面はある程度は察しえられる。それらの中で北米の西海岸方面漂着の場合がかなり考えられるが、あまりに遠隔なのと、かつは十九世紀に入るまでは人煙が稀なために、海難または漂着の有無とその度数などわかりようはない。幕末に米船に救われた土佐の中浜万次郎、播磨のジョセフ＝ヒコの如き幸運な成功者は、日本の開国の時期にめぐりあわせたからである。

しかし漂着地先として最も多いのはアレウト列島やカムチャツカ方面であろう。数知れぬ漂流船の中で幸いに破船の厄をのがれて陸地に漂着しえられても、その土地は概ね極北絶海の荒涼たる孤島や人煙なき極寒地であり、またそこの住民が無知蒙昧(もうまい)で兇暴であったりする上から、遭難船員は漂流中すでに半ば死亡し、漂着したのこりの者も原住民の掠奪・殺害にあって生を全うしたものの極めて少ないことは記録がそれを示している。かかるいやはての地に漂着したわが難民の消息が後に伝えられるようになったのは、ロシアのシベリア開発がその東端まで進み北太平洋沿岸に進出してからのことであって、十七世紀に入ってからである。

北太平洋初期のロシア遠征者

ところがロシアの初期遠征者それ自体は猟奇冒険的で掠奪を事とするコサックであり、そのほかは本国から派遣された少数の者と、少なからぬ流刑囚が数えられる。一方カムチャツカ原住のカムチャダールは粗暴殺伐である。従ってこの地方の行政は開拓精神の自覚に富む進取勇敢な軍人長官の強力な支配権が行きわたらないと、ややもすれば無政府状態に陥りやすい。ベニョーウスキー叛乱脱走の件はその一例を示す。漂流難破船の多数はとかくこうした掠奪殺戮の犠牲となって闇に葬られ、今日に伝聞されるのはきわめて稀有の例であろう。しかしピョートル大帝の頃から、中央政府の任命による有力な探検家が派遣されて開拓が進み秩序も次第に整うようになる一方、北太平洋における無尽蔵な、らっこ・あざらしなど高価な海獣の利益を求めて有力な企業家の進出が著しくなった。この利益追求の前提条件としては、極寒不毛の土地に薪水食料その他資材の豊富な供給が急務であり、その供給源として必然に物資のゆたかな日本が着目され、通交が要請された。その場合差当っての仲介者となったのが日本の漂民であった。

ロシアのシベリア経略は一五八一年コサックの頭目エルマークのシビル汗(かん)攻撃に始められた。すぐれた兵器で装備された彼らは、勇猛な戦闘力と残忍な掠奪とでシベリア原住民を制圧し人煙稀薄な極寒大陸を無人の野を進むように征服して一六三八年すでにオホーツク海に達した。その十年後には黒竜江岸探検がはじまり、やがて早くも清(シン)との間に国境紛議が起ったが、ピョートル大帝即位の年一六八九年ロシア側の譲歩でネルチンスク条約が成立した。

ピョートル大帝以後

ピョートル大帝は十八世紀の初め、隣接した強国スウェーデン・ポーランドの二国を撃破して新都ペテルブルグを創設し、ここを突破口としてはじめて沿海国としてバルト海に進出した。またそれに対応するかのように黒鷲の大翼を北太平洋にひろげた。一七〇六年カムチャツカ半島が制圧され、デンマーク人ベーリングに命じてアジア・アメリカ両大陸の連絡状態を探検させた。帝の歿後その遺図(いと)は実を結び、いわゆるベーリング海峡が発見せられ、さらにアラスカおよびアレウト列島が十八世紀の中ごろまでにつぎつぎに発見されるとともに、近海一帯にわたって無数に棲息する高価な毛皮獣はコサックの独占するところとなった。

千島方面での初期の日露接触

カムチャツカ半島の南端はただちに千島列島につづく。一七一一年以後占守(シュムシュ)から島伝いに南下し、十八世紀中ごろには千島アイヌを制圧してウルップ島あたりまでロシアの支配に帰したのであるが、ここで日本の出先機関である松前藩や蝦夷地方に利をあさる内地商人らとの折衝や交易が漸く繁くなってゆく。

ロシア船の日本近海出没

つぎにベーリングの麾下(きか)でその別動隊長であるスパンベルグ中佐は一七三八年から日本近海の探検に従い、翌三九年(元文四年)六月十六日北緯三九度の地点で本州の沿岸を望見し十八日投錨した。彼の部下のワルトン大尉は濃霧と暴風とでスパンベルグと離ればなれとなり、六月十九日別の地点に投錨した。両者とも日本人と多少の取引をなし、殊に淡水の補給を得た。この出来事は日本側の記録とほぼ一致し、それぞれ奥州牡鹿（おじか）郡（宮城県）長渡村と安房（あわ）国（千葉県）天津村での出来事とされている。これらはいずれも江戸に報告されたが、ロシア人と直接に接触し交渉した村民や出先役人たちは、後難をおそれてか、その交渉の顚末（てんまつ）を過少に報告していることは向う側の記事との食い違いで察しられる。しかしまたわが方で彼らをおびき寄せようとした計略を見抜いたかのように彼らはいちはやく航行し去った趣も見られる。こんなわけでロシア側の日本近海偵察が一歩一歩進められているのと並行して、千島経営の方も、わが国が松前藩にまかせ切りの消極的なのとうらはらに、急速かつ堅実に進められ、やがてわが国をして甚しく後手（ごて）に廻らざるをえない状勢に追いこまれてゆくのである。

　ピョートル大帝は北太平洋の大規模な開発のためには日本と直接の通交および

通商の切要を認識していたので、カムチャツカから千島沿いに南下を計るとともに、日本漂民をその目的のために利用する機会をまっていた。たまたま一六九六年(元禄九年)大阪の運送船が同地から江戸へ米・酒・織物等を回漕の途中颶風にあい漂流約二百日ののちカムチャツカの一地に漂着したが原住民の殺害にあって一行十六人中、デンベイという者ひとりだけ命を全うした。これを耳にしたピョートルは勅命を発して彼をロシア本国に呼寄せた。帝は日本語通訳養成を必要とし、まずデンベイに三－四年間ロシア語を専修させた後、一七〇五年彼を師とする日本語学校をはじめてペテルブルグに設け、青年学生数名に命じて日本語を習させたといわれる。つづいて一七一〇年(宝永七年)同じくカムチャツカに日本人十名が漂着しそのうちの半数は匪賊に殺された。生存者のひとりのサニマは数年ののちペテルブルグに送られ、デンベイの助教として日本語学校に勤めた。サニマはロシア婦人と婚して男子アンドレイ＝ボグダノフを生み、ボグダノフはのち

ピョートルの日本語学校創設

デンベイ

サニマ

ペテルブルグ大学附属図書館次長になったと伝える。一七二九年（享保十四年）七月薩摩のワカシ丸がまたカムチャツカの海岸に漂着した。一行十七人はコサックの襲撃を受け二人を除き全部殺害され、積荷一切は掠奪された。この暴挙はやがて発覚して下手人は厳罰に処せられ、生残った少年二人はトボルスクからモスクワと転々した末、ペテルブルグに送られた。二人の名はソーザとゴンザと呼ばれ、女帝アンナに拝謁の栄をえて優渥な御諚を賜わり、一七三四年ともに受洗してソーザはクズマ、ゴンザはダミアンの教名を称した。年少のゴンザは怜悧な上に、早くロシア語をわがものとした優秀な日本語教師であった。一七三六年ソーザまず歿し、三年後ゴンザも後を追った。ときに二十一歳だった。彼らの一人によって早くも『露和辞典』が編纂されている。『カムチャツカ誌』の著者クラシェニニコフ教授は、二人の運命を憐れんで、その著書の中で、「かくも遠隔の地からの人物がロシアに生を終えたということの記念のために、アカデミーは彼らの肖

ソーザとゴンザ

像を写しそれを基にして石膏でマスクをとるように命じた。それはいま（一七五五年）なお帝室美術館に保存されている」としるしている。

竹内徳兵衛の一行

ついで一七四四年(延享元年)奥州南部領佐井村(青森県下北郡)の竹内徳兵衛の一行十七人が漂流し、徳兵衛はカムチャツカ近海のオンネコタン島で死んだが、他の多くはカムチャツカに移り、そのうちの十人は受洗した。彼らはヤクーツク・イルクーツク等各地に永住してロシア婦人を娶(めと)り子をもうけた。さて日本語学校は一七五三年イルクーツクに移されたが、ちょうどそのころ彼らの多くはこの学校の教師や日本語通詞としてロシアに仕えた。その後、二―三十年間に帰化日本人の教師は次第に死亡し、生徒の数も減少して学校は全く衰えてしまった。それというのも教師それ自身が本来教養の乏しい船乗上りの上に、さきのは日本西南端の薩摩方言使用者であり、のちの方は東北の南部方言であったりしたので、日本語教育の実績がどれほど上ったか疑わしい。生徒側になってみても折角習った日本語が彼ら自身の立身出世の上に果して役立つかどうかに不安を感じたであろう。このような不利の状況のもとに一七八六年まで学校はおかれていた。この年にムロフスキー世界一周探検隊派遣の勅令が発せられた。この探検隊は対日通商関係設定の使命をもつものであった。そこで日本語学校に対して再び注意が向けられた（ズギブネフ「ロシアにおける日本語学習について」から）。

三　天明年間の北地探検

江戸時代の北海道

江戸時代蝦夷地の支配は松前氏にまかされていた。北海道は、その地名が今日でも殆んどアイヌ語起原であることで示されるように、明治以前全島は原住のアイヌによって占められていた。彼らは原始的な狩猟漁撈（ぎょろう）を事としたが、いつしか稲作農業をも知った。しかし松前氏は彼らの経済力増進を恐れて農耕生産を禁じ彼らを愚にする政策をとってはげしく搾取した。そのためにアイヌの一揆や暴動

松前藩の無能と私曲

がしばしば起っている。北海道及び周辺の島々では、さけ・ます・たら・にしん・昆布などの海産物、らっこ・あざらし等の海獣が豊富であり、内陸には金鉱があると信ぜられた。これに着目した利にさとい内地商人は松前藩に取入ってこれら富源開発の手を差伸べ、海陸の物産を独占して巨利を収めた。松前藩では幕府の干渉を防ぐためにつとめて隠蔽政策をとっていたので、北海方面の真相は内地ではなかなか知られなかった。その上、藩の重役以下、士分の者の多くは内地商人と結托して辺地商業で私腹を肥やし、藩の士風は紊乱(びんらん)していた。幕府に対して藩が北辺の事情をひたかくしにしたのはかかる事情によっている。

強力なロシアの南下策

　これに対して十八世紀中ごろからロシアは中央からの直接な占領政策によってカムチャツカから千島列島を島づたいに着々と北から南へと手をひろげ、進んで日本近海の探検にまで手を伸ばしたのは前章にしるした通りである。北海に出動した内地商人も蝦夷本島から南千島方面へと手を伸ばしていたので、おのずからロシア人との間の取引が行われたが、それはあくまで私的なもので国家間の公的性質をもつものでない。しかしロシア人の南千島への進出が目立って来た以上、事勿れ主義の幕府もこの事態を前にしていつまでも見て見ないふりをしていられなくなった。

鎖国以来約百五十年、国民は上下をあげて盲目的に鎖国精神にはぐくまれ攘夷思想が固定化した。蘭学が起るにつれて鎖国の蒙を啓く努力が一部に払われたが、世界の情勢は、針のめどのような長崎を通してのぞき見するにすぎない。かかる停頓仮死状態の間に近代ヨーロッパ諸国の国際競争は日ましに激甚になってゆく。また長い間氷雪にとざされていたユーラシア東北の大鷲は、南方からの西ヨーロッパ諸国の動きを尻目にかけ、独力北日本近海に去来してわが官民をゆさぶった。さきにウルップ島に迫ったロシア人は明和四年(一七六七)エトロフ島に渡り、原住民

最初の日露折衝

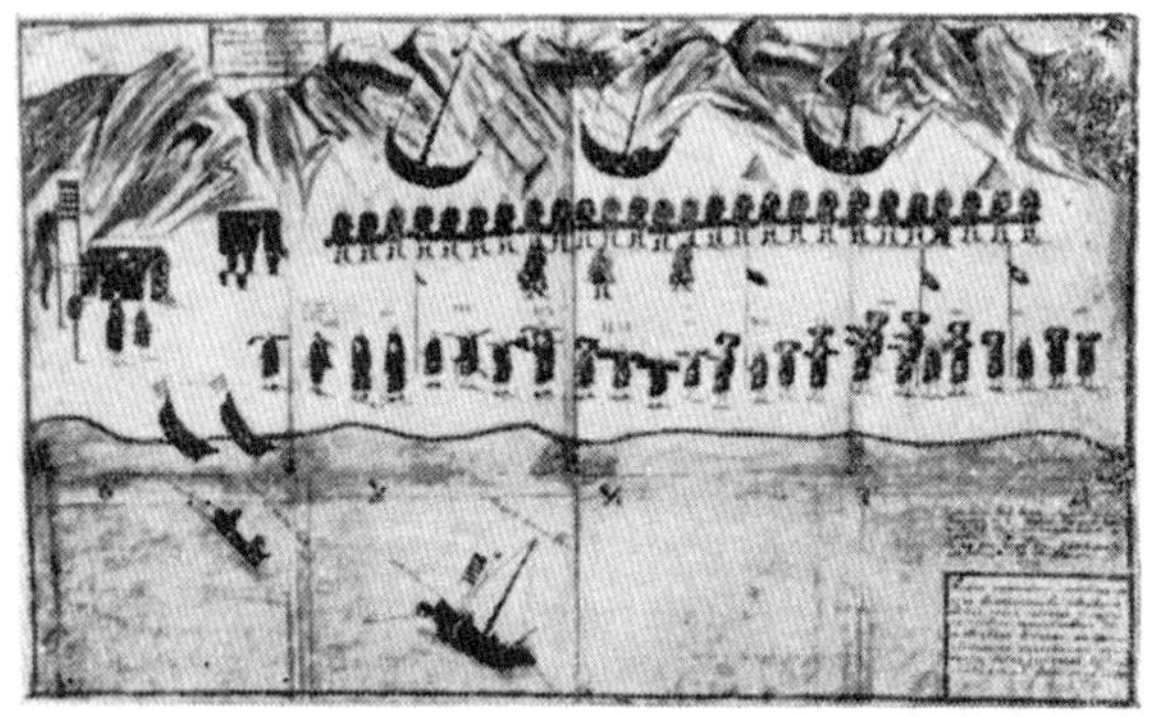

アツケシにおける日露会見図

図の右下に，本図はアトキセ島（アツケシ）にて作製された旨しるされ，左上に「日本次席官吏の行進1779年９月６日」とある。安永８年８月９日である。上部はロシアとその乗船および天幕を示し，下部は松前藩吏一行の乗船およびその行列であろう。行列の後半部はエゾ人である。原画は縦51cm，横86cmの水彩画。ドイツ　ゲッチンゲン大学図書館蔵

を虐待し暴行を働いたので原住民は逆にウルップ島を襲撃して報復した事件がある（いわゆる「はんべんごろう」事件はその四年後の一七七一年に起った）。いまやウルップ・エトロフ両島を挟んでの日露両国人の接触は漸く繁くなった。遂に安永八年（一七七九）八月蝦夷本島アッケシ（厚岸）にてヤクーツクの商人が日本語通詞を伴い、松前藩士数名と会見して公然通商許可を要求した。松前藩は「異国交易之場所は長崎

港一ヶ所に限る」旨固執し、彼の要求を斥けて帰えさせた。松前藩はこれを厳秘にして世上に洩れることを防ぎ、幕府にも上申しなかった。けだし藩の財政きわめて疲弊して軍備を講じる余力なく、さればとてこの事実が明るみに出ると幕府から上地を命じられる惧れが大きかったからである。従ってこの事件は中央政府の関知しなかったことではあるが、蝦夷地の代表政府とロシアの特許会社使節との公式の最初の会見として重視すべきである。間もなくアッケシ会見で莫大な支出(三千七-八百両)を負担した御用商人飛騨屋九兵衛と松前藩との間に紛議が生じ、飛騨屋の側から事の真相が幕府に密告されてしまった。

田沼意次の対外貿易の意図

そのころ幕政をほしいままにしていたのは田沼意次であって、明和六年(一七六九)から天明六年(一七八六)にかけて十八年にわたっている。彼は権勢を濫用して幕府の紀綱をみだし、そのため賄賂は公行し上下の風俗を頽廃させた。幕府二百数十年を通じての最悪の政治家として悪名をうたわれた。しかもその時代に天変地異相次ぎ、天明三年の全国的大飢饉（この年の天候異変は北半球全体にわたった特に異常現象であった）も彼の悪政の結果に帰せられた。

これより先き、中興の英主とたたえられた八代将軍吉宗は在職の約三十年（一七一六―一七四五）士民の奢侈・惰弱に流れるのを引締めて大いに勤倹・尚武を奨励し、また財政立直しのため産業の開発につとめ、洋風の産業を採入れようとして洋書の禁をも弛めた。しかしその本来の政策は、あくまで祖法に則する保守的な武家政治擁護にあったから、次第にその実力を増大する平民階級と相容れがたく、江戸・大坂の町人層の実力の前に武士階級は皮相的な権威を恃んで表面空威張するほかはなくなって来た。こうした矛盾は吉宗の退職とともに幕政を転換させた。田沼の放漫政治も前代に対する市民層の反動とも見られよう。田沼が時の幕政を腐敗させたのは事実であるが、時代の動きを察して新しい感覚をもって対処しようと計った限りでは進取的・先駆的であった。その意図がどうであったにしろ、

松本伊豆守

外国との通商に関心をもち開国的志向をもっていたことが想像されるし、それによって財政上の行詰りを打開する一法と考えたようでもある。その手近な解決策としてまず蝦夷地の開発に着目した。

かねて松前藩の態度やその報告に強い不信をいだいていたのは、田沼の有能な腹心である勘定奉行松本伊豆守秀持であった。彼は意次の意をうけて立案し、幕府自身の手で利権開発を計ろうと千島・カラフト方面の探検調査に踏切った。これは頗る大規模な計画で、蝦夷地の調査を東西の二区に分ち、東の一隊をばエトロフ・ラッコの諸島に、西の一隊をば宗谷からカラフトに向かわせた。この計画については仙台藩士で林子平の先輩格である工藤球卿（平助）や、開国論の先駆者の一人に数えられる本多利明が黒幕となっていた。利明は探検隊の随員として自分に代ってその門人最上徳内を参加させ、徳内をして北地探検史上に不朽の名をのこさしめている。

天明五・六年の千島・カラフト探検

探検は天明五年四月から旅行不能の厳冬時期を除いて翌六年までつづけられ、自然地理に関する調査のほか、はじめて蝦夷地全般についての政治・経済・交易等の実態が明らかにされた。それまでの松前藩の私曲、請負商人の跋扈、虐待を忍んでいたアイヌ人の愁訴などが明るみに出された。かくて蝦夷地の新田開墾はじめ海産物取引が幕府の監督下で行われようとする矢先に田沼は失脚した。田沼の懐刀（ふところがたな）であり北地開発の総帥である松本伊豆守も左遷されてその雄大な構想は画餅（がへい）に帰した。しかしこの探検はその後、幕府の対露折衝の土台となるとともに、やがて松前藩に蝦夷地の上地（じょうち）を命じ、幕府直轄地として幕臣を松前奉行として常駐させることになるのであって、この天明五―六年度探検の意義は大きかった。

田沼の失脚と松平定信の登場

田沼悪政粛清の大任を帯び、衆望を荷って登場したのは松平越中守定信（白河楽翁）である。彼は親藩の出で家格高く、祖父の八代将軍吉宗と並称される名相であって着々として幕政改革の実をあげた。学殖ゆたかに識見高く、柔軟性に富み、頑冥固陋な守旧派ではないが、伝統保持の立場に立たされていた。さて北辺の事情は定信の執政となっても一時のがれの姑息策はもはや許されなくなった。蝦夷地に対してとった田沼の跡始末は定信の双肩にかかっている。この矢先に漂民光太夫送還に言寄せてロシアの使節アダム＝ラックスマンが来朝したのである。いまや光太夫の数奇の生涯について物語る順序になるのであるが、それに先立って彼を生んだ郷里の白子町についての概観をのべよう。定信の対外政策については後の章（一二九ページ以後）にしるすであろう。

四　白子町の概況

白子町の現在

三重県の白子はいま鈴鹿市に属している。明治以後繁栄を四日市に奪われて取残された趣ではあるが、それだけに戦災にあわず昔ゆかしい名残が町全体にただよっている。染型紙問屋として三百年の伝統をつづけた寺尾家や、型紙を強化するための渋汁製造に従った舌津家など、今日でも両家の入口から土間に足を入れようとすると、前者では𠆢寺と染抜いた、後者では三ッ鱗紋を型染した藍色の暖簾が昔ながらにそれぞれ掛けられて江戸時代の老舗を思いうかばせる。

白子町の沿革

　白子の町は南北にのびている伊勢海岸のほぼ中央にある要津として古くから知られていた。天正十年（一五八二）、徳川家康は織田信長に招かれ、その賓客として殆んど単身で上洛したが、堺見物のおり本能寺の急変を知り、急ぎ帰国の途中、兇暴な野武士の一群に追われ、一行のひとり穴山梅雪は難に仆れた。家康は伊賀路から伊勢に入ったが、辛うじて虎口を脱して海を渡り、知多半島を経て本国に帰還した。その時舟出したのが白子若松の浦である。江戸幕府成立ののち、元和五年家康の十男頼宣は和歌山に封ぜられて紀伊国の大半と、山城の一部に飛地を領していた。間もなく山城国と近接した伊賀を領している藤堂藩と交渉した結果、紀州藩は山城の飛地を藤堂藩に譲り、藤堂の伊勢領の中から十八万石余の代地を得た。それ以来松坂や白子は南紀徳川領となった。

このように白子は徳川氏とは因縁浅からぬ町であるが、全国に知られた特産物は現在でも伝わる白子染型紙である。白子型紙の起原は明らかでないが、おそくも室町時代には世に知られて、江戸時代の繁栄による需要の増加に促されて急速に発展した。特漉（とくすき）による上質の美濃紙は同じく美濃の柿渋で渋汁（しぶ）打（うち）されたあと、独得の技法で十枚ほど張合せ乾かされて型紙の原紙が作り上げられる。この原紙をば採算を忘れた職人気質（かたぎ）で時好に投じた模様を原紙の上に錐彫（きりぼり）・突彫・しま彫・道具彫したものが染型紙である。こうして出来上った染型紙は全国の紺屋（こうや）に売りさばかれる。型紙行商人は全国を十余の班に分けて紀州御用の提灯（ちょうちん）をさげ、藩発行の鑑札を携帯して旅から旅へと廻るのであるが、紀州御用の鑑札のおかげで、どこの関所も諸藩内の通行も、木戸御免の特権をもっており、染型紙の声価が高まるにつれて全国的に普及し需要は増大した。この型紙は技術・製作過程は

商港としての白子

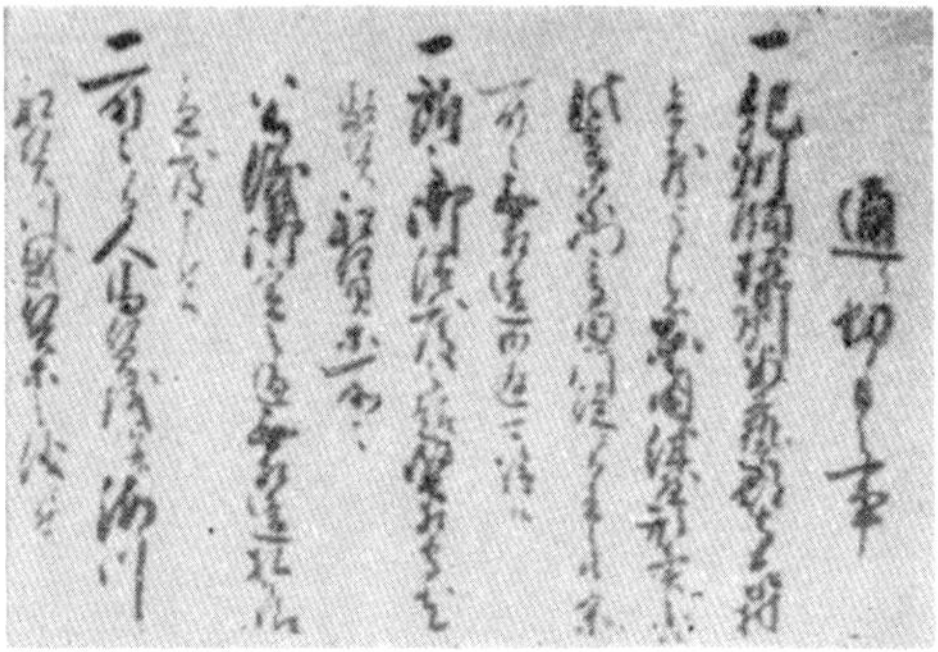

白子型紙商人の諸国行商の通関便宜のため発行したもの

鑑札（通り切手）鈴鹿市蔵

ますます改善向上して明治以後に及んだ（最近その特技工は無形文化財保持者として国から認定されている）。

次に白子の商港としての活躍ぶりを見よう。船着場の周囲には多数の貨物を積出し陸揚げするために積荷問屋と廻船問屋が軒を並べ、倉庫が棟をつらねていた。廻船問屋が所有していた千石船の数は白子の船主だけで三十七―八艘、その他、知多・半田・亀崎・内海（うつみ）など尾張方面の船主が紀州藩の庇護に浴しようと船籍を白子港に置いたもの約五十艘、合せて八十七―八艘に及んだという。

また積荷については伊勢各地のものをはじめ、尾張・三河・美濃のほか京都・越前方面からの出荷

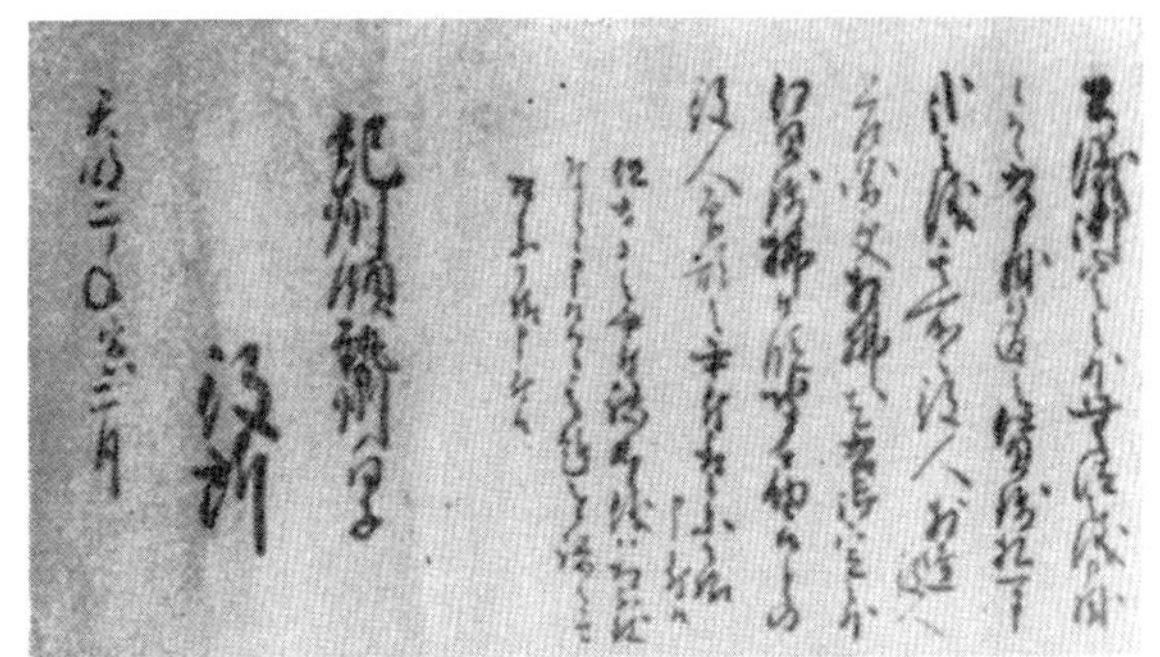

紀州藩発行の

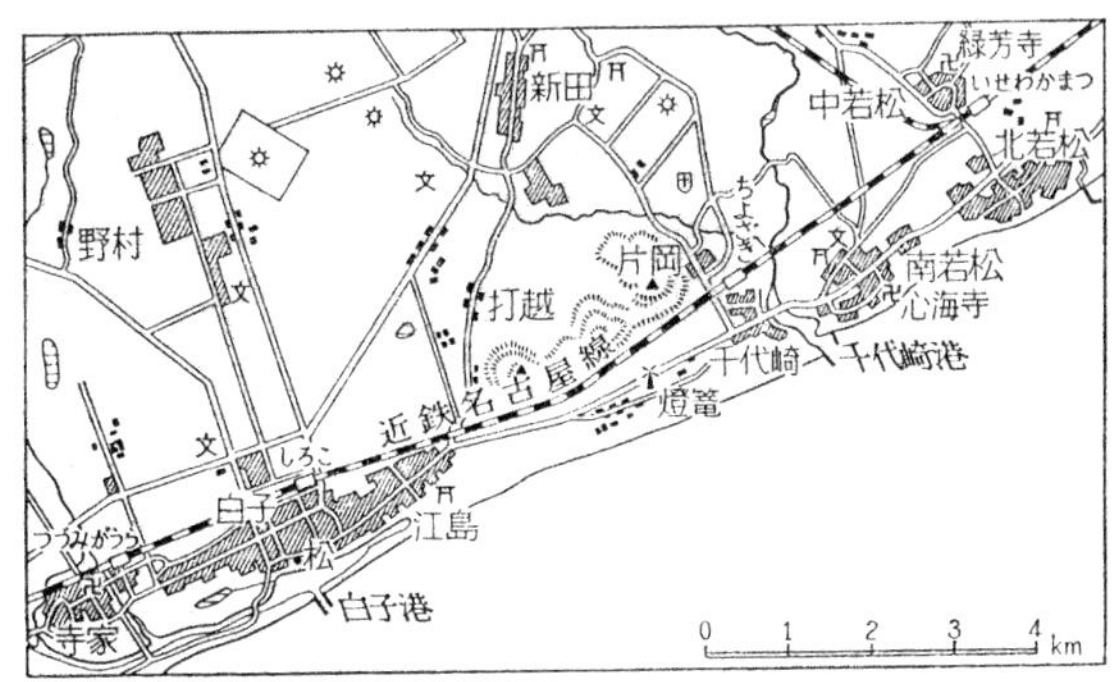

白子周辺の地図（昭和39年現在）

を合せると莫大な量に達した。これら内外の船は紀州藩御用江戸送りの荷物を積込めば、船首に紀州御用の旗印または大提灯をかかげることを許され、浦賀奉行所の通関も容易であった。

紀州藩御用提灯　鈴鹿市蔵

船首にかかげたと推察される。
長さ(高さ)60cm，直径40cm

白子組と大伝馬町組

積荷の点検と検査済の捺印、各船への荷物割当を一手に引受けていた白子組の積荷問屋の元締は竹口(次兵衛)家であって、その収入と積荷割当者としての権勢は格段なものであった。竹口家に現存する宝暦・文化年度の二冊の書状留は白子港の繁盛をさながらに今日に伝えている。また竹口家は江戸廻船問屋坂倉家(藤右

現在の白子港

近世以前までは白子若松浦と呼ばれて少し東北の方であったが，紀州領となってから，ほぼ今日の位置に白子港が築かれた。北辺一帯の海岸はいま県立海水浴場に指定され，白子港を真中にしてすぐ西南の方が鼓ヶ浦浴場であり，港の東北の方に千代崎浴場がつらなってその向うが千代崎港，つづいて光太夫の出身地南若松町となる。

衛門）と緊密な連繋を結んで書状の交換を行ない、竹口家の検印なき荷物が他の店でほしいままに取扱われぬために、両問屋一体となって白子以外の各地廻船業者の行動を厳しく監視した。白子組と並んで大伝馬町組がある。白子組と大伝馬町組は江戸において、白子から回漕される貨物を集散するための出先機関として活動し、いずれも陸揚げされた商品を伊勢店にふりわける任に当った。おもな商品は松坂木綿の名で知られた上質の伊勢木綿、ならびに隣接諸国の木綿で、薬種その他さまざまの雑貨があった。木綿問屋の殆んどすべてが大伝馬町に軒を並べていた有様は壮観であって、広重のかいた錦絵「東都大伝馬街繁栄之図」に忠実に描写されている。この大伝馬町（大正大震災と戦災とで全

船着きの松

江戸白子組積荷問屋竹口次兵衛の家に接した亭々たる巨松であって，枝振りも四方にひろがって威容を示していた。むかしは海上からの目じるしでもあって海水がその根本まで波打っており，竹口家からの一切の出荷がこの下ではしけに積込まれ外海にもやっている本船に積みかえられた。いまではこのあたりまで埋まり海岸寄りに自動車道路が走るのでこの歴史的な巨松も骨張った枝をひろげているだけで枯死寸前のいたましさである。

く旧(もと)の俤(おもかげ)を失い、昔の場所から少しはなれた所に名前だけが今日のこされている）を中心に、通一丁目・本船町・駿河町・本石町・本町・富沢町等（今日でいうと、日本橋の大体北・東側にわたる一帯のかなりひろい区域）に大問屋街が営まれたのであって伊勢店の豪勢さがしのばれる。明治初年の東京長者番附や大地主番附を見ても伊勢店の主人の名が少なからず載せられているのを見ても連綿として繁栄したことを示す。

このようにして回漕業と染型紙の特技（全国にわたる型紙商人の販売網）は江戸時代を通じて白子の町を大いに繁栄させた。その富を背景として町の旦那衆の中から地方的な文人・墨客(ぼっかく)が生れている。そのいくたりかが同じ紀州領に属している松坂の本居宣長の門下生の中に数えられ、彼らの招きをうけて宣長もここに遊んでいる。本篇の主人公光太夫はこういう町の雰囲気の中で人となったであろうことは彼の生涯を知る上で注意されていい。

本篇

五　神昌丸の漂流

光太夫についての説明はあとまわしにして直ちにその漂流から筆を起すことにする。彼は生涯大黒屋光太夫と名のり、白子町在の南若松で生れた。ゆたかな商家に育って三十歳ころまで過したようであるが、如何なる事情によったのか、百姓彦兵衛の持船神昌丸の船頭となった。大伝馬町組に属する白子の廻船問屋一見(いちみ)勘右衛門の貨物を江戸に回漕するためであった。この船は千石積で紀州藩の廻米五百石、江戸伊勢店(だな)に送る木綿・薬種・紙・膳椀(ぜんわん)の類を積込み、船員十六人とともに天明二年（一七八二）十二月九日白子浦を船出した。時に彼は三十二歳であった。

神昌丸の出帆

漂流

私の臆断によると船乗としての経験はこれが初めてではなかろうが年功を積んでいたとは思われない。しかし航行漂流中の指揮ぶりから察して船長としての力量は十分発揮されている。さて船は鳥羽の日和見で風待ちし、十三日西風に乗じて外海に出帆した。夜半ころ遠州灘にさしかかってから急に北風が吹きあれてはげしく西風ともみあい、怒濤にもてあそばれた船は転覆するばかりになった。一同のもの髻をきって船魂に供え、日ごろ念ずる神仏に祈誓をこめて命かぎりに働いたが、暴風は吹きつのるばかりで、施すすべはなかった。ついに最後のてだてとして帆柱を切捨て、上荷を投げすてて辛うじてその場の危急をきりぬけた。

そのあと七―八日の間、風浪のまにまに東北の方向にただよいながれて全く陸地の影を見失った。年が改まって二月に入り、彼岸のころには風も南にかわり海上も穏かになったので、舵桿を帆柱代りに仕立て、衣類をとじ合わせて帆の代りにした。そしてこうした場合の仕方に従って艫を前に、舳を後にし、二本の太縄を舳の両側にとりつけて舵のはたらきをさせながらいずくをあてとなしに走っていた。そのうちに井伊家から托されていた畳表を見出して帆にかけ、数日間はしりつづけたがさらさら陸地は見えなかった。皆の中の経験ゆたかな長老で船親父（ふなおやじ）をつとめていた三五郎は光太夫に向い、この上は神籤（みくじ）をとって太神宮におうかがいを立てるほかはないと申し出で（い）、五十里・百里・百五十里と以下五十里ずつ千里までをくじにしたため、お秡（はらい）につけて開いてみたら、六百里という神籤であった。みくじの取直しはしないものではあるが、せめてもの心晴らしにと今一度試みたらまたも六百里と出たので、船中一同は色を失ったという。

　そのうちにまた碇（いかり）を二挺まで浪にさらわれた。船のそこかしこが破損し、どこからとなくあか水がしみこんで船底には二尺あまりもたまった。一同大いにおどろき、必死にたまり水をくみだすとともに浸水の個所をやっとのことでさがしあて、まきはだをつめて不測の危難を免れた。米は十分積込んであるから食事は足りたが、二月末ころから飲料水が不足してきた。光太夫は水桶に錠前をおろし、自らかぎを腰につけてその日その日の水の使用量をきびしく制限したが、遂にそれものみつくしてしまった。一両日ののち渇(かわ)きにたえられず海水をのんでなおさら苦しい思いをかさねたが、幸いにも夜に入って降雨があったので、あらゆる工夫をこらし臨機の水槽をつくって雨水をためた。その後程よく雨がふったので渇きは免れた。すでに暦は五月に入ったのに、雪がふり寒さきびしく綿入れを取出して着る有様でいよいよ心細い限りであった。

最初の犠牲

七月十五日の夜半、かねて病気になやんでいた水手(かこ)の幾八が最初の犠牲者として息を引取った。船員の大半は栄養失調のため鳥目にかかって夜はものの識別ができないので、夜明けをまって、屍(かばね)に沐浴させ髪を削って桶におさめ、蓋の上に、勢州白子大黒屋光太夫船水手幾八、としるして泣く泣く水葬に附した。しかもその日からあくる日にかけて猛烈な大雷雨となり、逆巻く激浪は船を呑まんばかりで、そのため火鉢がくつがえって新蔵の面にあたり半面に火傷(やけど)を負う有様であった。

このようにあてもしらず漂う中にも、明け方に雲霧が立ちこめて島山のように見えると、希望的観測から、スワ島かと悦(よろこ)ぶのも束の間で、旭が上ると煙のように消えうせることも度々でいつもがっかりさせられるだけだった。鳥はかもめのほかはたえて見当らず、天気のいい日は心も引立つけれども、雨の日は気分がふさいでぬれてもそのまま櫓(やぐら)の上にねころぶ始末である。のどかな天気つづきで船が動かぬほどの凪(なぎ)の日には、退屈のまま若者どもはばくちを打ったが、勝っても負けても金の使い道のない船の中でのことで、うれしくもくやしくもなく、いつも張合抜けしてやめてしまう。また初めの中こそ互いに憂きを慰め、はげましあった同士が、後になると少しのことに神経を苛(いら)立たせて互いに口論し、すぐ摑(つか)み合いの大喧嘩となり、気のあらい生命知らずの船乗だけに、光太夫はそれを取鎮めるに毎度手をやいたことであった。

七月十九日夕方、船親父の三五郎が海上に昆布を見つけ、船は陸地に近いぞと叫んだので、一同大いにいさみ悦んだ。二十日の朝まだき、用便に起きた三五郎の子の磯吉が、はじめて島影を見つけながら、たびたび雲にだまされたあとなのでそのまま臥床(ねどこ)に入ってしまった。夜明に至り、やぐらに上った小市が寅卯(とらう)（東北）の方角にハッキリと島影を見出して一同を呼び起した。一同やぐらにかけあがってみるうち、もやも次第に晴渡り、四っ時（十時）ころには、ハッキリ山もあらわれ雪さえ見えた時の皆々の悦びは何といわん方もなかった。しかしいまは舵(かじ)のない船を岸によせる手だてもなく、陸地から風が吹出したら、目の前に島を見ながら元の沖合に吹戻されては一大事と、さまざまに苦心の末、ようよう昼すぎの二時ころ（未(ひつじ)の刻）島に近づいて本船に錨(いかり)をおろし、さきごろから枕も上らず重病の三五郎と次郎兵衛をまず本船の中で伝馬(てんま)に吊りおろした。つぎに太神宮の宮

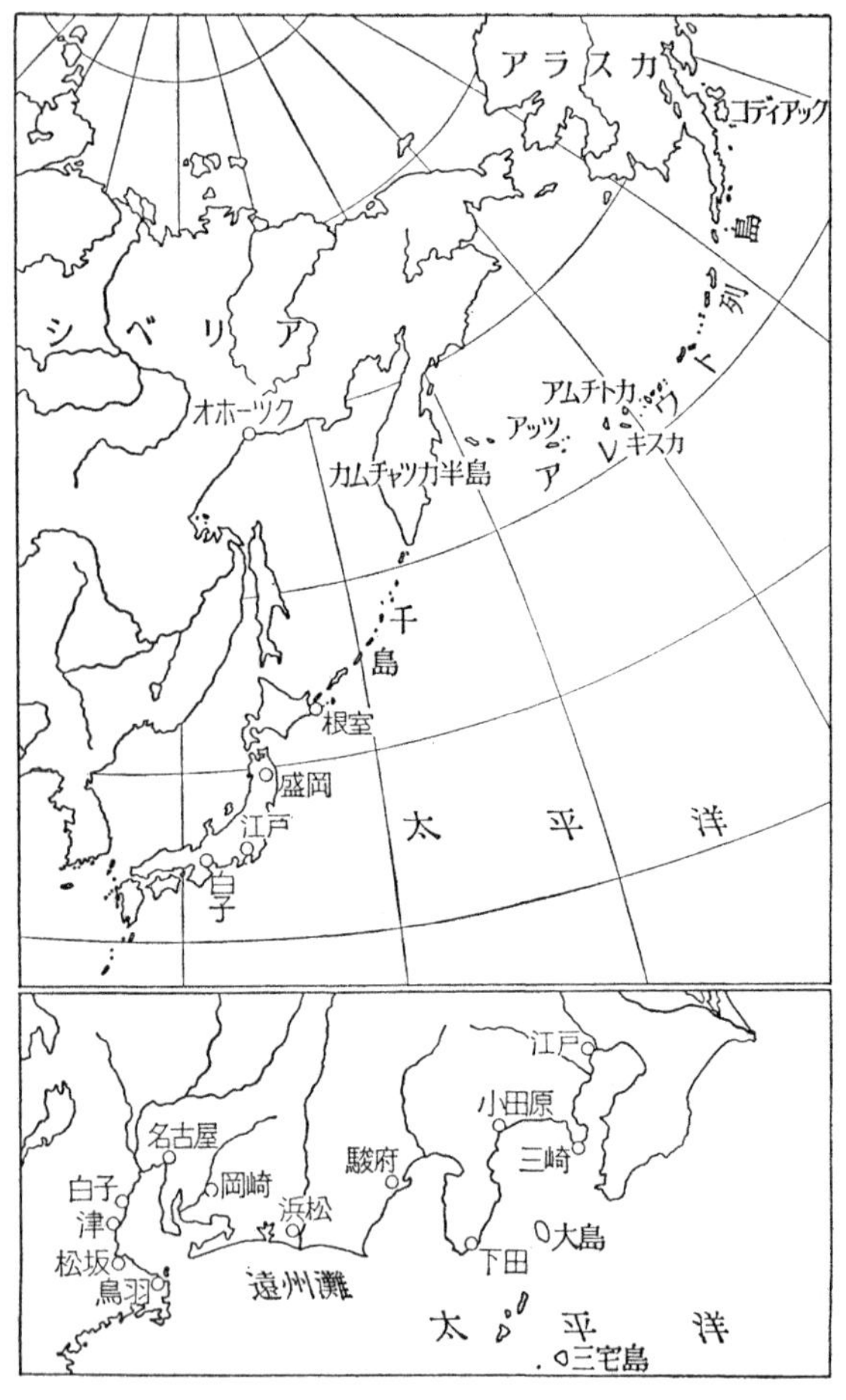
アラスカ
コディアック
シベリア
オホーツク
カムチャツカ半島
アムチトカ
アッツ
キスカ
アレウト列島
千島
根室
盛岡
江戸
白子
太平洋
江戸
小田原
名古屋
三崎
駿府
白子
岡崎
浜松
津
大島
松坂
下田
鳥羽
遠州灘
太平洋
三宅島

光太夫の漂流想定図

居を奉遷し、粮米（ろうまい）二俵・薪・鍋・釜・衣服・夜具まで積載せ、光太夫は佩刀（わきざし）をさし、自分の荷物一行李をつみ、乗組一同とともにこの伝馬船に乗移って磯辺に乗りつけた。土をふんだのは八ヵ月ぶりであったが、一本の木さえ生えないわびしい小島であった。

六　窮北小島生活の四年

漂着した土地はアレウト列島の西端に近いアムチトカという小島であって、太平洋戦争の際日本軍が全員玉砕したアッツ・キスカの二島に近い。

彼らの上陸を見つけた島民は早速十人あまりその前に現われた。おかっぱ風な髪でひげは短く色は赤黒く、着物は鳥の羽をとじ合せて膝がかくれるほどに長く着ているが、はだしのままである。棒のさきに雁を四－五羽ずつ結んでかついでいた有様はちょっと人間とは思われなかった。ことばをかけて来たがむろんお互いに通じない。光太夫は、同じ人間のことだから欲はあるだろうというので、試みに銭を四―五枚出すと受取るし、木綿を与えるとさも嬉しそうだった。島民は袖をひいて、ついて来いというしぐさをするが、光太夫は船頭として船を見捨てて行かれない。はじめみなの者はためらっていたが、結局、清七・庄蔵・小市・新蔵・磯吉の五人が進んで同行した。半里ほど行って山の峠にかかると原住民とは全くちがった立派な体格で、緋ラシャの服を着け鳥銃をもった者が二人（ロシア人）出てきて、いきなり空砲を発射したのでみな肝をつぶした。しかし近づくとすぐさま彼らはみなの肩をなで背をさすって親切にいたわってくれる様子なので言葉は通じないが、やっと安心して二人について行った。島民もろとも峠を越して進むと、北の海浜が一面に見渡されるが、人家らしいものは一軒も見えない。海岸にはラシャやビロードの服をつけた多勢の者がいずれも鎗・鉄砲をもっていた。彼らは五人のものを麴室（こうじむろ）のような小屋の前に連れていって中に入れた。横二

原住民とロシア人

島の住宅

間半、長さ六—七間ほどに穴をほり、屋根は草で葺いてその上に土を覆った小屋である。中央が土間で、両側には床板がはられていた。ここではじめて草の葉をせんじた一種の茶をふるまわれた。昼ごろになったので、口を指さし腹をたたいて空腹をうったえると、一尺ばかりの魚の草にくるんで潮蒸しにしたのを戸板のような膳にのせ、白酒のような汁を木鉢に盛ってくれた。この魚はスダチキーといってあいなめの一種であり、汁はサラナとよばれる黒百合の根を水煮にしてつきくだき水でうすめたものである。これがこの島の常食でロシア人も在留中はこれを食事とした。このほか、たら・うに・海獣の肉・雁・鴨などである。やがてロシア人は年下の磯吉、年上の小市をのこして三人を西の方の船場へ連れ去った。

小屋にのこされた二人は心細さに越し方行く末を案じ煩っている中に、日が暮れ夕食も昼と同じものが与えられた。食事のあと七十あまりの老人が来てタバコをくれた。カムチャダリの出であるが、正教に帰依してロシアの教名を名のり、

鬼と見まごう原住民の女風俗

ロシア人に従ってここに来た者であるが、漂流民の身の上を憐んでの親切であった。そこへ突然ドヤドヤと足音がして二―三十人の者が入って来た。おかっぱ髪で顔には額から頬にかけていく筋かの青い入墨があり、鼻の穴と下唇の両方に角が生えた化物さながらの姿で、二人を取囲んでのぞきこんだ。磯吉らは羅刹（鬼）の餌食になるのかとおののいて心中に太神宮の神力を祈っていると、やがて立去った。島の女が珍らしがって漂民見物にやって来たことがあとでわかってホッとした。やがてさきの老人は親切にも皮衣を持参して臥よとのしぐさをしたので、そのままそれをひっかぶると月ごろ日ごろの疲れが一時に出て前後不覚に熟睡した。翌朝目がさめると、島人どもが船中に残しておいた綿衣を持って来てくれたので、漸く二人は殺される心配なく、却ってロシア人の心遣いに感謝した。

一方上陸地点に残っていた光太夫ら十一人はこの先どうなることかと心も身もそぞろな処へ、空砲をうちながら四―五人のラシャ服の者が近づいて来て、赤黒い粉薬ようのものを与え、嗅いで見せた。これはポロシカといって、ロシア人の常用するかぎたばこであった。光太夫は頭立った人（あとでわかったのだが、この人はロシアの豪商ジガレーフの使用人で、島々の皮革類を手広く買集めに派遣されているニビジモフという者である）と筆談を交したがお互いに一向通じない。島の男女がまたもやおびただしく見物に寄って来た。

深切な待遇

空腹を感じたし夕方にもなったので、石でかまどを築いて飯をたき、試みにその握飯を島人に与えると一口たべただけで捨てたが、ロシア人は大そううまそうに食べた。夜に入って磯べの岩窟を臥床とし、まず太神宮の宮居を小高い場所に奉安してから一同眠りについた。二人のロシア人は寝もやらず夜通し岩屋のあたりを警護した。漂民らを安心して眠らせようとの厚い心遣いであった。ところがロシア人がよく注意してくれたのにもかかわらず、一同の気力が弱り切っていたせいであろう。積荷を本船に捨てておいたままで陸揚げしなかったばかりに、夜中

わびしさの中での喜劇

の大あれで船が暗礁にふれて船底を打破り、翌朝浜辺でロシア人がアレヨアレヨと罵るうちに荷物は残りなく流れ失せてしまった。光太夫は心憂いので見もやらず眼をとじてその日は岩窟の中に臥せっていた。夕方になり外が俄かに物さわがしいのでそっと覗(のぞ)いてみると、船に残した酒樽をみつけてニビジモフたちロシア人は酌みかわし一杯機嫌でのめやうたえやと踊っていた。それを見て羨しいと思った原住民達が別の一樽を見つけてかつぎだし鏡をぬいて早速すくって飲みこんだとたん、むせかえって吐出した。これは海上で風波の烈しい時は舷(ふなばた)に出て小便ができないので、空樽(あきだる)の中に用便して溜めておいたのだった。危難の中でありながら腸(はらわた)のちぎれるくらい可笑(おか)しかったが、若し笑声を立てたら立腹させてどんな辛い目にあうかも知れないと、夜具をかぶって笑いをおさえたという。その夜、岸につないだ伝馬(てんま)船も砕けてしまった。

漂流船員の相次ぐ病死

これから一同はせまいニビジモフの家に引取られてアムチトカ島四ヵ年の生活

がはじめられるのであるが、つぎつぎと悲しい運命に見舞われた。漂流中すでに頭の上らなかった長老の三五郎は着陸して半月ほどたった八月九日遂にあえなくなり、賄方の次郎兵衛は同じ二十日後を追った。十月十六日に水主（かこ）の安五郎、二十三日に上乗（うわのり）の紀州稲生村作次郎、十二月十七日水主清七、二十日水主長次郎、翌年九月三十日藤助と、約一年の間に合せて七人が島の土と化した。

アムチトカ島は、神昌丸一行が漂流半年余ののち、やっとの思いで辿（たど）りつき、その後の流転（るてん）十年余のうち最初の四年を送った土地である。それだけに島の印象は強くやきつけられており、人情・風俗・生活・自然界のうつりゆきなど、さまざまな体験が記録にのこされているが、ここにはその中で唯一つ、征服者ロシア人と虐（しいた）げられた無知の原住民との間に起った痛ましい変事だけをのべる。

原住民に加えられた悲劇

ヨーロッパ諸国民の植民地経略は二十世紀に入るまでことごとく原住民の犠牲

において行われた。アングロ＝サクソン族であれラテン民族であれ同じであって、ロシア人の千島・アラスカ・アレウト列島などの原住民に対する態度だけを非難することはできない。しかしアムチトカの原住民は、光太夫が評する通り「性質愚直極めて善良で」――貧しいながら平和な生活を営んでいたが、ロシアの毛皮商人が入込んでからは原住民は彼らに酷使され悪性の病気までうつされた。毛皮商人は本国政府から三年の期限で附近の島々の毛皮獣猟の許可を得、使用人を送って利益を搾取させせた。極寒不毛の地に出稼ぎに来てぼろもうけをしようとする手合(てあい)であるから彼らは原住民の獲った高価な毛皮と引替えにタバコ・木綿または皮船用の牛馬の皮を与える建前であったが、原住民に臨む態度は粗暴をきわめ原住民が毛皮獣狩をなまけたり提供する獲物が少ないとひどい体罰を加え、命令に従わないものはしばしば殺された。十八世紀中ごろロシア人の来島したはじめころの原住民の人口二万五千ほどが今では十分の一以下にへっている。あとでのべる露米会社の経営者シェリコフはこの悪弊を改革したが、アレウトの西の端にまでは徹底しなかった。本国の豪商ジガレーフの使用人として来ていたニビジモフもその一人であって、その残酷な扱いにかねて強い反感をもっていた原住民は、復讐のはかりごとをねっていた。しかし陰謀がもれてそのうらをかかれた主謀者四人はだまし討になった。のみならずニビジモフはかねて島の酋長の娘オニインシを自分の家に養っていたが、彼女が父親に内通する疑いがあるとして部下をやって真夜中に暗殺させた。暗殺の当夜光太夫はオニインシと仕切り一つへだてて寝ていたが、夜半すぎるころ二人の者が彼女の臥床に上った。光太夫はフト眼を覚したが狸寝入してうかがっていると、両人は娘の上にうちまたがり、一人は咽喉をしめつけ一人は腹をつよく圧迫したので、そのまま息が絶えた。光太夫は慄えて歯の根も合わず息を殺してふとんをかぶっていた。あけがた近くになって小市が来て屍を床からおろして外に持出した。あとできくと、二人の者に頼まれ、若しことわるとこっちの命が危いので死骸を山かげに埋めたという。

初めてロシア語をおぼえる

漂流者はロシア人といっしょに寝起きしていたが、半年ほど言葉が通じなかった。おりおり日本人の身の廻りの品を見てロシア人がエトチョワというのが耳にとまったがわからなかった。磯吉はふと思い付いて、側の鍋を指さしてエトチョワといったら、すぐコチョワと答えた。さては、エトチョワとは、これは何かという疑問の詞だと分り、それから後は新しく耳にした語を一々書留めたので言葉もおぼえ、用事も弁じるようになった。そうなると、いつまでもロシア人のなさけにすがって徒食するよりはと島の原住民の手伝いとなって附近の島々に出猟し、らっこを捕って生活した。

本土からの出迎船の沈没

こうした心細い生活を満三年つづけたが、その年の七月になって、やっと本国からの迎えの船が沖に現われた。ロシア人となく日本人となく雀躍(こおどり)して喜んだのも糠喜びで、急に烈しい北風が起り船は港へ入ることかなわず沖へ吹戻された。風のややおさまるのをまって一里ばかり下手の港に入って錨をおろしたが、ここでは一層はげしい風浪があれ狂って碇綱をすりきり、遂に難船してしまった。二十四人の乗組ははしけにのって上陸し、積荷の陸揚げをすませたのがせめてもの仕合せであった。まる三年もの間待ちわびていた日本人は迎えの船が見ている前で難破した時のなさけなさ、この先どうなることかと自分の船の破船した時よりも悲しい思いがしたという。ロシア人にしても思いは同じで、帰心矢の如くである。ニビジモフは光太夫らに向い、この後いつ来るか計られない船をまたんより、船を造ってカムチャツカという地まで渡ったなら、そこからは地続き故何とかなる。お互いに力を合せて貰いたいと相談を持ちかけられた。さっそくロシア人の船具、光太夫らの船の古釘、はては島に打寄せる流木を取集め、一年がかりで六百石積ほどの船を造り上げた。そこでロシア人二十五人、光太夫ら九人乗組み、らっこ・あざらし・とどの皮、また船中の食料として乾魚・干雁の類を積込み、天明七年(一七八七)七月十八日、満四年わびしくも住馴れたアムチトカの島をあとにして出帆、千四百里の海路を経て八月二十三日恙なくカムチャツカに着岸した。

七　レセップスの光太夫観

カムチャツカ半島上陸

シベリア本土の東端カムチャツカの港に上陸すると、浜べにはパラツカとよばれた布製の蚊帳のようなもの(テント)が張られ、この地に在勤するロシア人の女子供が二十人ばかりヤゴデという草の実をつんでいた。

カムチャツカ半島政庁の所在地はそこから少しはなれたニジニ=カムチャツクにある。長官オルレヤンコフ少佐は船の入港をきいて取調べに来た。彼はニビジモフから一行九人の引渡しをうけ、川舟にのって五里ほど上流にさかのぼって陸にあがった。ここがニジニ=カムチャックである。その地で長官は光太夫を自分の家に、他の八人をば秘書の家に分宿させた。長官の年俸は銀四百枚、ほかに在勤加俸千五百枚。期限は五ヵ年で交代するという。人家五－六十ほどの小部落であった。長官の温かい心遣いで、到着の夜光太夫らは生れてはじめて洋風の食卓に就いた。チェブチャという乾魚と白酒のような汁（スープ）とが錫の鉢に盛られ、フォークとナイフ・スプーンが添えられていた。光太夫が「熊手の如きものと小刀・大匙（さじ）」と表現しているのはおもしろい。翌朝は麦の焼餅（パン）とスープであるが、昨夜のより濃厚で実にうまかった。数日を経たのち、その汁が牛乳であることを磯吉がかぎつけて皆に披露したので、けがらわしいとしてそれから後一同はこのスープを飲まなくなった。のみならず長官より支給される麦粉・乾魚・牛肉の中で、肉食はしない習慣だと断って牛肉だけは返した。

はじめての洋食

四－五ヵ月たつうちに麦粉が払底したので、鮭と乾したチェブチャだけを食べていたが、十一月に入ると、麦はもちろん魚もすべて食いつくし、長官の尽力も

厳冬と食料難

効なく、二日間は絶食に陥った。ある日近在から手に入れた牛の股二つを下役人が持参し、あなた方は伊勢生れだとかいって獣の肉をたべないが、この期(ご)にのぞんで禁忌を守っていては餓死するほかはない。まずこの肉をたべて命をつなぐがよい、と懇々(こんこん)と説諭した。空腹にたえかねた年少の磯吉がまっさきに小刀で一(ト)きれ切って食べたのがきっかけとなり、残る者も手ん手(てんで)に切って食べた。気の毒なのは同じ家にすむロシア人である。長官から特別に日本人にだけ与えられたものなので、自分たちはどうするわけにもゆかず、桜の木のあま皮に魚の子を少しまぜて食べる始末で、まことに目もあてられぬ有様だった。その牛の股肉にしても、小さくこまぎれに切ったのを麦とまぜてどろどろの煮汁をつくって八人で二(タ)月ほど食いつないだ。その中に気分は別にかわらなかったが精力しだいに衰え歩行さえ不自由になったので、餓死するよりはましと思って最後には桜のあま皮を水にひたしたものを無理にのみこんで一時しのぎをした。この難儀のさなか、

栄養失調による漂民の死

四月五日辰の刻（朝の八時ごろ）に与惣松、同十一日寅の刻（午前四時）に勘太郎、五月六日未の刻（午後二時）に藤蔵が相次いで倒れるという悲惨事がつぎつぎ起った。いずれも股から足まで青黒く腫れ、のちには齦がくさって死ぬ。日本には見なれぬ病気でチンカ（壊血病）という病であった。幸いにも光太夫は長官と同居していたおかげでこのような食料難から免れた。

魚類の溯河

一同絶望の態を見た宿の人々は心から彼らをいたわり、冬をこして五月に入り氷さえ消えればおびただしい漁猟があるから今ひとときの辛抱、と力づけてくれた。その言葉通り、程なく川々の氷がとけはじめるとバキリチイ（エゾの方言でコモロ、越後にて糸魚）という小魚が海から泝り、川水が真黒になるまで押して来るのを網でとり水煮にしたが、その味のうまさはたとえようもなかった。半月ほど後になるとその魚に代ってチェブチャの大群が押寄せ、流し網にして毎日三－四百はとるが、皆女の仕事である。五月末から六月にかけては鮭の時節で夥しく川上へ押のぼり、

JOURNAL HISTORIQUE

DU VOYAGE

DE M. DE LESSEPS,

Conſul de France, employé dans l'expédition de M. le comte de la Pérouſe, en qualité d'interprète du Roi;

Depuis l'inſtant où il a quitté les frégates Françoiſes au port Saint-Pierre & Saint-Paul du Kamtſchatka, juſqu'à ſon arrivée en France, le 17 octobre 1788.

PREMIÈRE PARTIE.

A PARIS,

DE L'IMPRIMERIE ROYALE.

M. DCCXC.

レセップスの『旅行日録』(第一巻)の扉

「国王（ルイ16世）の代表者の資格で，ラペルーズ伯の探検に参加したフランス領事」と添書されている。

互いに腹をすり鼻をついて自死するほどだが、この頃になると原住民ももはや食べなくなるという。一体に山多く、獣をとってその肉を食べ皮を衣とし、耕作はしないがふだんは衣食に事欠かぬとのことである。

ここで特記せねばならない挿話がある。カムチャツカでの厳冬窮乏の極におい

フランス探検家との出会い

て光太夫ははからずもフランスの航海家ジャン＝バッティスト＝レセップス（一七六六—一八三四）と出会った。スエズ運河の開鑿者フェルディナン＝レセップスのおじに当る。彼は前記した北太平洋の探検家ラペルーズの部下として活躍したが、本国に中間報告のため一足先きにカムチャツカで下船した（ラペルーズはそのまま探検を続けて南太平洋に向ったが、消息を絶ってしまった）。レセップスはパリに帰着早々、『レセップス旅行日録』二巻を刊行して（一七九〇年）シベリアの状況を報告した。ところで彼は極北の東端

村落についたカムチャダール隊商の一行

（レセップス『旅行日録』所載）

十八世紀末ころの東シベリア冬期の風物がよく示されている。

ニジニ・カムチャックで思いもかけず日本人に邂逅し、彼らの行動に異常な関心と感動をすらおぼえた。その時の印象、極東漁夫の風貌がそのまま端的に語られ『日録』一七八八年二月十一日の条に約八ページ、一九〇行の紙面がそのために割かれている。これに対して光太夫帰還後の聴書のどれにも一言もレセップスとの会見に触れていない。窮乏の極に陥っていたころのことでもあり、わずか二一三日間の出会いに過ぎなかったので、光太夫の側からは関心の的とならなかったのでもあろうか。これに反してレセップスにとっては事情が全く別であった。カムチャツカからシベリアを西に横断する際の見聞をしるしたレセップスの『日録』はおそらくヨーロッパ諸国にそれまでの見知らぬ世界に対する絶好の知識を供給したであろう。その一齣に光太夫なる人物が躍如として描写されているのである。しかも運命の戯れによって、あとを追うように同書刊行の翌年、光太夫はキリル（八一ページ）に伴われてペテルブルグに入京した。あらかじめロシアの首府で同書を読んだ人々は、どんな好奇心と期待とをもって彼を迎えたことであろう。よってやや長文ではあるが、レセップスの中から光太夫に関する項の大半を訳載する。

レセップスの「日録」から

ニジニにおいて私に最も関心を寄せさせ、且つ沈黙に終るのを許さざらしめることは、昨年の夏獺(らっこ)皮取引を目的とするロシアの船に便乗してアレウト島から同地へ連れられてきた九人の日本人をそこに見出したことである。

(中略)

私に語った当人は他の八人の上に著しい支配力をもっていた。彼の言葉から察して彼が商人であり、他の者共はその命令によって働く船員なのを知った。彼らは彼に対して特別の愛着と尊敬の念をもっていたことは確かであって、彼が病気だったり心配そうな様子が見えると皆のものがひどく心を痛め不安な情を示す。毎日二度はきっと誰か一人が彼の所にごきげんうかがいに行く。彼の方でもそれに劣らない愛情の実を示す。何となれば彼の方でも彼らを見廻らない日は一日もないし、彼らに何らかの不足不満がないかについて最大の注意を払ったからである。彼の名をコーダイユという。その風采はべつに変った所はないけれど感じがよい。その眼は中国人のそれのように吊上ってはいない。鼻は長く鬚はしばしば削っていた。頭の真中から髪の長さだけの編髪を垂らし、そのまわり凡てを削り落していた。けれども最近彼を説伏せて髪の毛を延ばしわれわれ（フランス人）風に結わせる事に成功した。彼は極度に寒さを怖れた。そのくせ衣服の裾は広くその上開いているし、厳寒期なのに拘らず常に腕を露出し、頭に何もかぶらない。ただ外出する時だけ頭に襟巻をつけるが、室に入ると気持がよくないといってすぐ取りのけてしまう。

彼が他の仲間に比べて身分上一段高いことは事実だが、彼が尊敬されたわけ

人怖しない光太夫

は身分上の優越ということよりも、むしろ彼の敏捷活潑な精神とやさしい性質からであった。彼はオルレアンコフ少佐の家に逗留していた。司令官の所であれ、他人の所であれ、無遠慮に出入りしていたが、それはわれわれ（フランス人）の間であったら傲慢（ごうまん）か少なくも不作法と非難されるであろう。礼儀にこだわらず、すぐさま意のままに寛（くつ）ろぎ、またどこでも見当った席に着席する。同時に欲しいものは何でも請求するし、それを手許で見つければすぐ自分で取る。彼はひっきりなしに喫煙し、その銀のキセルにはタバコがつまらない程なのを一々つめかえる。食卓でもキセルを離させるのに骨が折れた。彼の洞察力は実に鋭かった。他人が彼に理解させようと思う事柄に対し彼は讃歎すべき敏捷さですべてよくのみこんだ。彼は見た所また発生した所のすべてに対し正確な日記をつけていた。彼の面前で起りまたは語られる事柄に注意し、忘れないようすぐノートに書留めた。彼はその思うことを人にわからせるだけのロシア語を話す。だが彼と会話する時にはその発音を聞き慣れる必要があった。驚くべき早口で述立てるので、そのいうことがわからず意味を取違えることが少なくなかった。彼の応答は概して潑剌として自然であり、考え方を隠そうとしない。それ以上できないと思われるくらい率直に自分の考えをのべる。また人付合はよくて、何か疑惑にとらわれていた際であっても気分にむらがない。何か見失うと盗まれたかと思って不安の様子を示した。彼の節制ぶりには感心させられる。一旦強いリキュールを飲まないと決意するとどんなに勧めてもなめようともしない。ほしければ求めもするが決して度を過ごさない。

以上はフランス語の原文をやや削ったり和らげたりしたのでニュアンスが違う所もあろうが、ほんの三日間のつきあいにすぎないのに実にあざやかに、しかももらす所なく光太夫の面目を描写している。

光太夫の名ヨーロッパに紹介される

レセップスが帰国直後に著わした『旅行日録』の中に、あれだけの紙面を費したことは光太夫の毅然たる態度や振舞に強烈な印象を刻みつけられ、彼を通しての日本および日本人への関心を強くしたからであろう。上掲の『日録』の記事の末の方に、「それら日本人について横道にそれることを許して頂こう。私は人がその横道を場所はずれだと思うとは考えない。この横道はわれわれにとって観察しかつ研究する機会が実に稀有である所の人民を認識させるのに寄与することができるであろうから。」とレセップス自ら自信にみちてこの記事をかいている。

光太夫にしてみれば、全く予想も期待もしていないのに、ペテルブルグ入京に先立ってあのように紹介されていたことは、ひとり彼一人でなしに日本人全体として肩身がひろいわけであり、日本をヨーロッパに紹介する一つの機会にもなりえたのである。惜しいかな時機尚早で日本側での世界認識の欠如と国内態勢の不整備とのために、対外交渉の上で折角の光太夫の知見が殆んど役立っていないのは残念である。もっともこの記事だけで外人の日本人観を手離しで喜んではいられない。後で少しふれるであろう所の、レザノフ一行来朝の節、指揮官として同行したクルーゼンステルンはその『世界周航記』の中で、この一行が連れ戻った仙台領の漂流者数人の船中での振舞に業を煮やして、「我意を張り恩義の念乏しく懈怠にして不潔かつ暴怒し易い者共である」とし、「彼らの如き愚悪の人間は他に比類なかるべし」とまで酷評を下しているからである。尤もこの引用文についてはレザノフ来朝に当ってクルーゼンステルンのおかれていた立場から見て可なり割引して見ねばならないのであるが、同じ漂流民でも素質の差違はどうしようもない。聊かわき道にそれたが対蹠的の例として附記する。

話は元に戻る。六月十五日いよいよオルレヤンコフの下役テモヘ＝オシポウィチ＝ホッケイチ大尉とその従卒をはじめ一同ニジニ＝カムチャックを出発、シベ

カムチャツカからオホーツクへ

リア総督の所在地イルクーックへの長途の旅に向った。長官オルレヤンコフは、漂流民を日本へ送還するよう本国政府あての願書の下書を与えた。一行は政府関係の役人を入れてロシア人十五人と光太夫ら六人、独木舟(まるきぶね)三艘ばかりに分乗し、十数日間川を溯り、一旦上陸して山路を一日越えて峠を下り再び乗船し、数十里を一気に下って七月一日チギリスクに着陸した。ここでオホーツクに渡る準備を整え、八月一日出帆したが、風向わるく航海に二十四-五日を徒費して飲用水も食料も絶無に陥り困りぬいたが、折よく順風に変ってやっとオホーツクに着いた。人家二百ほどの寒村であった。この地の長官から路用として光太夫に銀三十枚、

東シベリア冬の旅の用意

他の五名に二十五枚ずつ与えられた。シベリアの極寒の曠野の横断旅行の第一歩がはじまるので、右の金子で衣服・帽子・手袋・靴にいたるまで一切の革製の冬装束を買いととのえるための心遣いであった。同行すべて二十一人、九月十二日オホーツクを出発した。一行の中にはカムチャツカの各地からあつめた、らっ

こ・あざらし・貂てん皮・熊皮類を本国に輸送する役人数名、任期が満ちてイルクーツクに向け引上げる医師の家族、そのほかイギリスの難破船員二人である。この船員についての挿話を附け加えよう。このイギリス船は乗員六十二人、カムチャツカ半島のボリショレツカ港での交易をすませ、コマンドルスカ島の沖に碇泊し、いよいよ明日上陸というのでカムチャツカの陸地を前に見てのめやうたえの酒盛をし、一同スッカリ乱酔した。ところが突風が急に襲って船は一たまりもなく転覆してしまった。助かったのは酒嫌いの二人だけで、やっとのことでメズノイ島の岸辺に泳ぎついた。その一人がポルトガル人、他の一人は黒人のベンガル人(インド人)で、それがこの船に便乗したのである。この二人はやがてロシアに帰化してイルクーツクに永住したという。

オホーツクからヤクーツクへ

オホーツクからヤクーツクまでは千里あまり、無人の荒野である。一切の必要品は野宿用のテントの類まで駄馬に積載せ、食事も日に二度に切詰めて旅をすすめた。雪に出会うと木の枝を折敷きその上に皮を敷いて臥る。馬上で手足が凍えきると下馬して徒歩し、体の温まるのをまってまた乗る。旅路は重なって十一月九日ヤクーツク着。

冬期旅行のありさま

ヤクーツクはレナ河にのぞみ、人家五－六百ばかり、なかなか賑かなシベリアの一中心であるが、東北に偏しているだけに極寒の都会である。冬期の往来にはスッポリと厚い皮の衣を着、皮頭巾をかぶり、狐の皮の手袋の中に両手をさしいれ、鼻から下を蔽って歩く。ややもすると耳や鼻はおち、頰の肉はえぐりとったようにただれてしまう。極地だから六・七・八と夏の三月は夜のない世界だが、冬はまた冬で雪明りにてらされて松明など殆んど不用である。地面は金石よりも堅く凍結し、旅人は橇の上の人となって昼夜を問わずひた走りに走る。橇はサンカと呼び、光太夫らののった大形のものは上に革を張った輿のような形のキビッカを置いてそこに坐り、下には荷をのせ、五－六頭の馬に牽かせる。小形の一人

イルクーツク入り

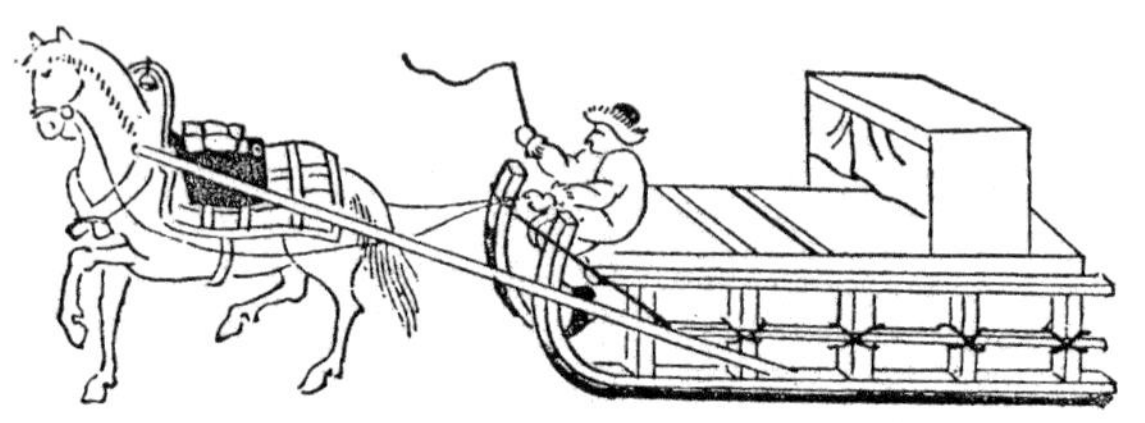

キビツカを載せた橇（『北槎聞略』所載）
橇の後部にのせられた方形のものがキビツカ

乗のものは犬がひく。ヤクーツクでも長官から光太夫は銀三十枚、他の者は各々二十五枚の路用を与えられた。旅中の服装や橇の用意のため一ヵ月を費し、冬の最中の十二月十三日イルクーツクさして出発した。

ヤクーツクからイルクーツクまでは二千五百里ほどで、はじめの四－五百里ほどはここかしこにヤクート人の住居はあったが、そのあと全く人家なく、ただ八－九里ごとに政府の馬つぎ場があってそこで馬を取りかえる。はるかに馬の鈴の音が聞えてくると、すぐ用意されている代馬にかえ、前の馬は逆の方向から来る旅人用に使ってもとの駅にもどす。こうして少しも遅滞することはなく、旅路はすすめられ、一七八九年

（寛政元年）二月十七日イルクーツクに到着した。そしてホルコルフという蹄鉄工の許に宿を定めた。

八　救いの神ラックスマン

当時のイルクーツク

イルクーツクはシベリア総督の駐在する東部シベリア経営の拠点であって、戸数三千あまり、シベリア第一の都会として殷盛であった。この地はまた当時全盛を誇っていた清国政府（乾隆皇帝の時代）を対手として政治上・交易上の交渉もさかんであった。その上、北太平洋――アラスカ方面の漁場開拓の必要上、千島を南下して日本と交易を計るための基地でもあった。

光太夫の立場

さて光太夫にとって彼がイルクーツク入りをした時期とその立場とには微妙なものがあった。『北槎聞略』によると、ホルコルフという蹄鉄工の家に宿ると記るされているが、一人の顔馴染もなく、帰国願を総督に差出したくとも取次いでもらえる人はいなかった。心細い感じでいっぱいの所に、折よくオホーツクまで同船した縁故で顔見知りとなったカムチャツカのテモヘ＝オシポウィチ＝ホッケイチ大尉に出会った。事情をきいた大尉は深切にいたわり、早速その知人に引合わせてくれた。それが縁となってあちらこちらに招かれ、問われるままに、日本内地の事情や漂流のいきさつを物語ったのでロシア人の同情をあつめたといっている。

ところがロシア側の資料では少し違っている。第二章でのべた（二一ページ）ムロフスキー世界探検隊派遣の勅令が発せられた翌年光太夫らはアムチトカからカムチャツカに移っている。そこで彼らは「シベリア庁の命令でイルクーツクに送られ、官費で日本語学校に寄寓した」ことになっている。おそらくこれは事実であろう。ロシアにとっては掛替えのない好い日本語教師の候補者である。以前の帰化日本人教師はすべて死に絶えて、残っているのは『北槎聞略』にただ一言

帰化漂流日本人と光太夫

「日本通詞には今イルクーツクに三名あり」と、さりげなく書いている三名だけであるから、彼らに命じて極力光太夫の引留策を講じさせたであろう。ある文献では、光太夫の到着を聞きつけた彼らは早速彼を訪れて、自分たちは漂流日本人の子で、一人は久太郎（久助）の子トラペズニコフ、今一人は三之助の子タターリノフ（日本名さんぱち。あとでふれる。二八一ページ）だと名のった。彼らは父の同国人の到着をなつかしがり、トラペズニコフの家に案内してその家族をも引合せ、しきりにもてなした。恐らく光太夫らは当座しばらくは地獄で仏に会ったような悦びであったろうが、往来（ゆきき）が重なるにつれて、これら第二世と全く立場のちがいが明らかになった。光太夫は遮二無二帰国したさ一杯であるのに、彼らは、何とか手をつくして彼を日本語教師として引留めておきたかった。光太夫の会った三人の中の一人はトゥゴルコフであろうが、日本語には弱かった。しかし彼は元来ロシア人であるから、総督の内命を受けて、とくに引留めに努めたであろう（後に彼は善六引留めに見事に成功している。七五ページ）二）。帰国願を取次いでくれないのは、さもあるべきである。光太夫がそのまま日本語学校の建物に寝起きをつづけていたら、その進退は苦しくなるばかりである。ホッケイチ大尉とのめぐりあいの時日は不明だが、おそらくそのころであって、彼は偽らざる心境を吐露して大尉の同情にすがったのではなかろうか。後日帰還に当ってイルクーツクから松前までの旅の間世話になったトラペズニコフでありながら、光太夫が、彼について殆んど何もいわない理由にはこの三人と急に疎遠になったせいであり、それとは逆にホッケイチおよびそのサークルに走ったからであろう。その上ホッケイチの深切は何よりも、光太夫のためにやがて帰国の道を開いてくれたキリル＝ラックスマンに彼を紹介したことであって、つぶさに漂民一同の苦難の経過を語り、くれぐれも将来の援助を頼んでくれた。帰国願書を起草してそれを総督に申請してくれたのもこの二人であった（キリルについてはすぐあとでのべる）。

官憲の無情

官憲の態度は無情であった。その年八月都からの通牒が届いたからと称して、帰国の儀は思い止まり、この地で仕官せよとの申達（もうしたつし）である。

第二回歎願

光太夫は直ちに折返して帰国歎願書を再び提出した。それに対し年があけて二月三日（一七九〇）再度の通牒には、仕官する気なら昇進の道が開かれている。それを望まず商人になるなら資本を与え租税を免じ住居をも貸しあたえようとの事だった。

第三回歎願

光太夫はそれらすべてを辞退し、ただひたすらに帰国をのぞんで三度目の帰国願を申請したのが三月七日のことである。その時まで彼らは官憲から一定の生活費を支給されていたが、三度目の願書申請後は一切の支給が停止されてしまった。

キリル＝ラックスマンの温情

とつぜん生活の途を絶たれた漂流民は、やむなくさきごろから深切にしてくれた知合の大商人の家をまわってその恵みにすがっていたが、それと知ったキリルはとりわけ気をくばり、一日でも行かないと迎えをよこしたり、朝夕の食事まで宿に届けてくれる気の配り方であった。

歎願書が二度までも却下されたのは、中央政府の要路まで伝達されないで、中間で握り潰されてしまったからである。その間に二ヵ年たってしまった。この抑留策は、中央政府からの通牒の形式はとられているが、おそらくイルクーツク総督の意向を反映してのことと察せられる。日本人の後継者を失って廃絶の一歩手前に陥った日本語学校強化を計ろうとするのが光太夫抑留の狙いである。ところがこれと対立して、この際かれらを送還することに言寄せて、日本と通商を計るために使節を派遣しようとする一派が幸いに生れた。カムチャツカの長官オルレヤンコフはその一人であったらしい。しかし光太夫の帰還と結びつけて日露修交の政策実現のために、時の氏神の役を買って出て最後まで終始熱心に且つ親切に努力したのはキリルである。『聞略』によると、

キリルの人物

此キリロといへるは此度漂人等を護送し松前まで来りしアダムが親にて、官はポ、コルニカなり。またウチテリと称して学校の学頭なり。十七国の言

語・文字に通じ、兼ねて本草の学に委しく、もつとも博覧強記にして、しかも温厚篤実の人なるよし。前の世の因縁ありけるにや、光太夫を一方ならず深切に撫育し、子弟のごとくに憐みて、此地の国司イワン＝エレヘレウィ＝ピイリといふエネラルポロッチカの官人まで帰国の願状を出さしむ。願状の文はキリロ・テモヘ両人にて草せしなり。

とある。こうしたキリルの配慮にもかかわらず、年を越した一七九一年一月まで何の沙汰もない。

キリルの勧めで上京直訴にふみきる

帰国願の通牒がいつまでも遅延しているのは、中間で抑止され皇帝の上聞に達しないためだと見てとったキリルは、光太夫に向って、「この上は直接に皇帝に歎願するほかはあるまい。自分はシベリア各地で採集した植物や鉱物の標本類を上納すべき官命を蒙り近く上京するから同道せよ。必ず力添えする」と約束したので、光太夫の喜びは一方ならず、すぐさま上京の用意を整えた。そのさなかに、

生存者六名中、一人死二人重病

かねて病気中の水手九右衛門が十三日にみまかった。新蔵も重病でいつしれぬ生死の境にさまよっていた。もうひとり、光太夫にとって気掛りだったのは庄蔵の難病であった。

イルクーツク到着は伊勢出帆の時から数えて六ヵ年余りを経、また総員十七名の中十一人の犠牲者を出して六人だけやっとの思いでここまで辿りついた。ところがその終りの旅でヤクーツクからイルクーツクにいたる極寒季二ヵ月足らずの旅の途すがら、庄蔵は脚にひどい凍傷をうけて悪化し、膝下の肉が腐爛してそのままに放置すると太腿にまでひろがり、はては一命にかかわる惧れがあるので、イルクーツク到着後、ついに膝関節下を截断手術した、幸いに創口は癒えてそれ以上病毒の蔓延は阻止されたが、片脚を失って不自由の身となった。庄蔵は、所詮帰国は叶うまいと観念し、ロシア教に帰化して名をフィヨドル＝シトニコフと改め、全快するまで病院生活をつづけていた。こうした重なる傷心事に後ろ髪ひかれる思いをしながらも、都への出発が二日先きに迫った。そこで九右衛門の野辺送り、新蔵の介抱、庄蔵の大手術後の手当てのことなど万端をくれぐれも小市と磯吉に頼んで、光太夫は単身、キリルほか五人の一行に加わってペテルブルグに出発した。

ペテルブルグへの旅

この上京はキリルにとっては公用なのでその旅費一切はもちろん官給されたが、光太夫の路用のすべてはキリルが自腹を切って負担した。公用の旅には橇(そり)一つに馬八頭をつけ、悪路にさしかかると二十頭もつけて昼夜の別なく走らせたので、六千里に近い行程を三十日余で到着したが、あまりの早さに、のりはじめしばらくは橇酔いをしてたえかねたという。

キリルの大患

首府到着ののち二日おいて、キリルの取次で女帝側近の大臣ベズボロッコ伯爵に帰国願を差出した。ところが急にキリルが傷寒という大病になって一時重態に陥った。光太夫はかけがえのない大恩人のことであり、自分の願書のことはそっちのけにしてキリルの夫人らとともに昼夜わかたず看病した。政府でも官医に命じて診療に当らせたので、三ヵ月ほどでやっと本復した。キリルの看護にあけくれしている間に、ある日突然新蔵が訪れて光太夫をおどろかした。聞けば、新蔵は病気本復不能の宣言を下されたので、後生安堵のためロシア教に入り、名もニコライ＝ペトロウィチ＝コロツィギンと改めたが、意外にも平癒した。さりとてヤソ宗に入った後では帰国すべき道も絶え、今更悔いても及ばぬとなげいたという。

新蔵の不意の訪問

九　女帝の殊遇

キリルの仲介

キリルは全快後、公用を果すかたわら、光太夫を連れて要路の大官や学者・富豪など彼の知人に紹介の労をとった。おそらくレセップスの記事にあらわれた光太夫の描写が、ペテルブルグ上層社会の人々の期待を裏切るものでなかったであろうことは、首府における彼の動静から窺い知られる。もしこの情報をレセップスがパリで知ったなら、意外の感にうたれたことであろう。

初度の女帝拝謁

　ところで帰国願に対して何の音沙汰のないままに五月になった。帝室では五月一日から首府から二十里ほど隔たるツァルスコエ＝セロの離宮に移られ、九月一日還御（かんぎょ）されるまでの四ヵ月、女帝は太子・皇孫はじめ高官以下の役人を連れてこの地で政務を執る仕来りである。これを耳にした光太夫は焦慮の余り、キリルに泣付いて、五月八日彼につれられて同地に赴き、離宮所属の御苑管理主任であるオシポ＝イワノウィチ＝ブーシュの許に仮寓して機会をまつことにした。幸運だったのは、キリルの斡旋により宮廷の要人殊に女帝に信任厚いベズボロッコ伯のもとで、漂着日本人を送還するという名目で日本遠征の計画がすでに徐々に熟しつつあったことである。商務大臣アレクサンドル＝ウォロマノウィチ＝ウォロンツォーフから、六月二十八日光太夫を連れて参内（さんだい）するようとの達しがキリルに届いた（『北槎聞略』に五月二十八日とあるのは誤りである。六月二十八日に太子パウェルの誕生日、女帝エカテリナの即位記念日にちなんでレセプションが行なわれたことが、一七九一年発行の『宮中儀式年報』にのっている）。さきに願書を受理した外務大臣ベズボロッコがそれを女帝に上奏し、所管官庁の長官ウォロンツォーフの手を経てここにその運びとなったのである。光太夫は「天にも昇る心地」で即刻キリルに伴われて、フランス風の白灰色のラシャ地の服で出頭した。キリルの注意で、女帝の思召（おぼしめし）のほども計りがたいからそれにそなえて日本服をも用意せよ、とあったので、手許を離さず持歩いた佩刀（わきざし）・小袖・羽織・袴のすべてを取揃えて持参した。生れてはじめて見る大帝国ロシアの離宮の御苑から殿堂奥ふかくすすむにつれて、つぎつぎと展開される豪華壮麗さにただ目くるめくばかりであった。

エカテリナ二世

時の皇帝はエカテリナ二世（一七六二―九六）であった。女帝は、プロイセン王フリードリヒ二世と並んで十八世紀後半の代表的な「啓蒙された専制君主」であって、在位三十余年の間、内治・外交において創業の英主ピョートル大帝の偉績を発展させた女傑であるが、フランスの文豪ヴォルテールを優遇して爛熟したフランス文化を惜しみなく採入れた。またドイツ・フランスの学者を招いてロシアの学術の近代化と向上・普及につとめた。そのため、少数の都市と大多数の農村との間に生じた大きいアンバランスは免れえなかったにしろ、ロシアの文化は著しく粉飾された。その点で明治時代の日本と相通じるものがある。このような背景のもとに、当時ヨーロッパ各国宮廷に共通するバロック趣味はロシア宮廷でも例外でなく、金碧燦爛とした装飾過剰な土木建築は人目を眩惑させ、専制君主の権威が民心を圧倒した。江戸日本橋の最も繁華な問屋街ぐらいは見知っていただろうが、恐らく大名や将軍の楼閣すら窺き見することを許されなかったであろうところの光太夫が、ふしぎな運命の戯れによって、大帝国ロシアのツァルスコエ＝セロ離宮の華麗に眩惑され、ついで首府ペテルブルグ帝宮の豪華に圧倒されたことはさもあるべきである。光太夫はその時の感激を事こまかに口をきわめて物語っているが、いまここにそれを述べるひまはない。

光太夫はキリルに附添われて殿内に入り、ベスボロッコ・ウォロンツォーフの両伯爵の先導を受けて三階にある女帝陛下の御座所に罷出(まかりで)た。室は二十間四方ほどのひろさで紅(くれない)と緑とのまだらある大理石で敷詰められ、女帝の左右にはきらびやかに着飾った五－六十人ほどの女官が侍立したが、その中には二人の黒人(崑崙)の女もまじって人目を引いた。こちら側には総理大臣以下の高官四百人余りが両班に立分れて威儀堂々と立並んだ。日本人として、しかも微賤の身で、このの空前の晴れがましさに、ただ茫然と気怯(おく)れしてたちすくんでいた。やがてウォロンツォーフの言葉にうながされ、笠と杖とを下において御前近くにじりより、かねて教えられた通りに、左の足を折敷き右の膝を立て手をかさねて差出した。女帝は右の御手をのばし指先を光太夫の掌(たなごころ)の上にそっとのせられたのを三度なめるしぐさをした。これは外国人が初めて皇帝に拝謁するときの礼儀である。

もとの座に戻ると、陛下は女官に命じて光太夫の願書を取出させて御覧になり、下書はたれが書いたか、定めしキリルであろうとの御下問に、キリルは、光太夫の申すままをしたためた由をつつしんで奉答した。女帝はかさねてこの書面通り相違ないかと念をおされたのに対して、キリルは御諚(ごじょう)通りに相違ない旨申し上げた。この時、「ベンヤシコ」と宣(のたも)う声が高く聞こえた。「可哀そうに」という意味である。ついで女帝秘書トルッチンニノーフ夫人ソフィア＝イワノウナを通して、海上における苦難や船員死亡のことども何くれとなく詳しい御下問に対し、つまびらかに奉答した。陛下は「オホジャウコ」と仰せられたが、これは「何と憐れな」という、死者を悼む言葉である。女帝はおん顔(かんばせ)にやや愁えをおびられたように見受けられたが、おつきの者に、久しい前からの帰国願をなぜ今まで聞かせなんだか、と詰問された様子であった。きくところによると、元老院で願書の取扱いを未決定のままそこに留置いたからだという。この日は皇太子パウェルの誕生日（『聞略』の中で光太夫は皇太孫アレクサンドル＝パウロウィチだとのべているが、これは誤りで、アレクサンドルの誕生日は十二月十二日である）で、その祝賀午餐会が開かれたのだが、正午の鐘がなり、午後二時になっても玉座を立とうとなさらず、重ねて、ぜひ帰国したいかと質（ただ）されたので、一向にお願い申し上げる旨歎願して、御前を退出した。

宮廷への出入

この拝謁はまことに上々の首尾で、帰還のめどがついたので、光太夫は気も心も晴れやかになった。『聞略』のほか『北槎異聞』など日本側の記事によると、そののちは御召を受けておりおり御殿に伺候し、太子・皇孫・姫宮など列座の前で、御下問にこたえて細大となく日本の事情を語った。またロシアに渡っている絵草子や浄瑠璃本などの和書、あるいはロシアで著わされた日本に関する書物など見せてもらった。

御下問

ある時、女帝は日本の風習を問われた際、光太夫が船中で朝夕拝んで無事帰国できるよう祈ったという太神宮の御祓（おはら）いのことを聞き及ばれ、別の日に持参せよとの御諚（ごじょう）であった。よって上覧に供したが、強いて開いて中を見ようともなされず、帰国まで留めおけとの仰せで、女帝の座右に掛けおかれ、「およそ形なきものを神と云って崇み敬うのは日本の風習だ」と申されたよしで、お暇乞に最後に伺候した時下げ戻された。また光太夫が、一向宗の門徒なので、阿弥陀仏の絵像をかかげ、読経の折り肩衣（かたぎぬ）をつけるのに目をとめられた女帝は、手に取上げられて御覧（ごらん）ぜられ、宗旨のことについても下問を賜わったという。これらによってみると、光太夫は度々女帝に拝謁しているらしく思われる。離宮に御滞在中のことで、女帝は気易く召出されたかも知れない。確実に彼が女帝に拝謁した月日は六月二十九日と、ペテルブルグ還御後、光太夫の帰国が最終的に決定したので、女帝自らの手で餞別の御下賜品のあった十月二十日の二回である。しかし光太夫帰国後の調書や聴書きを信じるならば、日付の明らかな以上の二回は公式の拝謁であるが、そのほかに非公式なお召が何度かあったことと推測される。皇子・皇女・皇孫などの集（つど）いに何回か招かれているようであるから、彼はそ

ほほえましいエピソード

れらの場合と混同したことも考えられる。そうしたさいに起った一つに、書洩しがたいエピソードがある。ある時皇太子の御殿に召出されての帰るさ、出迎えの車が遅れたので、拝辞するよしもなく太子の御輦（みくるま）に乗って宿舎であるブーシュの家に帰って来た。太子の輦の横付けになったのを見て、ブーシュ一家は皇太子の俄かのお成りとばかり大あわてにあわてて総出でお出迎えに出たところ、これはしたり光太夫が下車したので、皆の者は腹を立てるやら、礼儀知らずとたしなめるやら、はては事情をきいて大笑いになったという一幕である。

さすらいの歌

光太夫のツァルスコエ＝セロ滞在中、彼の世話をしていた宿主のブーシュは、御苑長として十二人の下役と約百人の園丁を使って、御苑内の樹木や花卉（かき）の手入れに当っていた。光太夫はその家族とやがて親しくなったが、ブーシュの妹ソフィア＝イワノウナは彼のさすらい十年間の数奇の運命を歌詞につくり、それが民謡となって民間にひろくうたわれた。歌詞の作者名とともにその歌を光太夫は帰国の後、『聞略』の中につたえている。この事は別に（二一一ページ）改めてのべよう。

このような善意にあふれた帝室御一家の殊遇（しゅぐう）は、ツァルスコエ＝セロの地ばかりでなく、帰国許可の勅命が下って東帰するまで惜しみなくつづけられた。ペテルブルグに戻ってからは、帝室宝物館・同図書館・科学博物館など隈なく拝観を許された。無数の珍宝や学問上の施設にひたすら驚歎するばかりであった。他の一方に病院・托児所（捨児収容所）・養老院等の厚生施設の完備に新しい目を開いた。キリルが学者である関係から、光太夫はその方面の知識層にも知られ、彼自ら学校の視察も怠らず、学校長とも親しくなった。そのために語学方面に多少の寄与をなしたことは別項でのべるであろう（一八八ページ）。

また異教徒として通しつづけながら、ロシア教会の諸行事をはじめ、誕生・婚姻・葬送にいたるまで教法に則（のっと）った儀式や慣習までことごとく見せて貰った。演劇も二度観ており、芝居小屋の内部や上演脚本の筋書をのべている。政府公認の娼家（遊廓）にも案内され、それがきっかけとなって芸妓とも親しくなり、そこを通りかかるたびに呼びこまれてさまざまなみやげを貰ってきた。

顕官との親交

宮廷での恩寵のほか、政府の大官や財界人の一部からも好遇されたのはむろんである。中でもベスボロッコ伯爵の家族とはとりわけ昵懇となり、その妻子とともにしばしば食卓を共にした。案内を請わずに自由に出入りを許され、来客が多いと見ればそのまま引取った。皇居へ参内の折や郊外へのピクニックなどにも同車させてもらった。

当時帝室から招かれてペテルブルグに滞在したオランダ画家があった。「光太夫が像をも多くこの画工にかかせし由」と『聞略』の編者はしるしているから、彼の肖像画が何枚か描かれた筈であるが、今のところ日本に持帰った様子は見えない。もしロシアに残ったとすれば、そのうち発見されるかも知れない。『聞略』附巻の器什の中に、「カレチン掛版当今女主人ヱカテリナの像」としるしたカンヴァスの油絵が載っている。皇帝の像でもあるし、おそらく幕府の秘庫に蔵められたと察せられるが、その所在はいまどうなっているか、寡聞にしてそのありかを知らない。三百数十年前、支倉常長が持帰ったローマ教皇パオロ五世や常長自身の油絵像が現存しているのに、幕末に近い寛政年間に江戸にもたらされた「エカテリナの像」の行方の不明なのは残念なことである。

ロシア女帝エカテリナ二世の像

『北槎聞略』附巻「器什」の中に載せられているカレチン(掛絵)。光太夫が拝領して額縁をはずしてカンヴァスのまま持帰ったものと推せられ，幕府の手許にとどめられた筈であるが原品の所在は不明。

彼はまたさまざまなロシアの楽器について語っているが、中でもピアノの妙音と手のこんだ機構に驚歎し、これを買求めて本国へのみやげにしようとした。しかしシベリア横断長途の運搬の間に故障を生じたら修繕の道がないことをキリルから説諭されて思い止まったという(『北槎異聞』所載)。光太夫の一面はここでも知られる。

一〇　悲願の達成　漂泊最後の旅

帰国願裁可

九月に入り、帝室がペテルブルグに還御されると間もなく、二十九日に光太夫はベスボロッコ邸に呼出され、願にまかせ帰国を許可さるべき旨、商務大臣ウォロンツォーフを経て公式に伝えられた。このことは政府の手で離宮における女帝拝謁のころすでに内定し、オホーツクに護送すべき内命は下されていた。ただ日本に派遣すべき船の準備の整うまで公表されなかったまでであって、その見込がついたので公けに聖旨が下されたのである。『聞略』の記事を引用すると、

第二回公式拝謁

十月廿日宮中に召され女主より手づから鼻烟盒(かぎたばこいれ)を給ふ。図あり。同十一月八日ウ

御下賜品

オロンツォーフ方へ参るべき旨にてキリロ諸共(もろとも)行きけるに、金牌一枚・時規(とけい)一個幷に図あり。・金銭百五十、贐(はなむけ)にとて女主より賜はる由にてウォロンツォーフより交付(わた)す。金牌はメンダーリといふ。径(わたり)一寸八分、重さ二十五匁、精金(むくのきん)を以て鋳成(いな)し、表には当今(とうぎん)女主の像、裏には中興の賢王ペートル馬上にて大岩石の上に大蛇(だいじゃ)を踏

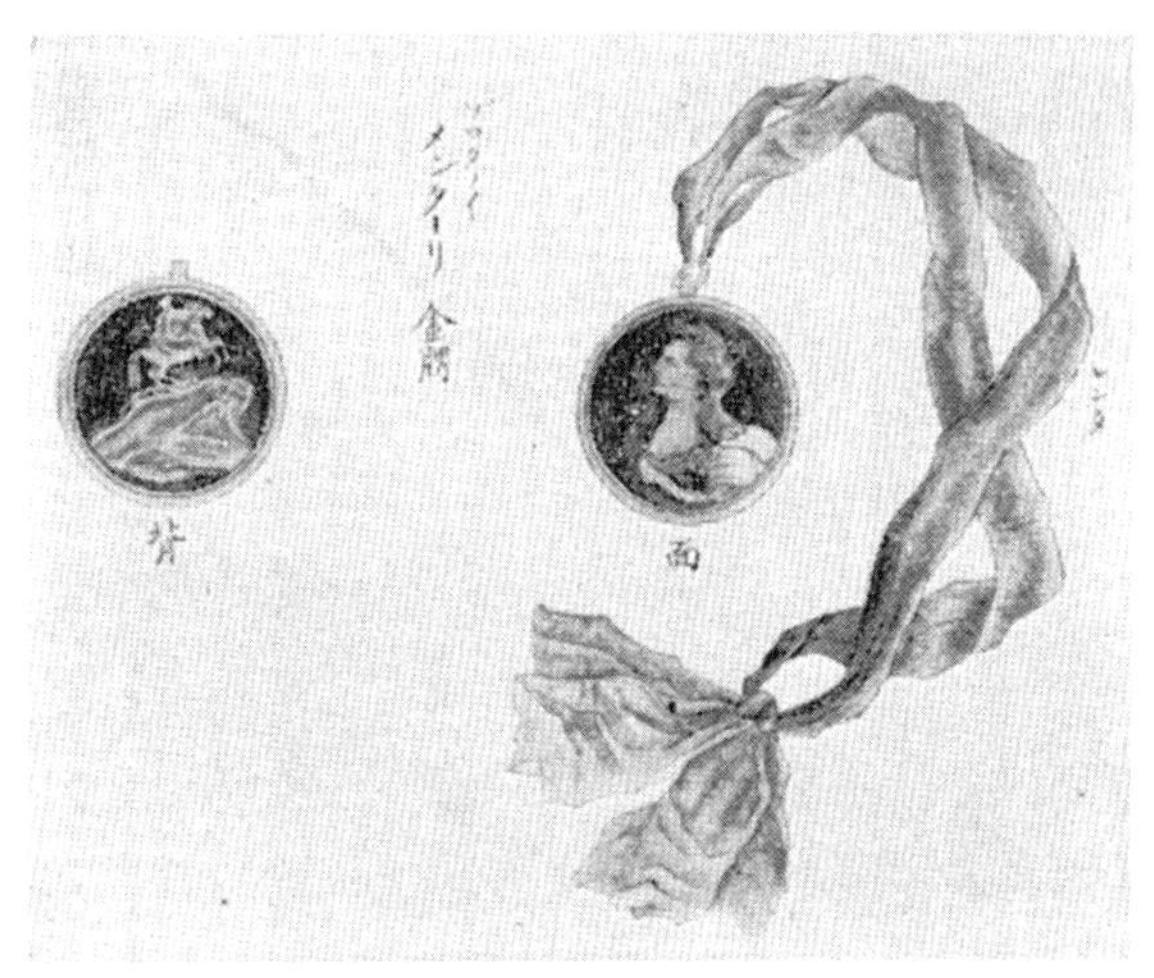

金　牌（メンダーリ）

表はエカテリナ二世，裏はピョートル大帝が巨岩上の悪獣を踏みつけている騎馬像

みて立ちたる像を隠起（おきあげ）にしたるなり。これをレンタとて幅一寸四－五分に織りたる濃き天藍色（そらいろ）のさゝべりの如きものにて頸（えり）に掛くる。是は彼邦にて平人の格別に勲功ある者に賜はるものなるよし。

そのころこの金牌の受領者はロシア人では二人だけで、ひとりは煙火の古今の妙手、他はイワン＝ギリゴレウィチ＝セレホフであった。後者は恐らくグリゴリイ＝イワノウィチ＝シェリコフと同人であろう。彼は一七八八年九月二十八日附でエカテリナ二世から辺境の開発に尽した功績を認められ、女帝の真影を刻した金牌および佩剣（はいけん）を授与されているからである。

この金牌その他について光太夫は『聞略』の中でさらにこういっている。

是を掛けたるものはロシア本国はもちろん所属の国々何方へ行ても決して疎略にせざるとなり。時規（とけい）はフランツース（フランス国）の工人を招きて造らせられしよし、極めて精工のものなり。又小市・磯吉へ銀牌を賜はる。形は金牌と同

帰国漂民に対する手厚い支給

様なり、……光太夫領状（うけとり）を認（したた）め姓名を記し、此方より持行きし印判を押し、ウォロンツォーフに呈す。文はキリロ草（下書）せしなり。姓名をば此方（日本）の文字にて書きたるとぞ。

又今日より此地在留の間の費用一年銀九百枚、小市・磯吉・新蔵・庄蔵へは三百枚の積にて日割にして給はる由を書付にてキリロに渡

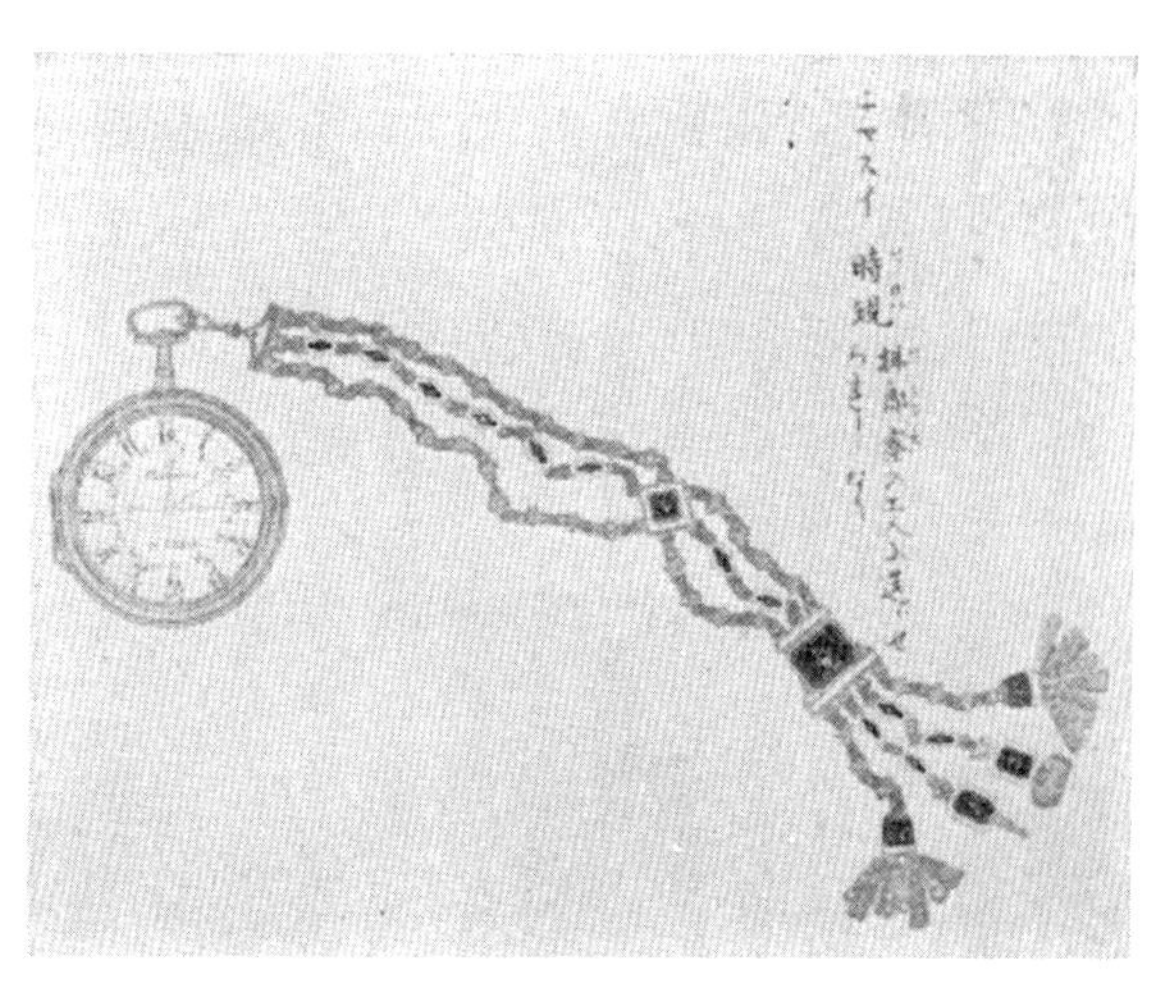

金時計

パリ製で分針のほか秒針までついている。金鎖（きんぐさり）には各所に宝石がちりばめられた豪華なもの

さる。又帰国の伝馬四匹・キビツカ二挺、これは代銀にて三百枚渡さる。旅中の飯料は二百枚給はる。キリロへは伝馬六匹、今度光太夫を同伴にて往来の路費銀五千枚、外に遠人をねんごろに撫育せし褒賞とて、戒指(ゆびかね)（指環）一個・銀一万枚を給ふ。……此外に今度漂人護送の船中雑費として金一桶・銀二桶渡さる。桶は大抵七―八升も入べき桶なるよし。

光太夫送還に当ってロシアがいかに細心な配慮を払ったかがよくうかがわれるし、後述すべきキリルの子アダムの使命の並々ならぬものを思わせられる。

ここでシェリコフについてのべる。光太夫がアムチトカ滞在のころ、アラスカ経営の中心人物はグリゴリ＝イワノウィチ＝シェリコフであった。彼はエカテリナ二世の命を奉じてアラスカ・アレウト列島の開発に全力をそそぎ不抜の基礎を築いた。彼はさきに日本貿易開始に努力したが、安永八年（一七七九）アッケシにおける松前藩との交渉に当って失敗したので（二四ページ）、アレウト列島の開発に転じたのである。シェリコフは原住民に対するそれ以前の不当な態度を改め適正な価格で原住民から毛皮を買取り、さらに懐柔するため教育を起しギリシア正教をひろめたので、原住民の反抗はゆるめられた。一七八四年八月コディアク島に赴き滞在十八ヵ月の後、一七八六年同島を去って翌年四月イルクーツクに着き、引続いてベーリング海峡をはさんだアジア・アメリカ間の富源開発に専念したが一七九五年同地で歿した。アムチトカ島とコディアク島とはアレウト列島でも全く東西の両端に隔たっていたが、光太夫一行はその地滞留後間もなくアムチトカとその附近の島で出稼ぎしたことは前にふれた通りである（五四ページ）。日露通交に熱心であった炯眼（けいがん）なシェリコフが日本漂流民のアレウト中の一に滞留しているのを耳にしなかった筈はあるまい。また光太夫の側からすると、彼はシェリコフにおくれること二年、一七八九年二月イルクーツクに移り約二年間そこに留まっていた。この期間に光太夫が同市における行動にてらしてみて、両人が全く無交渉であったとは思われない。本国帰還にあたってヤクーツクで同船したセリコホ（一〇八ページ）が同じ人と察しられる点から見ても、二人の関係は浅くないと見てよかろう。若しシェリコフが一七九五年に死なずに今少し長生し、またアダム＝ラックスマンの日露国交の使命が達せられたと仮定すると、ともに金メンダーリ佩用者であるシェリコフと光太夫との交渉に新たな趣を生じたであろう。

莫大な餞別品

さて光太夫は帰国にあたって、ペテルブルグ逗留中知遇をえた多くの名士からさまざまの手厚い餞別の品を受けた。女帝秘書トルッチンニノーフから狐皮の頭巾一個、イギリス製の白キャラコ一丈、その妻よりカラクン鳥（イニゼーカ）五羽（蒸焼にして塩でまぶしたもの。旅中最高の食料）、商務大臣ウォロンツォーフより狐の裘（かわごろも）一領、ベスボロッコより銅版画十枚、砂糖二塊、コーフより乾牛肉四貫五百目（これも旅中第一の食糧）、その娘より塩蒸の野鴨二羽、茶二袋、豪商デミドフよりガラスの蓋物（ふたもの）三個、コップ十個、ムーシン＝プーシキンより砂糖二塊、銅版画五枚、顕微鏡一具、スツルゴ＝オシコーフより米四貫五百匁、同妻よりヒレーバ（肉を小麦に包んで焼いたもの）一袋、その娘から襦袢一枚、学士イワン＝シモノウィチ＝バルラス（ペーター＝シモン＝パルラスと同人であろう）より茶五袋、同妻より砂糖一塊、その娘より襟巻一枚を贈られた。右の品々を荷車でその夜ひとまずツァルスコエ＝セロのブーシュの家まで運んだ。ブーシュはキリルに草木の苗数本を贈る。この苗の枯死しないよう、ラシャのふろしき四つに包み分け、各二個ずつキリルと光太夫の車に入れ、夜具をかぶせて凍らせぬように注意した。ブーシュは茶二袋、娘からは襦袢一枚を光太夫におくる。これら贈与者の顔触を見ても、いかにペテルブルグ社交界で有力な人々の多くを網羅しているか、また光太夫の人気のほどをさながらに示している。餞別品を一々こまかくここにしるしたのは、十八世紀末において冬期の長途旅行をするさい、心のこもった贈品がどんなものであるかの一端を示してみたいからである。

十一月二十六日、入京後七ヵ月にしてペテルブルグに最後の別れをつげ、キリルの妻の弟の家で旅装をととのえて夜半帰国の旅の第一歩に上った。一行はキリル・光太夫・新蔵、キリルの学友であるドイツの学者ストラックマン、他にキリルの従者二人である。キビツカ二挺・荷車三輌をそれぞれ馬十二頭に牽かせた。

モスクワ経由

二十七日午前十時ブーシュに恩遇を謝してツァルスコエ＝セロを出発、二十九日モスクワに入ってジカレーフ方に一泊。翌日はモスクワの城代アラズモフスコイの居館に招かれたが、この建築は帝室のそれよりも宏壮華麗をもって聞えており、目を驚かせた。往路の心細さとうらはらに、今は心ははずみ気はのびのびしていた。乗船の用意が完成するまで日程に余裕があるので、モスクワ滞在の十二－三日間は旧都の尼寺や戯場その他を残りなく見物した。郊外にあるジカレーフの兄が経営する大砂糖工場に案内された時には、ガラスの蓋物に入れた果物の砂糖漬をみやげに贈られた。

イルクーツクに再帰

十二月十一日モスクワをあとにし、十四日朝の十時ころニジニ＝ノヴゴロド市に入る。この地は退職した高官の隠栖(いんせい)地で、また木綿の高級品が生産され、なかなかの繁昌ぶりを示していた。ここでもキリルの顔がきいて、市長はじめその他の人々から歓待され種々のものを贈られた。滞在七日ののち二十日早朝出発し、カザンを過ぎて翌寛政四年一月五日朝まだきエカテリンブルグ（今日のスウェルドロウスク）に着き、直ちにキリルの嫁の叔父の家に宿る。彼はモスクワ・ペテルブルグにも支店をもつ大商人である。ここはウラル山中にある都会で、郊外にロシア第一の銅山があり、銅貨がここで鋳造される。またうつくしい色大理石が伐りだされて、屋内の装飾品としてさかんに用いられた。

翌六日の夕方出発。ここから道路が悪くなり、キビツカ一挺に馬二十六頭をつないで牽かせた。ウラルを越えるとヨーロッパを離れてシベリア路となる。十日夜半トボルスクに着く。人家三千あまりの市であるが、大火のあとだったので家(や)

並はまばらだった。十三日朝出発、二十三日夜半イルクーツク市に入り、キリルの家におちつく。翌日直ちに報告のため総督府に出頭したが、総督ピーリは快く面接し、五月ころ送還船の準備が整うからそれまで心静かに旅の装いをせよとて光太夫の旅中の労をねぎらい酒食をもてなしてくれた。

アムチトカに漂着してから流転十年余の間でイルクーツク滞在の二ヵ年は光太夫にとってその運命のきめられた最も憶い出深い土地である。帰還船の艤装がとのうまでの四ヵ月間、彼に愛の手をさしのべてくれた人々に感謝と訣別の挨拶廻りをした時は定めて感慨無量であったろう。三月十四日早朝キリルはその夫人同道で光太夫・ホッケイチほか二人の役人を彼が経営する大工場に案内し、三日間にわたって見学させたが、光太夫はキリル夫人とともに二十二日まで居残った。

旧知の多いイルクーツクなので、ここでも皆からそれぞれの餞別が送られた。ホッケイチは小麦のパン二貫目、その妻からメリヤス頭巾一領、オシポ＝ノウェツコイは茶二袋、鶏卵百個、その妻から船中安穏を護る仏なりとてニコライ像一枚、その娘からメリヤス脚袢一足、グルジンスコイは吐綬鶏一番い、その妻は鶏三羽、キリルの娘マリアからは吐綬鶏三羽等であった。光太夫はそれまでの十年余傍を離さなかった小袖・羽織・袴のすべてを取揃え、感謝と記念の料としてマリアに贈った。

生別離苦の悲劇

こうした悦びに心はずむ中にも、胸の片隅にしこりとなっていたのは苦艱を共にした部下との生別離苦の悲しみであった。いよいよ出発の五月二十日の朝、片脚を失ってまだ療養中の庄蔵と世にも悲しい最後の生別れをせねばならなかった。

かねて療病院より庄蔵を磯吉が旅宿へよびよせおきしが、わざと発足の事をばかくしおき、立ぎはに俄にいとまごいをなしければ、庄蔵は只呆れて物をもいはず茫然としたる体なりしが、光太夫立より手をとつて、今別れて再び会ふべきともおぼえず、死して別るゝもおなじ道なれば、よく〳〵互の面をも見おくべしと、ねんごろに離情をのべ、いつまでおしむともつきせぬなごりなれば、心よわくては叶はじと、彼邦のならひなれば、つとよりて口を吸ひ、思ひきりてかけ出せば、庄蔵は叶はぬ足にて立あがりこけまろび、大声をあげ、小児の如くなきさけび悶えこがれける。道のほど暫しのうちはその声耳にのこりて腸を断つばかりにおぼえける。同じ国土のうちにてしばしの別れだにも生別れほどかなしきはなきならひなるに、まして此年月の辛苦をしのぎ、生死をともにとたのみしものゝ、しかも不具の身となりて同行の者に別れ、異国に残り留まる事なれば、さばかりのかなしみも理りなり。

と、これは『北槎聞略』の中に語られているいたましいエレジーである。

ロシア領に漂着した日本人はどの位あるかはかられない。そのうちイルクーツクに送られたものは幸運であり、記録にものせられている。しかし本国帰還の素

再生の恩人キリル夫人との訣別

志の遂げられたのは光太夫らがはじめてである。さて光太夫はキリル、その三男マリテンとともに発足した。世にも珍らしい別離のこととて、群り集う人々から見送られて、イルクーツクから二十二里のブキンという宿駅についた。ここは官営の立派な休息所があり、そこに入って最後まで見送りに来た人々と休憩した。二十一日早朝六時キリルの夫人・新蔵らと互いに涙をながして接吻し、生きて再び会うことのない最後の挨拶を交わした。キリル夫人は、とりわけ生みの母にもまさる恩人なので、ロシアで父母に別れる時の礼儀に従い、三度その足を戴いて感恩の情を表わした。見送りの人々は思い思いに心のこもった訣れの挨拶を早口にのべたてるので、意味がよく聴きわけられなかったという。二十三日午後ヤクーツクへの埠頭に当るカジカに着く。磯吉と小市は通訳として日本まで同行するトラペズニコフ・トゥゴルコフの二人、キリルの属官などとあとから出発し、二十四日の朝到着した。

イルクーツクからヤクーツクまで

二十五日午後ラックスマン父子・光太夫・イルクーツクの客商セリコホ・バビコーフ・ブタコーフと彼らの使用人七名と、以上十三人川船にのって舟旅の二十日がつづく。磯吉・小市はトゥゴルコフ・トラペズニコフほか二人合せて六人で別の船にのる。途中にキリギオリリョクバという家数四－五百ばかりのヤクート人の部落があった。船中の生活は飲水は河水にたより、薪は舟を河岸によせて自由に伐採する。また魚は土人が漁舟で売りに来たので、一向に不自由はなかった。川筋によっては右側が清水、左側が鹹(しお)水の所があった。この川はレナ川と呼ばれ、川の中央では両岸が見えないほどの大河である。船路二千二百六十五里をへて、六月十五日正午のころヤクーツクに着く。二日後小市・磯吉ら着く。

シベリア炎暑の旅

ヤクーツクに滞在すること半月あまり、旅中の食糧品など買いととのえ、七月二日キリル父子・光太夫・トゥゴルコフ・バビコーフの五人騎馬で出発した。今度の旅と逆コースであった二年前の時は厳冬の季節であって酷寒と凍傷とに苦しめ

天下第一の行路難

られたが、このたびは夏季に当って思わぬ別の苦しみになやんだ。四－五日間はごく稀に人家があったが、それすら往還の路からはずれていた。それからというもの全く家のかげもなく道筋さえ不明で、ヤクート人を馬子に雇って案内に立たせ、ひたすらわびしい野宿の旅をつづけた。炎天がつづいて路傍には日蔭になるほどの樹木なく、いばらや雑草が幾重にも生い茂りかさなりあっているため、通行を妨げるだけでなく、野宿するのに、テントを張りかねることもしばしばだった。昼夜をおかず襲来する蚊軍の烈しさで、乗馬の毛並が見えない位になり、鼻の辺からは血がしたたりおちた。旅行者は氈笠（縁のひろいソフト帽）を眼深にかぶり、革の手袋をはめ、セイチカという紗のかつぎをすっぽりとソフト帽の上に蔽い、馬の尻毛でつくった払子――ヤクートから煙草と引きかえに買った――で片時も手を休めずに自分と乗馬に襲いかかる蚊を払いのけながら進んだ。一番困ったのは両便をたすことだった。夜になると木綿の蚊帳をつり蚊やりをたいた。またこ

キリルの好学

セーチカと氈笠

の辺は熊が多いのでよもすがら木を伐ってかがり火をたき、かわるがわる交代で不寝番をして警戒した。道中の食事はパンに水であったが、茶と砂糖を大切に貯えて、渇いた時は腰につけた砂糖のかけらを口にふくんで咽をうるおした。光太夫にいわせると、高山・大川があるわけでないが「天下第一の行路難で」、一昼夜の行程わずか八―九里以上は進まなかった。このような難儀の間にも、キリルは草木や岩石などの新種を見つけるとそのたびごとに馬をおりて採集した。さて昼夜兼行の辛酸をなめたシベリアの旅路も八月三日の午前十時ころオホーツクに到着し、苦難のシベリアの長旅もおわった。五日おくれて小市・磯吉らも到着した。キリルはオホーツクでも植物採集に余念なくはげんでいた。

ラックスマン父子の対面

光太夫送還の命を帯びて日本に派遣されるロシアの特派使節はキリルの次男アダム＝ラックスマン中尉であるが、シベリア総督の命をうけ、一行に先んじて早くも五月に着任し、父キリルはじめ光太夫らを待受けていた。ラックスマン父子は久振りの対面であるが、このたびの使命についてアダムは公私にわたって何くれとなく父から懇切な教示をうけたことであろう。もはやこれでキリルは一切の用務がすんだし、アダム出帆の期日も迫ったので、ひとあしさきに八月二十一日イルクーツクに帰途についた。光太夫はアダムやオホーツク長官コッホらとともに河船で二里あまり見送った。アダムは父キリルの足を頂き涙をながして別れを惜しんだ。光太夫にとってはひとしお感慨無量である。イルクーツクでの最初の出会いから二年あまり、殆んどすべて彼の負担によって帰還の便宜一切を取計らってくれた再生の恩人との今生最後の生き別れであるから、海山の厚恩を感謝した。キリルもふしぎのえにしの思い出をくりかえし、末長い無事を祈ってくれてたがいに涙をはらって別れをつげた。

キリルは一七九三年一月九日付パルラスにあてた手紙の一節に、「光太夫とその他の洗礼を受けなかった日本人たちは感謝の念を表わしながら私と別れをつげました。彼らは子供のように泣いていました」と報じている。

一一　修交使節派遣の経緯

十八世紀後半に至ってイギリス・フランスの手で太平洋がひろく探検されたことは前にふれたが、当時北洋方面で露米間の海域をはさむ海獣漁業に従事していたロシアでは、その事業を強力にすすめるためには日本との通交貿易の必要が増大した。ピョートル大帝の遺業をつぎ、さらに発展させたエカテリナ二世は、一七八六年ムロフスキ世界一周探検隊派遣の勅令を下したが、ついに日本との修交使節特派に踏切った。その蔭にあってその計画の下準備をととのえたのは光太夫の庇護者キリル＝ラックスマンである。

キリルの略歴

キリルについてはすでにしばしば述べているが、ここでその経歴を略記する。姓名はキリル（エリク）＝グスタウォウィチ＝ラックスマンと言い、フィンランドに生まれた。はじめ牧師としてシベリアのバルナウルに赴いたが、同地で研究した自然科学上の成果がみとめられてペテルブルグ大学教授に任ぜられ、やがてアカデミー会員に選出された。一七八四年イルクーツクに赴き、タルチンスクでガラス工場を創立したが、アルカリ塩をガラス製造の工程に使用するという画期的発明によって大成功を収め巨富をつんだ。光太夫もその工場を見学している（一〇四ページ）。

キリルの日本の自然観察に寄せる熱情

シベリア各地での自然界研究に一段落を終えたキリルは、すすんで手をカムチャツカに染め、さらに千島列島から蝦夷地に伸ばそうとした。彼が日本に深い関心を寄せたのはスウェーデンの植物学者テュンベリ（ツンベルグ）に刺激されたからである。この人は、植物学の分類法を大成し近代博物学の始祖と称せられたリンネの高足で、のちその後継者としてウプサラ大学教授となった。テュンベリは師リンネの勧誘と斡旋によりオランダ東インド会社に入ってアジア各地の自然界調査に当った。一七七五年（安永四年）長崎蘭館医として赴任するとともに日本の生物研究に従事した。帰国ののち著わした『日本植物志』はヨーロッパの学界に名声を博した。別に彼はくわしい旅行記をものしたが、その中に日本紀行もふくまれている。キリルは一七八〇年一月二十六日付手紙で、そのドイツ訳がペテルブルグで近く上梓（じょうし）されるだろうと報じている。この日付はテュンベリの本国帰還後間もないものである。イルクーツクでキリルが光太夫に接したのは、右の年から

日本の科学者との交友希望

約十年後のことであるが、明敏なこの日本漂流者から彼らの国土について学び知る価値のあるものを吸収しようとできるだけその機会を利用したにちがいない。彼はまた彼らから日本貨幣を蒐集した。次男アダムが特派使節として日本に出発するにあたって、日本の学者あて二通の書状と、彼の手製にかかる温度計、珍奇な鉱石その他の贈物を持参させている。それには日本学者の名は明記されていないが、桂川甫周と中川淳庵だと可なりの確さで推定される。キリルはかねてテュンベリの著書をよみ、この高名な蘭学者（博物学者）の名を知っていたので、学術上の書簡交換を彼らと行いたいと希望していたからである。また光太夫は江戸帰還の年吹上御苑の将軍以下列座の前で、この甫周・淳庵の名にふれている（一四七ページ）。おそらくキリルの口から彼は二人の名を知ったのだろう。アダムの『遣日日誌』の中に、

余の父が江戸の学者に宛てたる二通の書状及び博物学研究上珍奇なる種々の

物品及び寒暖計三個……を幕府の上司に托して送る。上司はこれらの物品(これ以外江戸の上官に土産として贈りし鏡やピストル・ガラス器などとともに)を受取れり。

としるされている。この「二通の書状」は、他の贈物とともに松前で日本側に伝達された筈であるが、日本側の記録では、書状について明らかにされていない。

元にもどる。光太夫がはじめてキリルに知られた時の思い出については、すでに『北槎聞略』から引用した(七八ページ)。そののち両人の交わりが親密になるにつれて光太夫はキリルの意図をのみこむようになった。『聞略』ではこうしるしている。

ロシアにおける日本研究の一端

キリロが申すに、日本は国小なれども、凡そ天下に此国ほど人の多い国はなし。オロシヤの地は地広く人稀なり。オロシヤ中の人を合せて日本の人の数ほどあるまじといふ。この者(キリル)某が郷国伊勢の国あたりは、小村の名をもよく知れり。凡そオロシヤにては其国の風俗を捨てゝ他国の風俗を学ぶ国なり。（中略）他の国々を巡覧し、其処々々の風俗・土産、諸の事をよく記録し、必ず書を著はして印行し、広く世に布く。日本の地勢をもよく知り、風俗・故事をも知ること多し。大名諸家の役所、通用の大小銭等ことごとく絵図あり。日本の金小判・小粒をも彼都にて見たり。又草双紙・浄るり本なども其儘にてあるを見たり。

とある。この文の中には、光太夫がキリルらに語ったことをキリルの知識として言わせているようなふしも見られる。また、

キリロおよび今度来れる蕃使等が説に、日本国国体・風教・礼儀・衣服・制度に至るまで殊に善美にて議すべき所あらず。その上、軍事・武備整ほり、武芸の精練なるに至りては諸国の及ぶべきにあらず。刀剣弓矢の制作、器械の良好なる、実に万国に冠たり。然るに外洋の諸国を畏怖し、わが魯西亜をも懼れ憚らるゝと聞及べり。大いに謂れなき事といふべし。これしかしなが

ら和蘭国人ら久しく貴国に通商し、その貨物を諸国に市易す。もし諸国より貴国に通信互市の事あらば其利を失はむ事をいめる根なし言より起りしなるべし。これその本、外洋人たゞ支那と和蘭のみ通商を許されて其他諸国の舶を入れられず、また外邦へも舶をも出されず、外国の形勢・事理・情実を詳にせられざるよりして、さのごとく畏怖せらるるなるべし。貴国人物・制度の全備もとより外国の軽侮をうくべからざる事は上にいふ所のごとし。足下国に帰るの後、よくこの事理をもて貴国の人々に告知らしむべしといひしとぞ。

日露接近の楔としての光太夫

これら引用によってみても、ロシア側ではかねてから日本の国情を調査しており、鎖国政策を打破して開国の道を開かせようとする意図がよく示されている。そうしたさいに、たまたま現われたのが光太夫であった。彼がイルクーツク入りしたころは、前記の通り、同地の日本語学校は適当な教師を失って廃絶に瀕していた。ロシア側では極力彼を引留めようとした。しかし帰国の決意の動かしがたいのを見て、それに同情したのがキリルであった。いまや日露修交の必要が緊急になって来たので、光太夫の役目は、日本語学校の教師でなしに、日本開国のための直接の橋渡しをさせようと一転したのである。

キリルにしてみれば、光太夫送還に言寄せて日本に使節を派遣することは、かねてから彼の念願である日本の北辺探検の実をあげるため絶好の機会である（彼の次男アダムが遣日使節に任用されたのもそのためである）。宮廷に信任の厚いのを幸いに、彼はその旨を女帝に内奏したであろう。宮廷の指導者層、ことに女帝の側近ベスボロッコ伯の手でも光太夫送還を名としての日本遠征の計画は進められていたので、キリルの内奏も嘉納されたのである。

シベリア総督にあてた女帝の訓令

一七九一年九月二十五日勅裁が下ってイルクーツク駐在シベリア総督ピーリあて詳細な訓令が発せられた。その内容のおもな点をのべると、その前文に、日本人をその本国に送還する機会を以て、日本と通商関係を開きたいと思う。海上の距離最も近く且つ境界を接する点においてわがロシアの如く有利な国は、ヨーロッパ中で他に求められぬであろう。日本と通商を開くにつき詳細な説明は、ラックスマン教授から聴取られたい。教授の建言を容れ、且つこれによって将来我が国で利益を受けることあるべきを思い、教授の計画の実行を貴官の監督にまかせ、左の事項を訓令する、

とあって、

一、日本訪問のために然るべき一隻の船を準備し、船長はじめ高級船員はロシア人たるべく、最悪の場合一名の外国人参加はやむをえないが、如何なる場合にもイギリス人あるいはオランダ人を除外すること。

一、日本人送還に当ってはラックスマン教授の子で、天文・航海の知識を有するものを選任し、彼をして航海中ならびに日本国の陸上及び海上に滞留

中、天文学・物理学・地理学ならびに日本商業についての観察見聞を記述させること。
一、女帝の名を以てする国書の捧呈はこれを避け、これに代る総督の手書を日本当局に交付し、且つ二千ルーブルに値する贈物をすること。
一、イルクーツクの大商人の一人が彼自身かさもなくばその代理者を遠征に参加させ、通商目的に適する特別に選定した商品を持って行くことを希望する。

特派使節アダム＝ラックスマン

かくて派遣使節としてキリルの次男アダム＝ラックスマンが任命されたのである。日本派遣一行の特派使節としては、はじめカムチャツカ長官オルレヤンコフ少佐が有力候補の一人であったらしい。彼は光太夫らのカムチャツカ上陸のはじめから懇切に保護を加え、また帰還願についても尽力した関係もあって、彼は期待する所があったのであろうし、また適任者でもあったろう。しかるに、彼を差措(さしお)

いて年少のアダムがその選に当ったことは彼の心外とするところであろう。光太夫が別離の挨拶に行った時、彼は面会を拒絶したと磯吉の言として伝えている。

アダムは当時陸軍中尉で北部沿海州ギジギンスクの守備隊長であった弱冠二十六歳の青年士官に過ぎない。父キリルの推挙によったのであるが、果してこの大任に堪えられるかは一部で危惧（きぐ）された。しかしキリル側の説くところでは、鎖国を固執している日本に初めて国交開始を打出すのであるから失敗の場合を計算に入れて、試験的な意味で地位・年齢とも低い者の方が好都合だという事情が考慮されたといわれる。女帝の親書を避けてイルクーツク総督の手書という形式にしたのもかかる配慮によったものらしい。さらにまた日本貿易を独占しているオランダの妨害ということも顧慮したと思われる節もある。このようにアダム任命についてはいろいろのいきさつはあったにしても、その裏には日本近海における学術探検を己れに代ってやらせようという父キリルの意図が強く働いていたことは見逭せないのであって、アダムが航海中や上陸後も植物採集に熱心であったことを光太夫が左のごとく証言している。

アダムの人物

アダン父の風ありて性行善良、また家学を奉じて物産に心を用い、識鑒また勝れたり。船中にありては通る所の山・岸・島・渚その土色を相して名物の有無を察し、船を寄せて捜り求むるに、あやまらず果して得る事有り。ネモロ並に松前の海岸に生ずる草一種も余さず取上げ、其形状を画き、又日に曝し乾かして携へかへる。

とあり、父の意を体して採集を怠らなかった様子がうかがわれる。日本派遣の本来の使命は達成されなかったが、北海地方の自然観察の目的が一部なりと果たされたとすれば、キリルの希望にある程度副うことができたであろう。

乗船エカテリナ二世号

派遣さるべき船は二本マストの木帆船でエカテリナ二世と命名されたが、訓令が示しているロシア人の高級船員の人選は困難を極め、それがため遠征の準備は意外に手間どった。高度の航海知識が要求されながら適任者がないため、条件にかなわないグリゴリ゠ロフツォーフがやむなく選ばれた。彼はもと陸軍大佐で、ベニョーウスキー一味に加担した叛徒であったが中途脱落した男である。その当時オホーツク港務局長をしていた。二人の舵手はオレソフとムホプリョフである。彼ら三人についてキリルがベスボロッコ伯に書送った手紙は辛辣である。

一行の幸運な出帆は、私にはむしろふしぎに思われます。なぜなら航海士はあぶなくて見ていられませんが、それかといって補充さるべき代人がありませんでした。オレソフとムホプリョフはまだ少し知識をもっていたのですが、彼らの欠点だらけの行為や大酒呑の悪癖によって、（その正しい意見も）殆んど全く無識なロフツォーフに押えつけられてしまうに違いありません。後者がただくそ真面目だというだけの理由で。――神よ、なにとぞ操舵桿をとり給わられんことを。

とある。こうした不安は出帆に先立っていろいろとあった。ふしぎにも案じるより生むが安かった。後日、光太夫が奉行所で語ったところによると、北洋の海上は九月から氷結するのでロシアではその月に入ってからの航海は禁止されていた。予定日より遅れて九月十三日（二十五日）にやっと出帆することになったので、表面上八月中に出たことにして政府の前をとりつくろった。すでに海上ははなはだしい寒さであり、海面の凍結や厚い流氷のため運航の不能に陥る危険があった。乗組船員は引返して明春の出直しを主張した。光太夫もこの光景を見て、これまでなめた苦い経験上、いまさら半年・一年帰国が長引いたとて遭難の危険を冒すよりは待つ方がましだと考えて延期説に従った。使節のアダムも衆議に耳を傾けて帰港に決定しようとした。然るにロフツォーフは強引に航続を固執し、「このまま空しく碇泊して氷にとざされるよりも、日本は南方温暖の国だから、ここで待機したまま極寒になるころには日本の地に到着している筈、前進するに仔細ない」と頑張り通した。果して彼の申した通り事故なく日本の地についた、と光太夫はロフツォーフの手腕を買っているのも一興である。

一二　史上最初の日露交渉

オホーツク港解纜

乗組員の人選や艤装などで出帆の予定期日が遅れ、エカテリナ二世号は漸く九月二十五日（光太夫によると九月十三日であるが、アダムの手記の日附に従う）オホーツク港を解纜した。一行すべて四十一人である。オホーツク長官から、はなむけとして野羊二頭・パン粉二袋を贈られる。河船から本船に乗移るさい、岸壁は見送る男女が垣をなして埋まり、船上からも陸を見つめ、三発の号砲を合図に船は波を蹴って洋上に出た。航海は流氷の危険にあうこともなく順当につづけられ、途中右の方にカラフト島をながめ、はるかにエトロフ島を望見し、クナジリ水道を通過す

ネムロに投錨、冬営

松前藩との交渉

ネムロにおける光太夫とロシア使節ら
右からアダム＝ラックスマン次ぎ商人（シャバリン？）一人おいてグラスを手にしているのがロフツォーフ，黒熊のそばが光太夫その左がトゥゴルコフであろう。（『北海道史』第二巻より）

るなどジグザグ航路をとって十月二十一日（寛政四年九月十六日）キイタップのネムロに投錨した。ラックスマンは同地在勤の松前藩士熊谷富太郎を訪問して来航の理由をのべ、熊谷の請求に応じて、松前藩に提出すべき覚書を作成し、その大意を通訳トゥゴルコフに光太夫の補助をえて翻訳せしめ、ロシア語の正文にこの訳文をそえて提出した。また季節がおくれたので、ここに越年することとし営舎を急造した。十一月二十九日営舎の落成をまって、監視員をエカテリナ号に留めて全員上陸し、ここに冬営した。

ロシア特使からの公文書に接した松前藩は急使

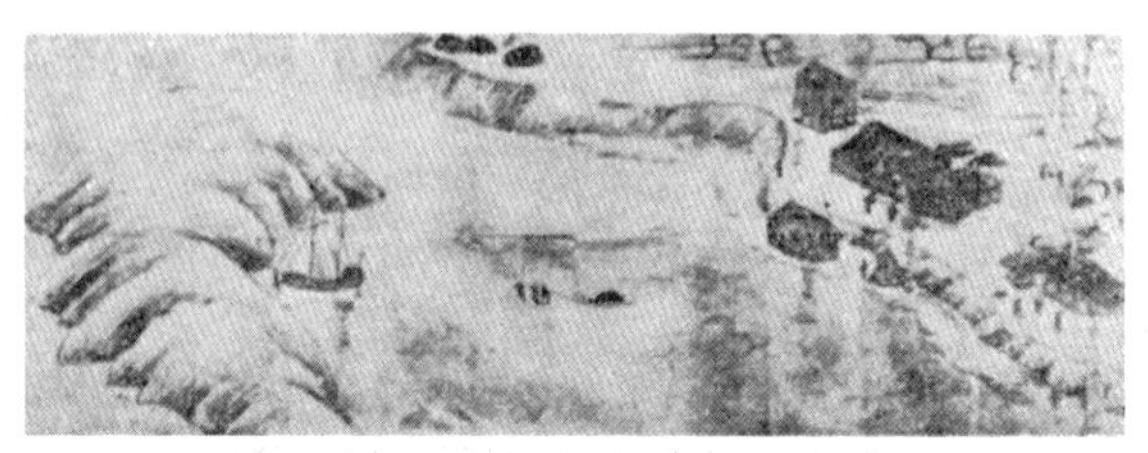

ネムロで冬営のロシア人
根室運上屋附近である。右上に葭簀で外囲いをして寒風を防いでいる日本の家と，煖炉を設けて穴居するロシア人の小屋とに両者の越冬振りの対照がよくうかがわれる。また彼らは橇に薪を満載して氷海上を本船に運んでいる。（『北海道史』第二巻より）

を江戸在府中の藩主松前若狭守章広にはせ、十一月九日（寛政四年十月六日）江戸の藩邸では、即刻この文書を月番老中松平和泉守乗完に届け出た。筆頭老中松平越中守定信は、老中・若年寄・三奉行に諮問ののち、十一月二日ロシア国使応接のため、目付石川将監（六右衛門）・村上大学を宣諭使の名をもって特派することとし、別に松前藩に命を下して、ロシア特使を蝦夷地に抑留せしめた。ついで在府中の松前藩主に即時帰藩を命じ、且つ南部・津軽両藩に令して、警戒のために松前に出兵させた。

さきにのべたようにロシア船の日本近海出没と千島南下とはわが朝野を刺激した。しかし鎖国この方わが国は世界の動向に対して好んで目をふさいでいたばかりでなく、四面環海の国土でありながら、外からの攻撃に対してすべて明け放しの無防備状態であった。この点を真正面から取上げて警鐘を乱打したのが林子平の『海国兵談』(寛政三年(一七九一)出版)であって、光太夫のネムロ帰着のまさに前年である。

かかる形勢を前にして、田沼失政のあとを受け衆望を荷って幕政の衝に当ったのが(天明七年(一七八七))、松平越中守定信である。彼は親藩の権威をもって、秋霜烈日、汚吏(おり)を斥けて一挙に綱紀を振粛し幕政の立直しを実現した。国防に関しては、幕政の批判を嫌う独裁的な立前から、『海国兵談』の出版は根拠のない妄説(ぼうせつ)を流布するという理由をもって、版木(はんぎ)を没収し、著者の子平に蟄居(ちっきょ)を命じた。そのような折りも折り子平の談を裏書きするように、『兵談』上梓(じょうし)の翌年光太夫が送還された。

松平定信の柔軟な対策

定信は対露交渉の避けがたいことを感じ取っていたに違いない。さりとて吉宗の孫である彼は幕閣最高責任者として祖法を守るべき立場におかれていた。ラックスマンの来朝に際し細心の配慮と柔軟性をもって鎖国政策の基本をくずさずに処理したのはさすがである。彼は現地松前からの報告を受け、老中・若年寄らと協議していろいろと訓令を発したが、その要旨をかいつまんでのべよう。彼は遣日使節の面子（メンツ）をつぶさずなるべく円満に漂流民を引取った上で、貿易に関する言質を与えずに引揚げさせようとした。定信は、ロシア側が表理由に漂流民の送還を掲げていることであるし、江戸入津を強引に求めてもいないのだから、「彼の名分（めいぶん）は一往正しい」という見地に立って、「決して手荒な振舞や、失礼の事のないよう十分の手当をし、酒食の類まで粗略のないように」と注意を与えた。しかし同時に「追って江戸から沙汰のあるまでは出帆することのないよう取計らえ」

宣諭使に与えた訓令

と命じている。また、

江戸にぜひ行きたいと要求するのを、あくまで相成らぬと申し渡すばかりで、先方の国書を受取らず献上物も拒絶すると、彼も失望のあまりいかような計策を企てるか測られない。日本の防備が十分出来ていない中に割切って短慮な措置に出て、彼と隙（げき）を生じたら甚だもって落度である。長崎に行けと命じるのは好ましいことではないが、それによって活路を開く方法を立てれば、敢て拒んだことにならぬことは明白である。しかるに向うから無理やり是非江戸に出たい、長崎には参りがたいと申すなら、曲は先方にあるのだから、是非に及ばず、国法にまかせ打払う等厳重な手段に出るから怨みに思うな、と申し渡したが宜い。右の事態になった暁でも、こちらから手出しするのは極めて失策である。かりに（こちら側の）弱さを示したにしろ、まずやわらかに致す方が良策である。若し長崎へ罷り越した節はその時のことである。長崎で評議ができることだから蝦夷地よりはまだましである。交易は好ましくないが許さぬと言い切ったら、却って好んで隙(げき)を生じるわけだから、ともかく長崎で願い出させ、商品取引を長崎で行なうか蝦夷地でするかは、追ってゆるゆる評議することにするが宜しい。

といっている。それにすぐつづけて、「日本御備(そなえ)全備の上は、いか様に厳重の取計も出来申候。まづそれまでは寛にいたし可レ然候事、十一月八日」と結んでいる。定信がいかに事態を誤らず直視しているかが知られる。空威張(からいばり)してみたところで丸腰では太刀討ちできない。定信の態度は終始弱気であり現実的である。幸いにこの場合は無事ですんだからよかったようなものの、若しラックスマンが江戸湾に乗込んだとしたならば井伊直弼と同様の立場に立たせられなかったと誰がいえよう。

また石川・村上の両宣諭使からの伺書に対して、左のような訓令が下された。

（そちらの）書面の様子では、光太夫ほか二人を容易に渡しそうに思われるから、方針をのべておく。穏やかに先方が折れて交易を求めて来たら、まずそれに答えずに引渡させる手段を講じるのが専一である。さりながらこちら側も、長崎から通知して来さえするなら、あえて交易を拒むというわけでもないような語勢にするが宜しい。尤も長崎で交易が許されるか、または他の土地になるかは、これまた長崎に申し入れた上でのことになろうという程度にしたいものである。長崎での交易は出入不便で難儀だと申し出た節に彼を宥めるためである。さりながら交易が申し付けられるか、されないかは、一つにかかって評議の上のことゆえ、いずれとも申しがたいということをも、通告しおくが宜しい。

いかにも微妙な含みのある訓令で老猾な外交上の掛引であるが、定信の苦心のほども察しられる。抜擢されて宣諭使を命ぜられた石川は、その重責の故をもって六右衛門の名では、「異国人え応対仕候節、名面(なづら)雑人に混じ然るべからず候ニ付、将監(しょうげん)と改名仕候様思召され候旨云々(うんぬん)」の内慮を蒙り、「冥加(みょうが)至極で永く記録にも残る家名となり難レ有存じ奉り候。」と知遇に感激して任地に赴いた。宣諭使石川将監・村上大学は寛政五年三月二日松前に到着し、直ちに根室に待機中のロシア使節に出頭を求めた。日本側では陸路によるべきことを指定したが、ラックスマンはシベリア総督の訓令に違反するとして、これを拒絶した。この交渉は難航したが、遂に双方の譲歩によって、ロシア船の砂原(すはら)（内浦湾西岸）までの航行を認め、同地にて上陸して陸路松前に行くことに協定が成立し、キイタップから砂原まで日本側の水先案内を乗組ませることにした。キイタップ冬営の八ヵ月は苦難であった。乗員中に多数の壊血病患者が続出し、哀れや故郷を目前にしながら小市は四十六歳を一期(いちご)として四月二日病死し、ロシア水夫と監視の役に当っていた松前藩士ひとりも斃(たお)れた。

ロシア使節一行の松前着

五月三日ロシア船嚮導のため松前藩の禎祥丸はネムロについた。七日朝エカテリナにはラックスマン・光太夫その他合せて四十人、水先案内人二人、嚮導として禎祥丸には幕臣・松前家臣六人乗組んでネムロ出港、砂原に向った。途中濃霧のため両船分れ分れになったが、前後して両船とも六月八日箱館に入港した。ついでラックスマンの請により、この地の豪商白鳥新三郎の邸で入浴させることになり、十一日正使以下四人と光太夫が上陸した。白鳥家の書院の結構、家具・調度善美をつくしてロシア人の目をおどろかした。入浴おわって饗応をうけたが、山海の珍味をあつめ、到れり尽くせりのもてなしは彼らを喜ばせた。十七日辰の刻(八時)、ロシア人側は特使アダム＝ラックスマン以下約十人、日本人側は幕臣・松前藩士九人と光太夫・磯吉、それぞれ身分に応じた駕籠や馬に分乗し、総勢四百五十人の護衛にまもられる大行列で箱館を出発し、二十日松前に安着した。

特使一行到着の報に接し、両国使節引見の礼式についてまず両者間に協議が行なわれた。日本側は平伏の礼を行なわせようとしたが、先方はこれを拒絶し、国際的な礼法として立礼を主張し、結局ロシア側の要求を容(い)れた。

日露両使節の三回にわたる会見

六月二十一日松前藩の浜屋敷において石川将監・村上大学らは特使ラックスマン・船長ロフツォーフらと第一回会見を行ない折衝を重ねた。二十四日第二回会見が行なわれ、ラックスマンはシベリア総督の公文書を交付し、同時に遭難海員(光太夫と磯吉)の引取りを請求した。然るに両宣諭使は、長崎以外の地で一切の文書を受領しえない理由を説明してその受領を拒絶し、また遭難者については後刻、下役の者を引取りに遣わす旨を答えた。これはロシア側にとっては不本意であった。同日夕方二人の幕吏が特使旅館に赴いて、宣諭使石川将監・村上大学連署の書状を提出し、それと引きかえに光太夫と磯吉との引渡しを受け、ここに漸く遭難者二人は晴れて日本復帰が完了した。

第三回会見は二十六日行なわれ、首席宣諭使石川は大要つぎのことを通告した。

ロシア政府が修好通商関係を結ぶことを希望しラックスマンを特派したことは日本政府も諒解した。しかし箱館でこの種の協定を成立させることは国法上許されない。かかる権限を有(も)つ高級官吏は長崎に駐在するからラックスマンが交渉を進めたい希望なら長崎に赴くことを要する。長崎入港許可証は宣諭使の権限によってロシア特使に交付しうる、というので、長崎入港を認める両宣諭使記名調印の信牌(しんぱい)を授けた。

信書受領の拒絶と信牌交付

信牌を与えるとともに修交の要求を拒絶するため、ロシア特使に、「異国人に被レ諭御国法書」というものを交付した。これは長文であるから転載しないが、その末尾に、

> 長崎湊(みなと)に来るとも、一船一紙の信牌なくしては通ることかたかるべし。また通信通商の事定置たる外、猥(みだ)りにゆるしがたき事なれども、猶も望むことあらば長崎にいたりて其所の沙汰にまかすべし。ことの旨

趣をくはしく了知あつて早く帰帆すべきなり。

てがみ　おろしやもじ

此たび贈来るところの書翰、一つは横文字にして我国の人しらざる所なり、一つは我国の仮名文に似たりといへども、其語通じがたき所も多く、文字もまたわかり難きによつて、一つの失意を生ぜんもまた憚かるべきを以て詳しき答に及び難く、よつて皆返しあたふ。この旨よく〳〵可二心得一もの也。（略）

ロシア側の受状

これに対して、ロシア側の受状は、

につぽんのおんこくほう、おんかきつけおんわたし、くはしくおんときかせくだされ、かしこまり、ほんごくにかゑり、そのとふりまうすべくそろ。いじやう。

くわんせいごうしどしろくぐわつ

おろしやこく　あだむらつくすまん

こうしるされている。

ラックスマンの退去

ラックスマンは松前滞在中に受けた好遇やエカテリナ乗組員の糧食として大麦・小麦・塩漬の鹿肉等の贈物に対して謝意を表し、六月三十日松前を去り、七月十六日箱館を抜錨、八月二十七日（一七九三年九月二十一日）オホーツク港に着いた。翌年二月二日ラックスマンはイルクーツクに着い

谷文晁筆，松平定信賛，船の図

谷文晁作，淡彩木版絵　松平定信が，楽翁戯題として「此船のよるてふことを夢のまもわすれぬは世の宝也けり」と賛をしている。作画年月は明らかでないが，異国船出没に対して海防に対する官民の関心を高めさせようとして，文晁に描かせ，木版刷としてひろく流布しようとしたもの。

てピール総督に復命し、さらに父キリルとともにペテルブルグに上京して政府に詳細な報告をした。

定信の周密な思慮と機略に富んだ訓令。その命を体した石川将監らの適切な折衝によって、幕府は差当っての難関を一往突破した。定信は時を移さず、江戸湾の警備体制を堅めようと寛政五年親しく相模・伊豆の海岸を巡検した。しかし石川らが各地を巡検して帰府復命するのをまたず、定信はすでに下野(げや)していた。もし彼がひきつづいて台閣の最高地位に立つこと田沼の如く十数年の長きに及んだなら、文化三年レザノフの長崎入港の時にも彼はまだ在職した筈になるから、どのような手が打たれたか、また海岸一帯の防備はどの程度進められたか、というはかない想像をしてみたくなる。

一三　帰還者のその後

光太夫らの江戸送り

光太夫と磯吉は松前で一往の取調べを受けたのち、幕吏に附添われて江戸に送られた。これよりさき、天明三年仙台藩の医師工藤平助は『赤蝦夷風説考』を著わしてカムチャツカ方面についての彼の知識を披瀝し、これが田沼意次の耳に入って前記のように天明五年の蝦夷地探検を促した。工藤の弟分で彼より四歳年下の林子平は、この年『三国通覧図説』を公けにして日本周辺の地理を論じた。（ついで寛政三年『海国兵談』を上梓するに及んで幕府の忌諱に触れて版木は没収され、蟄居を命ぜられたのは前にのべた通りである）。

神昌丸遭難の約二年後郷里では供養碑をたて、乗組十七人の法要が営まれ、江戸回向院には卵塔までたてられた。その船長の光太夫が、天からふったように根室に帰還したのである。消極的な鎖国政策を祖法として固執する幕府は、幸いに

林子平『三国通覧図説』の蝦夷図（全体と部分）

天明五年秋印刷されたもので、幕府が大がかりな蝦夷・千島・樺太方面の探検を実行した直前の知識を示している。北辺防備についての先覚者林子平でありながら、このような地図を公にして平気でいられた所に、ロシア人の来航をひかえて、日本人のもっていた知識の程度がうかがわれる。

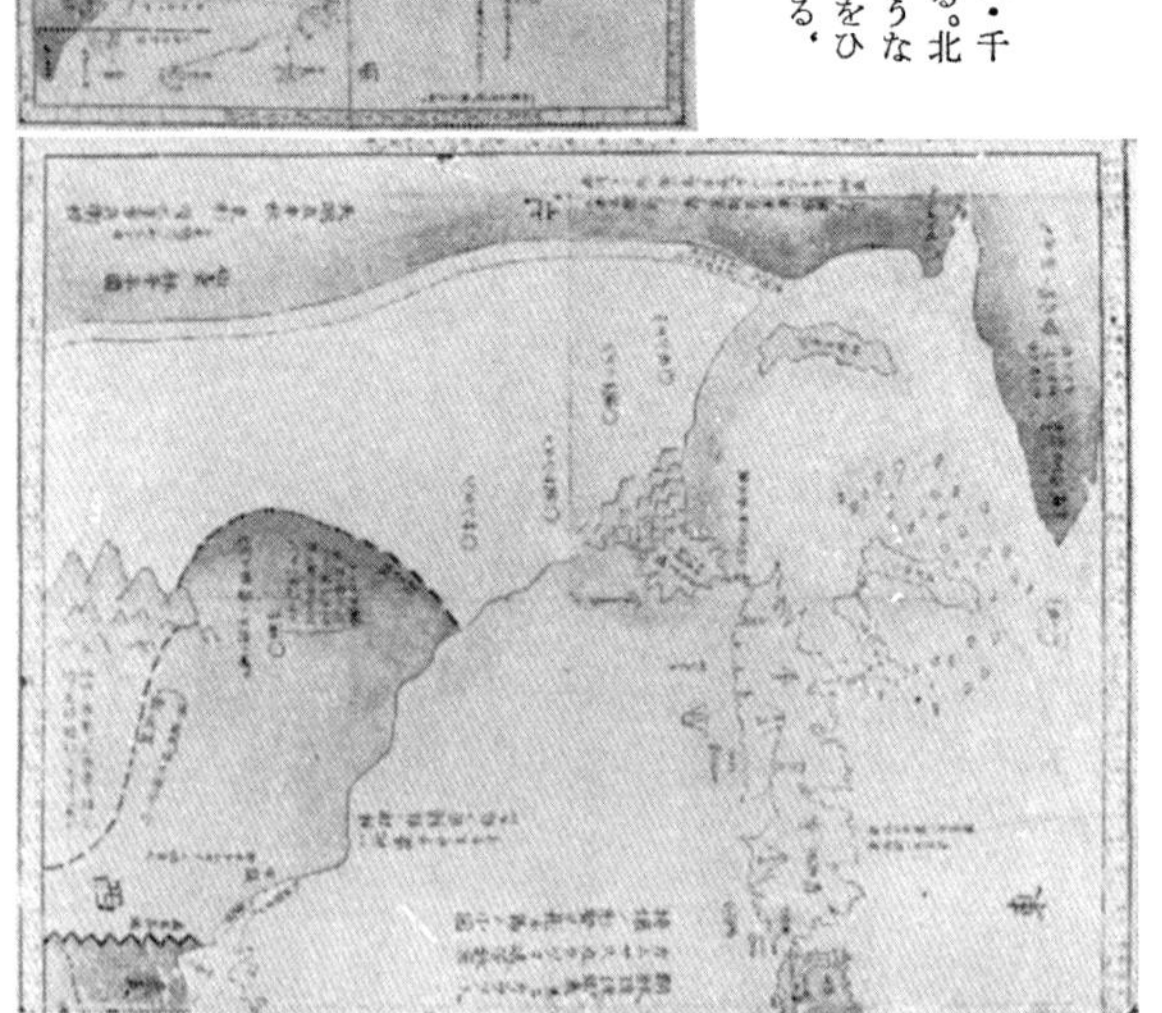

もラックスマンとの交渉打切りに成功したものの、狼狽の色は蔽うべくもない。

町奉行の取調べ

光太夫の入府の報がひろがり、物見高い江戸っ子が彼の周囲に殺到すれば流言飛語の対象となることは必然の勢いで、幕府のもっとも惧(おそ)れるところであった。光太夫らは寛政五年八月入府とともに町奉行池田筑後守長恵(ながしげ)の取調べを経て、直ちに清水門の前、雉子橋外の厩舎(きゅうしゃ)の明屋敷に留めおかれ、ついでお目付中川忠英(ただてる)・間宮信如からロシア内地の状況について全般にわたった審問をうけた。これを記載したものが、篠本廉の筆録した『北槎(ほくさ)異聞』である。

漂民御覧

ついで九月十五日吹上(ふきあげ)なる柳営(りゅうえい)に光太夫・磯吉の二人は召出され、将軍家斉はじめ松平定信以下諸臣列座の前にまかりでた。その時の有様を『漂民御覧の記』によって少し抜書きする。

扠午(さてうま)の初になんなんとする頃ほひ、幸太夫・磯吉を召出され、幸太夫齢四十二、髪をば三つに組て後に垂れ、黒き絹にて包み、黒き氈笠(けおりがさ)を脇ばさみ、襟には黄金にて造りたる小き鏡の如きものを懸け、桃色の銀莫臥児(モゴル)にて製したる筒袖の外套(うわぎ)に、赤き玉の衣紐(ボタン)を施し、同じ織物の袴をはき、紺地の錦の下着を着し、足は白莫大小(メリヤス)の上に黒き百爾西亜(ハルシヤ)革の深沓(ぐつ)をはき、魁藤(まるとう)の杖をつけり、磯吉は齢二十八、同じ様に髪を組み、幸太夫懸たる如き物を銀にて作りたるをかけ、笠

漂民御覧の図

正面広縁奥上段の間の簾中には十一代将軍徳川家斉，その左側に端座する二人の中の右が松平定信。左側に張出した部分に坐っている四人の中の左端が桂川甫周。白砂(しらす)の床几(しょうぎ)に光太夫（右）と磯吉（左）が腰掛けて尋問されているところ。

を脇ばさみ、紺哆囉呢の上着に、銀のぼたんをつけ、下着は猩々緋に黒き縁を懸たるを着し、黄黒間道の天鵞絨の袴をはき、白めりやすの上に深沓をはき、是は幸太夫沓とは少し違ひ、半より上柿色の革を継ぎたり。製作は同じ様なり。諸共に笠を地に置き、拝をなして床几に坐したる体、更に此国の人とは見えず、紅毛人の形に髣髴たり。夫よりかの二人に問を下すに、答ふる所的実にして、聊も虚誕なし。誠に千古の一大奇事也。

問答はじまる。（中略）

一、武芸は稽古致候哉。

答、右の体一向見不レ及候。足軽体の人の鉄砲稽古仕候を見物仕候……。

一、其方共、魯西亜にて救命の恩、其外の厚情仇には存間敷事に有レ之候。如何存じ罷在候哉、大切に存居可レ申事に候。

恩儀においては、聊も仇にも存不レ申、乍レ去大切と申程の儀は無二御座一候。

一、左程に恩儀も有レ之候所、何故強て願を立て、日本へ相戻り候哉。

乍レ恐、日本国に老母・妻子・兄弟共も御座候へば、恩愛の情相忘がたく、其上食物等は不自由にて難儀仕候而已ならず、第一言語明かに相通兼、朝夕心にまかせざる事勝に御座候。身命を擲ちひたすら帰国仕度段、相願候事に候。

一、言葉は覚候ては無レ之候哉。

是迚も聞取に御座候へば、誠に以て万一分にて、まさかの所に至て、一向相通弁仕候事相成兼ね、何かにつけ不便利成る事のみに御座候。唯饑こゝえ申さざる程の用を弁じ候迄の事に御座候。

一、帰国の儀申渡候節、何ぞ彼申付候事無レ之哉。

老中と可レ申役人、帰国の砌被レ申候は、世界の国々大抵我国と交易通商せざるは無レ之候に、日本のみ通信無レ之候。此度汝等を送り還し候に因つて、交易の儀を取結び度事有レ之候。乍レ去強てと申筋にては無レ之候と、くれ〴〵も申含られ候。此儀女帝より被ニ仰渡一たるにて無ニ御座一候。全く右役人の存寄（ぞんじより）にて被ニ申聞一候事と推察仕候。（中略）

一、彼地にて、日本の事ぞんじ居候哉。

何事に不レ依存じ居り罷在候。日本の事実に詳（つまびらか）にて候。書物並（びに）日本図など見及び申候。日本人にては桂川甫周様・中川淳庵様と申す御方の御名をば、何（いず）れも存居申候。日本の事を書き候書物の中にも、書きのせて有レ之候様に承り及び申候。（中略）

私共帰国願、度々差出候得共、兎角遅滞仕候故、日本へ通船仕候段兼々承及候故、紅毛人にたより日本へ送り返へし呉れ候様相願候所、魯西亜（ロシア）の帝へ差出候帰国願ひ、願下げに仕り、魯西亜の手を放れ候はゞ、送り帰し可レ申候よし申候。海上何ほど懸り可レ申哉と相尋候へば、三年懸り候よし答申候。魯西亜より左程年月は懸り不レ申候様に承り候へども、万一願引しろい申候はゞ、紅毛人に相願可ニ申上一存居候内、帰国の儀被ニ申渡一候事。

幸太夫

ラックスマンを空しく帰国させることに成功した松平定信を前にしての問答だけに、『漂民御覧の記』に見られる光太夫の答弁の控目であるのが目立っている。若し田沼執政がこのころまで続いていて、その面前に呼出されたと仮定するならば、質問の内容もちがい、答弁もそれに応じてニュアンスのちがうものとなったと思いたい。この点あとでまたふれてみたい。

翌六年六月十一日付を以て老中戸田采女正（うねめのしょう）氏教から勘定奉行あてに次の書付が下された。

磯吉

右の者ども、外国に漂流致候処、年月の艱難を凌ぎ、無レ恙帰国仕候事、奇特なる志につき、金三十両づゝ被レ下レ之。

一、此度以二別儀一在所江は不二相返一、当地に被二差置一候。住所の儀は、番町明地薬草植場の内住居為レ仕、月々御手当、幸太夫江金三両づゝ、磯吉え金二両づゝ相渡可レ申候。

一、両人とも勝手次第妻を呼迎へ、安堵いたし住居候様可レ被レ致候。尤植場手伝等申付候儀は先見合せ、無役にて差置可レ被レ申候。

一、外国の様子等、みだりに物語など不レ仕様可レ致候。（以下略）

光太夫らの薬園軟禁

こうして両人は薬園に一生お飼殺しにされてしまった。

帰国の悲願あだとなる

いつの時代、どこの世界でもそうであるように、政治の現実はあまりにも冷酷にかつ非情に徹している。幕府はおためごかしのお慈悲で、光太夫らに恩賞としての一時金と月々の生活費を与え、妻帯を許しているが、彼らを一生薬園内に軟禁してしまった。彼らののぞむものはそんなものではなかった。『漂民御覧の記』を引用した中に、定信の「さほど恩儀を感じながら、なぜ強いて帰国したか」との質問に対して、「老母・妻子・兄弟どもがいるので恩愛の情忘れがたく……身命をなげうってもひたすら帰国したかった」と答えている。こうした愁訴を本人の口から直接耳にしながら、幕府はおよそそれと百八十度正反対の生活に彼らを追いやった。千辛万苦、十年のあけくれ夢にも忘れられない故郷の親子・兄弟の許に帰ることを禁じられた彼らの衝撃——悲歎と落胆——はいかばかりか察するにあまりがある。光太夫ほどのすぐれた才幹資質にめぐまれた身が、イルクーツクにそのまま居残ったら、あれほど引留められたことでもあり、周囲の尊敬をあつめ、また財産をつんで平和な生涯を送ったことだろう。磯吉にしても敏捷の男だから、ある程度同じことがいわれる。故郷忘じ難しの一念から祖国の土を踏みながら、帰郷はおろか、肉親との対面すら思うにまかせず、軟禁のうきめにあわさせられた。その上同じ薬園の内で顔をあわす園丁などにも接触させないようにと、その仕事の手伝いさえも体よく免除させられた。もちろん外国の様子をみだりに語るなと堅く箝口令を布いている。いまさら一生つきまとった不運をなげいたことであろう。

光太夫の妻帯

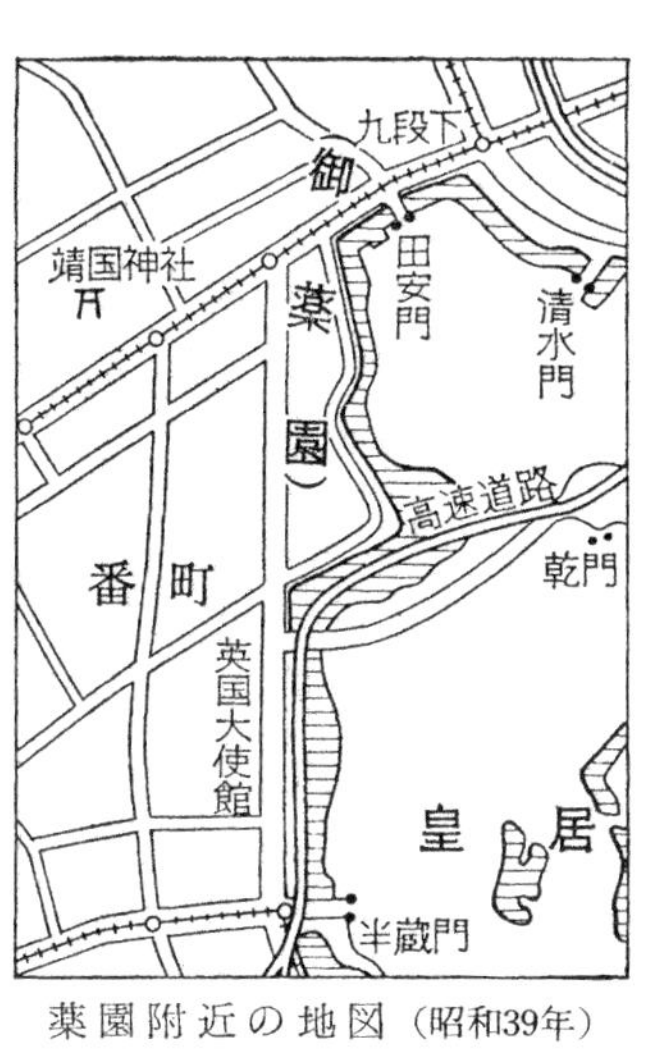

薬園附近の地図（昭和39年）

光太夫は寛政六年（一七九四）六月以後薬園入りをしている。別項でのべるが、彼の一子亀二郎は嘉永四年（一八五一）五十五歳で歿した。その年から逆算すると寛政九年（一七九七）に生誕したことになるから、光太夫は入苑後間もなく妻帯したことになる。ほかに一女をもうけた。光太夫は文政十一年(一八二八)四月十五日歿、享年七十八歳。法名は釈道誓、本郷元町の興安寺に埋葬された。ロシアの土と化した庄蔵が四十五歳前後、新蔵が五十二歳なのに比べると、半囚われの身で暮らしながらも、光太夫は七十八、磯吉が七十三まで、ロシアに残留した二人よりも二十余歳生き延びているのは、本国に帰ったという精神上の安らぎや日本の風土の和順のせいからであろうか。

順序が全く逆になったが、ここで漂流前郷里における彼の素姓を洗ってみよう。名もなき一庶民が平凡・安穏な生を送ったら、その人が自分の手で書残さない限り伝記資料となるべきものは伝わらず、やがて忘れられ後になって調べようとしても不可能に近い。光太夫もその例外ではない。菩提寺の過去帳を見たら、家系についてある程度わかりそうなものだが、彼は郷里と切離され江戸で埋葬されているから、郷里の寺と無縁となってしまった。そのため彼の菩提寺がどれであるか、それすら推定にとどまって彼と肉親とのつながりを、過去帳の中からさぐりあてようとしても、殆んどそれらしいものは見当らない。その点で光太夫は故郷をもたない孤児であって、生立（おい）ちや素姓を知るよすがは全くない。彼の名が郷里で正しく伝えられている唯一のものは、漂流の満二年後建立の供養碑に刻まれたものだけである。これについてはあとでのべる（一五九ページ）。生年月日などもとより明らかでないが、幸いにも後年人の需（もと）めに応じて書いたロシア文字に自分の名前と年齢を書添えているし（一九八ページ）、墓碑の享年から逆算して宝暦元年（一七五一）生れということがしられるだけである。彼は署名する場合、概ね生年とともに「勢州白子産」と認（したた）めてその生国を誇りとしているかに見える。かれがロシアに書残した日本地図には必ず作図の年月と生国氏名が添書きしてあるが、「大日本伊勢白子」または「大日本にて伊勢国白子」などと認められ、ロシアに対して、強く国家意識を発散させているようでおもしろい。

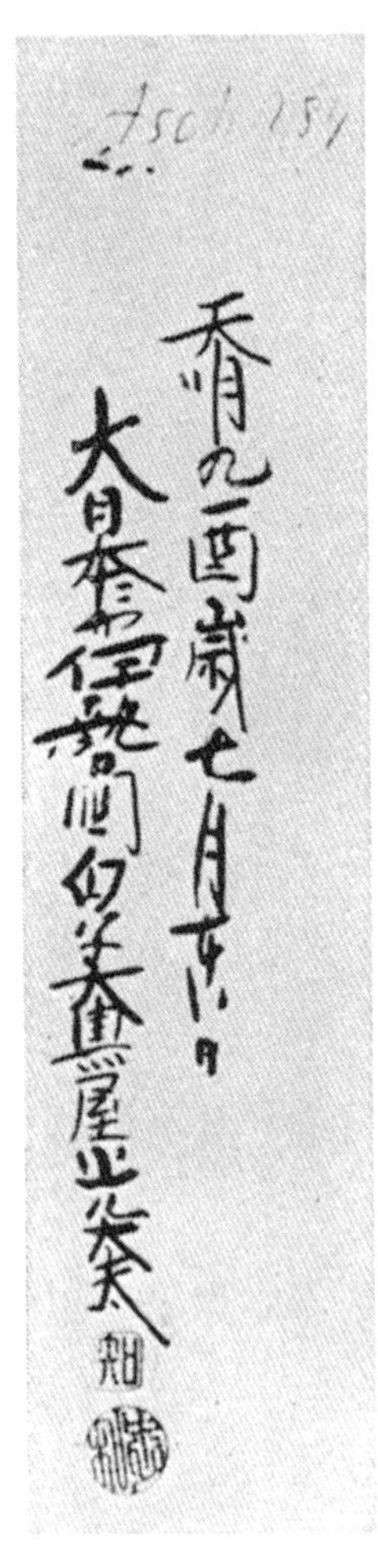

「大日本にて伊勢国白子大黒屋光太夫」
現存の光太夫筆の日本地図三面の中、最初のものは一七八九年（天明九年）、改元されて寛政元年に当る。イルクーツクでかかれている。その地図の左の欄外にこのように署名捺印されている。

さて彼は白子町つづきの南若松の生れだが、そこは海浜に沿って、北浜および畠中と呼ばれる小字（こあざ）があり、伊勢海をへだてて尾張の知多半島に渡る船着場をなしていた。この北浜・畠中の大部分は、打続く地盤の沈下と絶え間ない台風の暴威、津波による浸蝕などによって海中に没し、いまでは地形が可なりその当時とはちがっているが、そのあたりに亀屋・大黒屋・戎屋（えびす）など、相当な店が軒をならべていたようである。それらの家はいま何の迹をもとどめていないが、北浜の一角に今でも「右すぐ船場」としるした道しるべがのこっていて、ありし昔をしのばせている。

大黒屋と亀屋

ところで彼は亀屋四郎兵衛後家の養子とされているが、大黒屋と亀屋との間にあってどんな関係に立つかである。彼の自筆にかかるものはすべて「大黒屋光太夫」または略して「大光」とあって、亀屋と書いたものは今のところ一つも見出されない。しかし「亀屋後家の養子」という伝えも否定できない。『聞略』によると、苦難の漂流中、船中の長老である船親父三五郎をして、「其許にはもとより船乗にもあらぬ身の、船長の家の養子となり……其許には家産も手広き事なれば、亡きあとの処置等心残りなき様に詳しく認め申送り給へ」といわせている。そこには亀屋も大黒屋の名も出ていないが、彼の素姓はほぼ察しがつけられる。また後にふれるが、江戸で生れた彼の子亀二郎のために建碑された「梅陰先生大黒君碑銘」の初めの方に「父曰ニ幸太夫一、州（勢州の略）穉松村農夫之子也、出嗣ニ叔父一、以ニ走洋一為レ業」とあって養子となったことを示している。鈴鹿市千代崎の素封家浜中弥三郎氏の言うところに従えば、昔南若松から知多の大野へ渡る航路があって、船宿が何軒かあったが、亀屋はその一軒で、参宮の道者を二百人も泊めることが出来たそうだとある（山口誓子著『伊勢』一八四ページ）。船宿で回漕業をもしていたかどうか明らかではないが、相当な物持であったらしく、養子になってしかるべき家柄である。また亀屋は南若松の旧家であって、その菩提寺である中若松の緑芳寺に現存する過去帳が正しく書き伝えられると予定すると、万治元年（一六五八）歿の釈浄念（俗名彦七）を初代として七代目の久味（法名を久味と名のるものの三人目俗名四郎平）の時、亀屋は東西に分れてその子道伯は西亀屋を、養子久意は東亀屋を屋号とした。東亀屋は久意から六代を経て明治に入って中川を姓とした。その従孫ふさ女は現存しているが、血縁の上では、ごく疎遠である。右の過去帳には、西亀屋道伯（四郎兵衛）のつぎに久味（光太夫）とある。前引の「四郎兵衛後家」とあるのは、西亀屋道伯の寡婦であって、光太夫はその養子になったことになる。さてここに注意すべきは、亀屋十数代の俗名は概ね何々兵衛（または平）で、一人も、「太夫」を名のったものは見当らないことである。

一方に南若松の心海寺――この寺はもとはずっと海よりであったが、地盤沈下によって今の場所に移った――の境内に自然石の御手洗石があり、寄進者大黒屋銀太夫・同彦太夫の名が享保十四己酉歳

「享保十四己酉歳　大黒屋銀太夫　同彦太夫」

心海寺の御手洗石（石質，硬砂岩）
高さ約50cm・横幅約100cm・厚さ上端（うわば）で約70cm

（一七二九）の年号とともに刻まれている。同寺の過去帳を見ると、屋号はしるされないが、銀太夫・彦太夫・六太夫の名のほか、光太夫の名が三人見られる。右のうち、銀太夫・彦太夫は御手洗石寄進者と同じ人々と見て差支えあるまい（因みに南若松に現住される旧家の山口喜兵衛の家では明治ころまで六太夫を名のっておられたそうだが、その屋号を明らかにしない）。思うに、上掲の「太夫」を名のる数人の者は「大黒屋」を屋号とする家柄であろうが、南若松で太夫を俗名につける家は他にもあったろうし、大黒屋も数軒あったと考えられないではないけれども、少なくも太夫を俗名につける大黒屋の系統は宗家・分家の別、親疎の差はあっても血縁の上で何らかつながっていたと見て無理はあるまい。その上御手洗石が相当立派なことから見ても、この建碑者二名は大黒屋号をとる資産家であったろう。「其許には家産の手広き事」といわれた光太夫であるから、その生家はこれらの系列に属する大黒屋であると推定する。なお右三人の光太夫は畠中の者で、いずれも宝暦・安永・天明にかけての三十年の間に相次いで歿しているが、天明二年十二月に行方不明になった本書の主人公と右の中の三人目の者とは別であろう。

覆没供養碑

神昌丸は白子浦出帆ののち杳として消息を絶ったまま二ヵ年を経た。全員覆没したものとあきらめて、この年の大伝馬町組世話人（行司頭）長谷川次良兵衛・同市左衛門が施主となって、南若松の山中墓地に供養碑を建て三回忌の追善供養を営んだ。碑の全文は次ページの通りである。

さて碑正面の釈久味（霊）俗名光太夫と、左側面に刻まれた白子神昌丸沖船頭大黒屋光太夫との二つを矛盾なしにどう結びつけるべきか。いろいろの解釈ができるが、無用の詮議立てに終りそうなので、簡単に推察してみよう。それまで土地での通り名は大黒屋光太夫であるが、かりに一時なりとも「亀屋後家の養子」となったので、建碑者としては、正面には亀屋側の法名を刻むと同時に神昌丸沖

南若松墓地にある神昌丸一行の供養碑

墓石の腐蝕状態がはなはだしく、写真には正面の文字はうつらない。

正面

釈久味霊

南無阿弥陁仏

俗名光太夫

背面

維時

天明四甲辰年

十二月

江戸大伝馬一丁目

太物店行司頭

長谷川次良兵衛

施主

長谷川市左衛門

回向院の舟形碑

この水難供養碑は、順風に帆をはらんだ舟形をした、めずらしく可憐ともいわるべき作である。三河平坂の施主が同郷遭難者のために建てた追善碑であるが、同じころ行方不明になった光太夫一行を哀れんで、裏側に彼らの名を刻み入れたものと察しられる。中央に出張った柱状は帆柱をあらわしている。

左側面

白子神昌丸沖船頭大黒屋光太夫、天明二壬寅年十二月九日出二帆白子浦一、同十四日於二遠州灘一逢二難風一于レ今不レ知二其到処一、空今茲過二三年一、因為二船頭・水主之菩提一造二立石塔一、永令三親類為二廻向一者也、

右側面

乗組俗名

若松　小市　三五良　豊松　九
兵衛　清七　幾八　藤蔵
庄蔵　与三次良　藤七
新蔵
小浜　長次良　勘太良
桑名　次良兵衛　伊豆　安次良

船頭として大黒屋光太夫の実を生かしたものと見たい。また彼が亀屋の菩提寺縁芳寺にロシア将来の品を奉納している点から推しても、亀屋との縁故があるであろう。それにしても、彼は郷里から全く切離され、薬園に軟禁されたまま江戸で生を終えた天涯の孤客であり、近親の身寄りもないためにすべてが知られなくなったと見るほかはあるまい。

なおこの碑について光太夫以外補足の説明をすれば、以上の中にある豊松は磯吉である。ほかに一－二の名が『聞略』と少しちがっている。また、上乗作次郎（紀伊国稲生村）の名は施主に関係がないせいかこの碑に刻まれていない。

漂流のはじめから江戸帰還後の数十年まで終始光太夫と運命をともにしたのは船親父（ふなおやじ）三五郎の子磯吉である。光太夫が書残した書簡や郷里に建てられた供養碑には豊松とあるが、幼名か愛称であろう。神昌丸乗船当時乗組員の中での最年少者で十七歳（数え年）であった。よく気が利く進取的な若者だったらしい。光太夫とともに最後まで生き抜いて長命したことを見ても、なみなみならぬ常識と気力をもっていたにちがいない。アムチトカ着岸の前夜に島影を見つけた最初の者は彼であった。カムチャツカで食事にあてがわれた飲料を怪しんで乳牛から搾られる現場をつきとめ、急ぎ一同の者に告げてその飲用を拒絶する先鞭をつけたかと思うと、その後はげしい食糧難に陥っていよいよ餓死寸前という瀬戸際になると、伊勢人としてけがらわしいと堅くきらっていた牛肉を、いちはやく口にしたのも彼である。ロシア語をおぼえる最初のきっかけをつくったのも彼であった。このように敏捷な磯吉の消息も殆んど光太夫のかげに蔽われたまま伝わっていない。彼も恐らく妻帯し、子をもうけたであろうが全くわからない。ただ光太夫の墓に隣って建てられた墓石によってわずかに享年がしられるだけである。それには、「北浜磯吉　法名釈順誓　天保九戊年十一月十五日亡　七十三歳」と刻まれていた。北浜とは南若松の小字（こあざ）名で本姓ではない。天保九年（一八三八）から逆算すると明和三年（一七六六）に生れ、漂流のはじめの年の天明二年（一七八二）は十七歳であった。

このほか彼について知られることは、つぎのように江戸で実兄の清吉と面会していること、その五年あとに一度郷里に帰省していることである。

江戸における血縁との対面

江戸帰府の年（寛政五年）十月、白子兵太夫の持船の水手として江戸に入津していた磯吉の兄清吉から江戸廻船問屋坂倉熊三郎代その他数名の連署をもって町奉行あて、大要左の如き対面願を出している。

国許に母者（ははじゃ）も存命しているので、私が磯吉に対面してその有様を母に申し聞かせ安堵させたいから、御慈悲を以て対面を仰せ付けられたい。

また坂倉熊三郎代人から若松村の者にあてた書状には、

御番所へ出かけてやっと三度目に対面が許され、雉子橋御厩御用部屋で話合った筈だから委細は清吉にきけばわかる。しかし対面はなかなかむつかしく、私は対面ができなかった。幸太夫から願い出れば逢えるが、こっちから願い出ても心安くはあわれない。

と通知しているのでもわかる通り、親類・故旧に対する面会すら警戒がきびしかったが、やっとのことで十月十日に面会している。

また別の口上書によると、

幸太夫甥彦八、磯吉兄清吉、右両人御番所より同心両人付添、御用部屋へ参り、早速幸太夫罷出対面致し、在所親共一家相尋ね咄合仕候、云々。

とあり、ロシアから持帰った手廻りの中から万年時計・銀銭・銅銭・紙入の類を甥の彦八や磯吉の兄清吉に見せたことが知られるが、同心二名が立会って話の内容をもらさず傍聴していた有様が目にうかぶ。光太夫はついに郷里の土を踏まなかったので、身内の者と面会したことを示す記録はこれだけである。

光太夫の身内について知られるのは、この「甥の彦八」だけで、他はすべて闇に包まれたままである。しかし『漂民御覧の記』の異本とも見るべき『北槎略聞』（漂民御覧の時陪聴した侍医多紀永寿院の話を吉田篁墩が筆録したもの）の中に、次のような記事がある。意味不通の個所が少なくないので、試みに現代文に直すと、

光太夫は伊勢国亀山領の生れである。雇傭主の白子屋清右衛門という者（この男は別項の光太夫の書簡に見える宛名の者と同一人であろう）が江戸の伊勢町河岸に出店をもっていた。ところが光太夫の漂泊の中に、母・妻ともに国許で病死し、江戸で清右衛門の店に四－五年奉公していた弟の死んだのをも知らなかったと見え、九月下旬亀山領主石川主殿頭の白子留守役に親・兄弟存命の有無の取調べを光太夫から願出た云々。

とある。この聞書は寛政五年十月二日書畢ると筆を結んであるから、そのころ江戸ではそうしたことが伝えられていたのであろう。これを事実とすれば、漂流以前に光太夫は妻帯していたこと、帰還までの十年余の間に、妻をはじめ母親や弟

までずべて死絶えたらしいことが知られ、唯一？の身内としては甥の彦八だけだということになる。それにしても彼の家の菩提寺が明らかにされれば、そこにある過去帳に血縁者の氏名・生死年月など記載されて然るべきだが、今のところそこまでつきとめて調べるてだてがない。

磯吉の一時的帰郷

その五年後の寛政十年に至って、磯吉は漸く一時帰省を許された。南若松の心海寺に『極珍書』と題する写本があって、「光太夫漂流実録」の肩書がついており、心海寺の実静が書残した磯吉からの聴書である。末の方に「右は漂流の一人磯吉、故郷若松村に老母ある故、将軍の赦免を蒙り、寛政十午（うま）歳冬十月（同書の巻頭には一月とある）故郷に三十日逗留の暇を蒙り、領主亀山石河日向守え御預けにて若松に在留の間直談（じきだん）に聞く件々を記す」とあり、つづいて「右船頭光太夫は江戸御城内に居住して来春は若松に来るべし。予今年八十四歳、長命して光太夫に対話せばまたまた東夷の珍説聞いて記すべし」とあって、記録は終っている。よって磯吉の一時帰省は確かであり、彼は母親や身内と対面して一ヵ月ののち江戸に戻っている。光太夫は入れ代りにその翌年帰郷することが予想されたことまではわかっているが、その後帰省の望が遂げられたかどうかは全く不明である。予定の年に帰省したが、実静が「長命」せずに死亡したあとなので記録されなかったとの仮定ができないわけではないが、この仮定はむしろ薄弱で、妻も母も残されていない故郷に心惹(ひ)かるべきすべてを失った光太夫は、永久に故郷の土を踏まなかったものと見たい。

光太夫ついに郷里の土をふまず

物のあわれをとどめたのは小市である。三人そろってやっと祖国北端の土をふんだのも束の間、精根がつきたか根室の露と消えた。幕府もさすがにその薄命を憐んでその後家に、十三年農業をはげんで夫の帰りをまちわびた志を賞し、銀十枚を下賜、また持帰った夫の遺品を下げ渡された。寛政五年八月筆録の『北槎異

小市の死と孤閨を守った妻の悲しみ

聞』（著者篠崎廉、寛政五年八月筆）によると、小市の妻は「夫が久しい前に死んだのならあきらめようもあろうものを、生き延びて日本の地に入りながら帰り果たさずに失せたことの本意なさを泣きあかして狂い死に死んだ」とある。然るに『極珍書』の中にも小市後家のことにふれている。その記事には少し不明な所があるが、小市の遺品が呼物となり、物見高い見物人が諸国から集ったので、若松では展示場を設けて見料（けんりょう）をとった。「後家は卑しい身分であるから私欲を起すと村中の禍となる」と、極珍書では杞憂（きゆう）の情を記しているほどで、近郷・近国からの人出で入場料の集ったことが察しられる。この冊子は大体寛政十年冬ころの著述であって、小市後家はそのころまで少なくも生存していた筈であるから、その五年前の奉行所の聞書の一部に、「狂い死」したという記事は、遠い江戸での訛伝（かでん）であろう。

小市の将来品は約五十点であるが、銀牌を除いて、あとはそっくり故郷の若松に孤閨（とけい）を守った小市後家に下渡された。「彼の菩提寺である若松の宝祥寺では、寛政六年九月十六日から二十日まで小市の法要を営み、そのさい、遺品百余、を陳列して諸人の観覧に供した。当時の記録によると遠近の貴賤群集をなしけり」と。この引用文は、津市の古老山崎徳吉氏所蔵の記録からの抜書である。

なお宝祥寺の過去帳に小市の法名は「釈転流道友信士」と記され、行年(ぎょうねん)四十二歳とあるが、『北槎聞略』には四十六歳とな

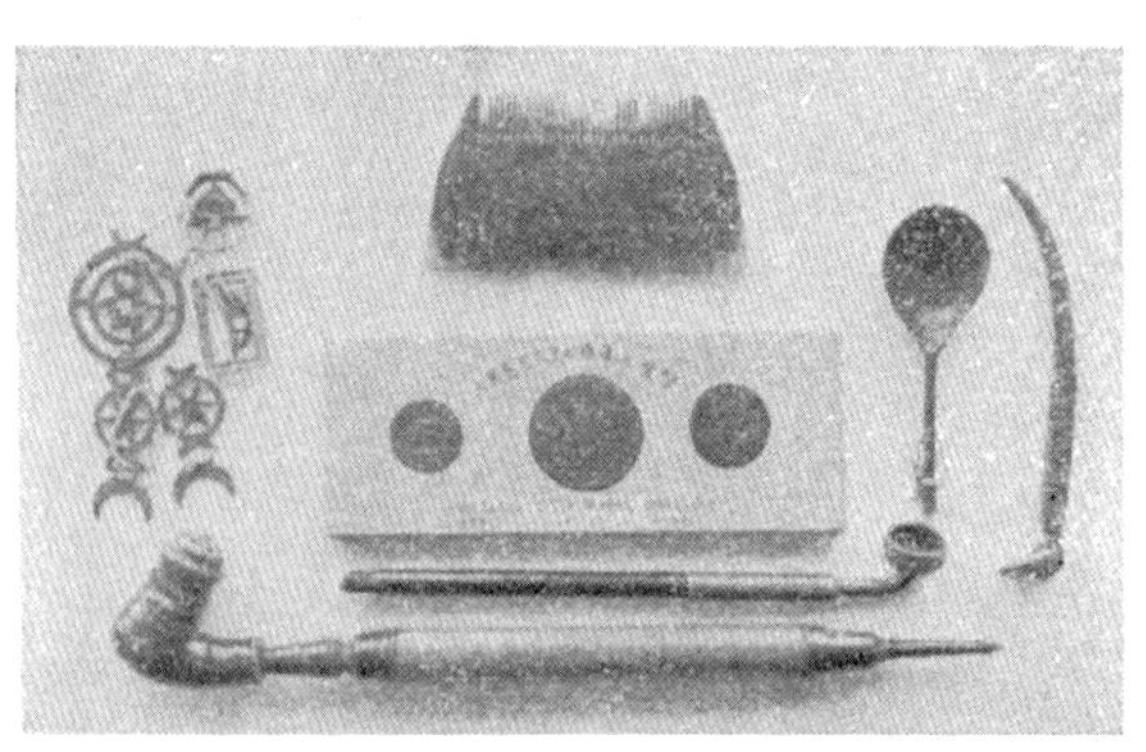

小市の将来品

鈴鹿市南若松小学校に光太夫の遺品と伝えるものが所蔵されているが，これは光太夫のものでなく小市の将来した遺品の一部であろう。残念ながら彼の遺品中の価値高い，あるいはめずらしいものの大半は散佚して今にのこるものはこの挿絵に示すだけに止まり，ただかすかに昔のおもかげをしのばせるにすぎない。上から櫛，銅貨三個，きせる三種，スプーン，左方の金具は靴金具。

っている。しかるに「若松村役人より亀山御役所書上之事」によれば、「去る寅年光太夫三十一、賄小市四十、三五郎子水主磯吉二十一、水主新蔵二十四、同庄蔵三十二」（以下略）とある。光太夫・庄蔵・新蔵の三人はほぼ間違はないようだが、小市と磯吉とはそれぞれ四－五歳他の記録とちがっている。若し宝祥寺の「行年四十二歳」が若すぎ、『聞略』の記事も誤りと見て「行年四十二歳」を五十二歳とすればつじつまが合うが、『聞略』の記載を誤りとも定めがたい。

一四　故国にあてた書簡

露都で認めた数通の書簡

光太夫は故旧にあてて数通の手紙を、さすらいの先から認めたらしいが、そのすべてが不着に終っている。しかし本国に届けられずロシアの都において少なくもその一通が残ったばかりに、善意の蒐集家のおかげで、自筆そのままが今日まで伝えられたことはふしぎにもありがたい運命である。この書簡によれば、郷里あて四通の手紙を書いたとあり、別にまたオランダ公使に懇願して長崎に送るよう二通を托したらしい。この二種のものが重複して数えられているかもしれないし、ここに掲げるものは右の二種の中のどっちに属しているにしろ、少なくも四―五通がペテルブルグで認められ、その中の一通と考えられる。漂泊の旅の十年、身も心もくじかれひしがれ、死生の間に彷徨(ほうこう)した生活体験をさながらに少しのたるみのない文章で絵巻物のように展開させ、人間の弱さと生き抜こうとする必死のあがきを何ら誇張も粉飾もなく訴えた絶唱である。漂流者は昔から数知られず、中で帰還した幸運の者も少なくないが、切々として読む人の肺腑にせまるこのような手紙を本国の故旧あてに通信した例が他にあるであろうか。

さてこの手紙は、ロシア政府に仕えたドイツ人アッシュ男爵の手により、光太夫が漂泊の旅をつづける間イルクーツクからペテルブルグへと持歩いた浄瑠璃本や彼の筆になる日本地図、その他さまざまの文献とともに一括されて、その母校

ゲッチンゲンに現存する光太夫自筆の書簡

ゲッチンゲン大学に寄贈された「アッシュ蒐集」の一部をなしている。光太夫に全く関係ない文献ももとより多いが、めずらしい文献である。しかも光太夫に関する限り、彼が坐右に置きまたは筆にしたものの一々に自署してその年月さえ書添えられている点でまことに貴重である。とりわけこの一通の書簡が篤志家アッシュの蒐集によって現存した。そのおかげで彼の人間像がマザマザと二十世紀後半に伝えられていることは、光太夫もって冥すべしといえよう。

手紙の全文はつぎの通り。

一筆致ニ啓上一候。先以（まずもって）其御地御家内様御揃、弥（いよいよ）御堅（健）勝可レ被レ遊ニ御入一と、珍重奉レ存候。随而（したがって）私し儀未ダ無事ニ而（て）相暮し候。扨御状も四度迄能（よき）御人を御頼指（さし）遣し候。相届キ申候事か、片便リニ而判（わかり）不レ申候。拾七人之人々も大方往生いたし申候而、只今相残リ申人ハ、下拙・幸市・庄蔵・新蔵・豊松右五人相残リ申候。先々（さきざき）往生仕候人ハ殊之外仕合ニ御坐候。残し（り）人々の此八九年のつらさハ、海ニも山ニも船ニもゑ(絵)にも、何事ニもたとゑ御坐なく候。扨日本鳥羽津をトラノ極月拾三日出船仕候所、其夜四ツ時之大ニシ風ニ而道具をいため、何くともなく沖へながれ、荷もつハ不レ残はらいすて候。すこしばかり米を残し、此米を喰(食)事ニいたし申候えども、水ニなんぎ仕候。扨水ハ橋船ニたまり申候あめヲ、木綿ニ而水越ニいたし、此水ニて命を介申候。十二月ゟ七月迄九ケ月ハ、西風ニ而ながれ申候。梶(舵)ハなし、はしら(檣)ハなし、風の吹ほゑ(方へ)ながれ申候。扨七月廿日の朝、嶋を見附し所、木の壱本なき嶋ニ相みゑ申候。しかし半年も嶋も山も見不レ申候事故、そのうれしさと申もの何にたとゑ用(様)も無二御坐一候。西風ニ而此嶋へながれ附申候故、橋船ニ而能所へ上リ申候所、此嶋之人、鳥のかわをはぎはぎ(衍カ)きるい(着類)にいたし候、すがたハ人ニ無二御坐一候。口上ハ判不レ申候。家ハなし、日ハ暮申候所、皆々の人々、沖合ゟ長々の心いため(痛)ニ而日暮ゟ目ハ見ゑず、嶋のものどもと口上ハ判不レ申、その夜ハその所ニ石ヲ枕ニ仕候。廿一日の朝、八九人皆々てつぽうをもち、らしやのぼたん〆(じめ)ニ而、からてつぽふをはなし〱参り申候。そばゑ(へ)より合申候而も壱ツもはなしハ判不レ申候。じ(字)を書て見せても壱ツもしれ不レ申候。その所ニ三日夜を明し、殊(異)の場所へ参り申所、あなをほり、そのうへニながれ木をあつめやの(ねカ)をふき、ゑぞの天下様の商売人すまい仕候。喰(食)事ニハ魚を塩水ニ而たき、これを喰(食)事ニ仕候。なりハいかつきても喰(食)事ハいけんニ候。此嶋ニ四年ヲ暮し五年目ニゑぞの国のはしゑ(へ)渡り候。只今ニ而ハ天下様の所へ参り申候。ゑぞの国のはしゟ天下様之所へ壱万弐千リ計(ばかり)御坐候。此国之壱リハ五百間ヲ壱リト申候。道中ハ三尺に六尺計成(なる)家ヲこしらへ、車ニ而夜ひる午(馬)四五疋ニ而とぶがごとく候。所々ニ而午(馬)お(を)かゑ(換)ひかし申候。今ハ天下様之所ニおり申候。能人(よき)々御坐候故、天下様ゑ(へ)上り、今壱度日本国へ御帰し被レ下候様を(お)ねがい申度候。さりながら、今此国ハいくさのさい中ニ而、殊ノ外やかましく候。よき人を相頼、天下様へ上り、又日本へ帰候事ハうどんげの花ニ御坐候。八九年ノ心いた(痛)メニ而、命のほどはかりがたく御坐候。御神仏様ノ　御目ぐ(恵)みも御坐候ハヾ、今壱度日本へ帰り、此国ノ八九年ノ咄(はな)し仕候。拾七人のもの今日相残り、下拙・幸市・庄蔵・新蔵・豊まつ、右五人相残り候。書て指(差)遣し度候事ハ紙何千枚ニもつくし

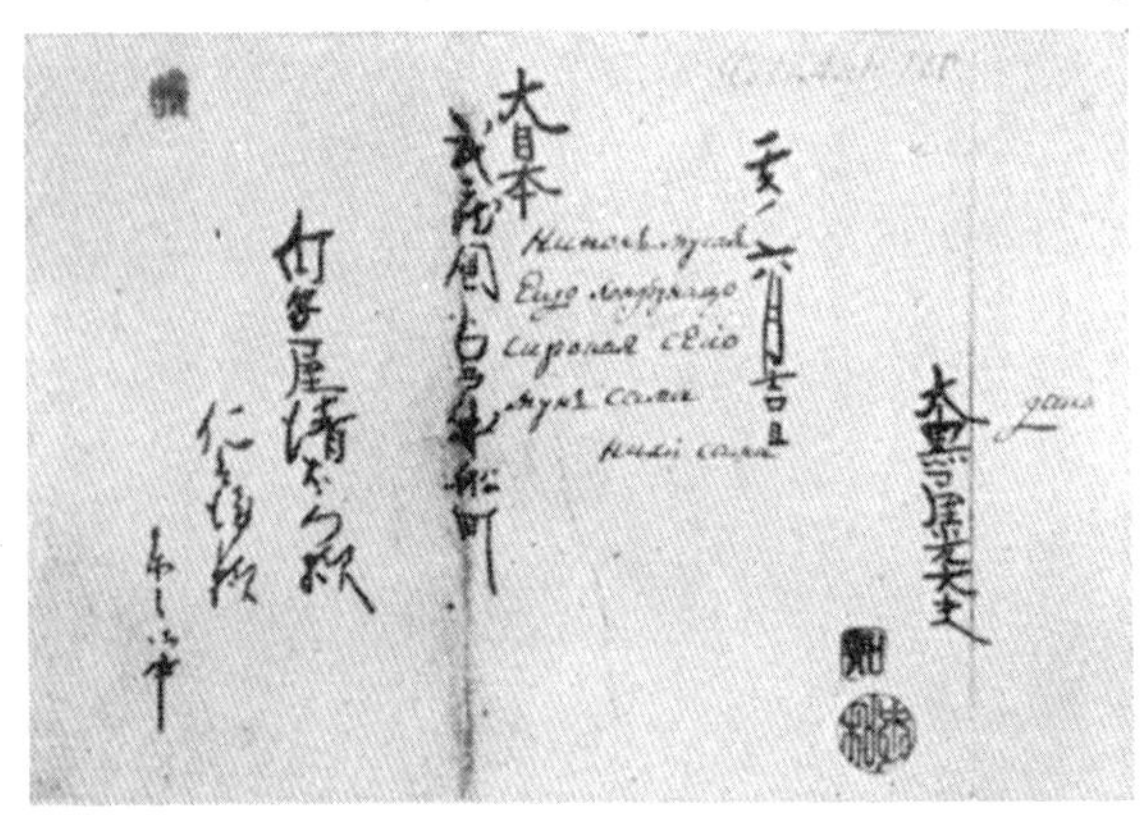

手紙の宛先

口絵にのせた書簡の送り先だけを示す。ロシア文字は，日本字をそのままに書いたものだが，光太夫の自筆としては，少しうますぎるとも思われる。また大黒屋光太夫の右側に同じくロシア文字の署名があるが，これは彼の自筆と見られる。

不レ申候。又此状も相届キ申事ハうどんげの花ニ御坐候。何事も御勘弁被レ成被レ下度候。右申上度候。以上。

亥ノ六月吉旦　大黒屋光太夫

大日本

武蔵国江戸本船町

白子屋清右衛門様

仁兵衛様

参々御中

簡単な説明と推測とを一―二しるそう。本文にある「ゐぞの天下様」とは、ロシア皇帝（ここではエカテリナ二世）のこと。「今此国はいくさのさい中にて」というのは、すでにフランス革命の火の手が燃えひろがっており、ロシア自身ではポーランド第二分割を目の前にしているので、要路の大官に接していた光太夫は、唯ならぬ気配を敏感に読みとったのであろう。生残った五人のうち、ともかくも帰還したのは光太夫(下拙、やつがれとよむのだろう)・小市(幸市)・磯吉(豊松)の三人で、庄蔵と新蔵とは残留した。宛先の地名「江戸本船町」は、今日の位置にあてると、日本橋を北に渡ると、とっつきの川沿い右側に北に面して軒を並べた、恐らく廻船問屋街で、大伝馬町などとともに「伊勢店」の中に属する。名宛人の白子屋清右衛門・仁兵衛は本国白子町では「一見」が本姓であって、江戸での通り名として白子屋を名乗り、清右衛門は勘右衛門の別名らしく思われる(前章に見える白子屋清右衛門と勿論同じ人であろう)。従ってこの手紙は傭主筋である白子屋(一見)両名にあてたものであるが、文中に光太夫の身内のこと――親・妻子・兄弟など――に一切ふれていない。このことは彼の肉親がひとりもいなかったためと解するよりも、これ以外数通の手紙――それも同時に二―三通認められたと思われるから――の中のどれかには家族あてのものがあったであろうが、それは行方不明に帰したの

書簡の裏に示された彼の焦躁感

だと解したい。

彼がどのように帰国の一念に燃えていたかについて、この手紙とつながりがあるエピソードをしるす。やっとの思いで最後の地ペテルブルグに来ながら頼みの綱であるキリルの重病の看護のため三月近くの日を費したが、まだ一向に帰国へのめどがつかないので、ロシアの善意にのみすがりついていられない焦躁感に駆り立てられた。彼は西洋諸国の中でオランダが日本と通交する唯一の国であることは知っていただろう。その国の公使にはからずも知合となった。溺れる者藁をもつかむ気持で、オランダを介して帰国させてもらおうとオランダ公使に打明けて懇願した。事情を聴いた公使の答では、すでにキリルを経てロシア政府に申請してある以上、その方の諒解をとりつけてロシアを通じての帰国手続を中止するつもりなら快く引受けよう。そうなったにしても、都合のよい船便をえて帰国するまでには三年はかかるとのことであった。オランダ側にしてみれば、ロシアの反感を買ってまで余計なおせっかいはしたくないための伏線であったかもしれない。光太夫の側でも、公使に泣付いてみたものの、イルクーツク以来二年あまりのキリルの恩愛の情に裏切ることはさすがに良心の苛責にたえられないことであり、帰国には三年もかかるときかされて、とつおいつ苦悩している間に帰国願が晴れて許されたのである。

この間に彼はまた郷里あての書状二通を持参し、長崎行きの便船に托して貰いたいと公使にたのんだら快諾してくれた。その時の公使の注意は、当時の事情を知るよすがとなる。それによると、

封のまゝにては達しがたき故、封をきりて遣すべし。長崎の奉行所にて必ず開封し改むるなれば封はせんなき事なりとて、封なしにうけとりけるよし。此方の者はかへつてさまでくはしき事はしらざりしなり。

と『聞略』にある。江戸にいる甫周はこうした長崎奉行の方針をはじめて聞かさ

れたわけである。オランダ公使にすがって帰国しようとした件については、『聞略』のほか『漂民御覧の記』や『異聞』にも語られているのでも、当時の彼の切なる思いが知られる。

一五　全世界言語比較辞典への寄与

光太夫は郷里において初等の寺子屋教育以上どの程度高い教養を受けたか、知りようはない。しかし同乗した他の船員が無学なのとは比較にならぬ読書力と知識をもっていた。中でも文芸のたしなみが並々でないことを物語るものは、坐右に離さず持歩いた浄瑠璃本で察しられる。その明らかなものは左記にのべる十種以上に達しておって、現にその半分はレニングラードに、他の半数はドイツのゲッチンゲンに保存されている。

彼が所持した浄瑠璃本

まずゲッチンゲン大学図書館所蔵アッシュ文庫の中には、竹田出雲・三好松洛（しょうらく）

作の『清水清玄・花系図都鑑』（宝暦十二年版）五冊がある。つぎに最近、小野忠重氏が発表された記事（『文化評論』一九六二年八月号所載）によると、レニングラードのアジア諸民族文化研究所には、

『奥州安達原』　宝暦十二年刊　竹本大和掾正本

『番場忠太紅梅箙』　宝暦十三年刊　作者若竹笛躬　中邑阿契新板絵

『源平曦軍記』　二冊

『摂州渡辺橋供養』

『愛護稚名歌勝鬨』

の六冊が所蔵されている。

これら作品がつくられた宝暦のころは浄瑠璃全盛時代であり、それらの作品や演技は江戸・大坂で満都の人気をさらったことであろう。光太夫はその愛読者の一人であり、観劇者でもあったと思いたい。彼の出帆した天明二年はそれら浄瑠

璃本が公けにされた宝暦十二年からかぞえて二十年後のことで、上演がくりかえされたことであろう。想像の翼をとばすなら、彼は暮のうちに江戸で積荷をおろしたあと、どこかの小屋で春狂言を観るのを楽しみにしての回漕であったかも知れない。そうした推測のもとに私は伊原青々園作の『歌舞伎年表』について天明三年正月以後の記事をあさってみたが、その予想ははずれて、彼が持参した院本の中にはそれに当る狂言は演じられていなかった。それにしても、その院本が小冊子であるにしろ十数冊を持歩いていることに、彼が並々ならぬ浄瑠璃ファン、いわば文学好きであることを示す。浪々流転のわびしい苦渋の十年の間、ただ一つの心のオアシスとして披読したでもあろう。かくていよいよ帰還のまぎわになってロシアに残されたのであろう。

彼がイルクーツクに送られた時、とりあえず宿舎にあてがわれたのは日本語学校の建物の一部だったとロシア側では伝えている。当時ロシアでは全く日本語教師の後任難に陥っていた。光太夫が帰国願を三度も差出しながら握り潰されて仕官を求められたのもそこに原因がある。彼以前の漂流民で彼地にとどまって教師に採用されたものは、教師になる前にペテルブルグに送られ、みっしりロシア語を教え込まれてからイルクーツク日本語学校の教師にされている。もし光太夫がロシア側の執拗（しつよう）な要望に屈し（あるいは誘惑にまけ）たら、彼も首府で正則のロシア語を学習したのち、日本語学校の教師にさせられたことであろう。それまでの日本人教師は南部方言か、さもなければ薩摩訛（なま）りの使用者であって、日本語には相違ないが中部日本の言語に距（へだた）ること可なり遠いと見なければならない。そこへゆくと、光太夫は伊勢人であって、京・大坂には程近いし、江戸の土を踏んだ前歴がないとはいわれない。標準に近い日本語を使っていた筈である。近松浄瑠璃本の愛読者であってみれば、当時の商人船頭としてはめずらしい文学的素養のある者としなければならない。浄瑠璃の文句の中には、和漢の故事来歴があまた織込まれ、和歌や漢詩もよみこまれているから、それを相当程度消化するだけの学力があるとすれば、まずは立派な日本語教師である。若し彼がイルクーツクで日本語の教鞭をとってロシアの土と化したとしたならば、教材として浄瑠璃本の中から何かを採入れたこと、あるいは筋書などを通して近松ものを紹介することも考えられる。さらに想像をすすめれば、浄瑠璃本の中から適当のものを選んでロシア語に翻訳することもありえられる。その点で彼はそれ以前の漂着者とはちがうし、彼の一行でロシアにそのまま居残った新蔵が漢字の素養に欠けたのとは選を異にしている。従って以上のような仮定が許されうるとしたら、光太夫はロシアにおける最初の日本近代文学の紹介者の名誉を荷(にな)いえたかも知れないということになろう。

なおまた、『節用集』の類を持歩いたと思われるふしもあるから、それらをもとにして日本事情が教授されたかも知れない。これは単なる想像の戯れではなく、後日新蔵が日本についての著述の内容からもありうることである。

光太夫は帰還ののち、有司の問にこたえて、ロシアの宮廷に、絵草子や浄瑠璃本があったと答えているが、これは自分が持参したものに対してのカムフラージではあるまいか。というわけは、前掲した小野忠重氏が自分の眼で見られたように、現在レニングラードのアジア諸民族文化研究所にある浄瑠璃本は、一七九一年エカテリナ二世から科学アカデミーに下げ渡された書物の中の一部で、ロシア文字で大黒屋光太夫とサインされているからである。

光太夫以前の漂流民の言語上の寄与

進んで光太夫が語学の上で現実的にロシアに寄与したことをのべよう。ロシアでは早くも一七三六年ゴンザが、また一七八二年タターリノフ（日本名さんぱち）がそれぞれ露日辞典をつくっているが後説する。露日辞典はその他に少なくもまだ一つあり、それは可なりすぐれたものだと想定される。それはドイツのゲッチンゲン大学図書館アッシュ文庫に属する露日辞典である。ラミングによると、それは一七八八年の書写にかかり、著者名も地名も欠けているが、三九二ページに六千語以上の日本語がロシア文字で認められているそうである。この辞典の編纂に光太夫が関与してはおるまいかと一往ラミングは推測しているが、辞典成立年代の上から見てその説は受入れられない。一七八八年には光太夫はまだイルクーツクに入っていないから。因みにこの辞典がパルラス編の『欽定万国語比較辞典』にどのように利用されたかについては近く村山七郎氏の研究によって明らかにされる。

このようにロシアでは漂流民に命じて日本の語彙を集録し、露日辞典はすでに少なくも三種編纂されている。勿論ロシアの極東政策上、日本との交渉は日ましに緊要であり、正確な日本語の必要が痛感されている。若し光太夫がそのままロシアに居残ったとしたら、イルクーツク日本語学校での日本語授業とは別に、彼は内容の豊富且つ正確な露日辞典の編纂を命ぜられたであろうことは、これからのべる『万国語比較辞典』の例から推して十分ありえられることである。この仮定のもとに光太夫がそのままイルクーツクに永住したとするならば、彼の手ではじめて正しい日本語によるすぐれた露日辞典がのこされたであろう。

エカテリナ二世の勅命による万国語辞典

啓蒙的専制君主の女帝エカテリナ二世は、ロシア文化の発達に努力されたが、また言語の世界共通性にふかい関心を寄せられ、自らの発意によって基礎的言語二七三種を選び出し、それに対応すべき世界各国約二百に及ぶ同意語を並列した比較辞典の編纂を志された。一七八七年パルラスは命を受けてその主任となり編纂されたのが『欽定万国語比較辞典』であり、日本語もその一六一番目にのせられている。ついで一七九二年その改訂がフェオドル＝ヤンコウィチに委ねられた。彼はロシアの教育制度改革の業に当ったセルビア人で、当時ペテルブルグの師範学校長であった。この改訂本は最初のパルラスの編纂方針が変更されたので、却って内容上の混乱を来たしたのであるが、幸いにも日本語だけは、前版と同じく、二七三語と数詞十二（一から十と、百・千）とが分散されずに一括して第四巻にそのまま収録されている。光太夫は折よくそこに居合せ、その語学力が認められて、この修訂に参与したのである。

光太夫の寄与

『北槎聞略』にその時の様子をつぎの如く述べている。

ある時学士アンガリタより光太夫に、日本の服をもちて学校に参るべしと云ひ越したり。其頃は小袖三つ・袷（あわせ）羽織・綿入羽織・佩刀（わきざし）一腰もち居し故、キリロとともない右の品々をとりもたせ行きければ、まづ日本の服に改めさせ高き台にのぼらしめ、アンガリタ・キリロも同じく台にのぼり、その下に学寮の児童らをはじめ諸生残らず呼集め、日本の人を見るべしとてキリロ訳を伝へ、此方の風俗などを生徒に語り聞かせしとぞ。この学校に万国寄語の書あり。部を分ちて日本語をものせたり。何（いず）れも語の末は、の事、の事と書す。

たとへば鼻を鼻の事、耳を耳の事といふが如し。これは以前北方より漂流せし者共に問いて記るせしよし。かの問ひたる時にそれは何の事、かれはこの事と答へたるを、直(すぐ)に、の事までを一語と心得てかく記しおきしなるべし。この書を光太夫に刪定(さんてい)すべきよし望まれける故、日々に通ひて六日にして卒業す。書中の語多く南部辺の言葉にてしかも下賤の語多し(中略)。光太夫へ右の書校正の謝礼にとて葡萄酒・覆盆子(いちご)酒・柑(くねんぼ)酒おの〳〵一陶(とくり)、砂糖二大塊贈りしとなり。

とある。

辞典編者の光太夫に対する評価

『改訂本万国語比較辞典』の第四巻にのっているヤンコウィチの解説を引用すると、「一七九一年サンクトペテルブルグに滞在した日本の伊勢(イシェ)国白子(シロコ)町の生れでロシア語を話した日本人商人コーダユは正確な発音と表記とともに下記の日本語単語を示した」とのべて光太夫の語学力を高く評価している(アンガリタはヤンコウィチの誤りである)。横道に入りすぎるが、さらにこの点についてのべたい。

光太夫が参与した前のパルラス本では、基本語二七三語の中で二十あまりが欠語のままになっていた。また全体を通じて不適格とすべき南部方言や薩摩方言が少なからず混在していて、既往の漂流民の郷里が言葉の上で浮び上っている。光太夫はすべての語に目を通してまず不適当なものは修訂して雅潤な日本語にした。ただし彼は一・二以下百・千の数詞に対しては一文・二文……百文・一貫文と、銭勘定の呼方をしているのがおかしい。しかし彼は南部・薩摩の両方言についてハッキリした差別を知らなかったらしく、すべてを南部方言に帰しておる。中にはもとの表現につられて直さぬままに残したものも認められる。また『聞略』に引用されている「鼻を鼻の事、耳を耳の事」というのは、のちになっての彼の記憶違いで、パルラス本にはそうはなっていない。もっとも、「の事」というのも別の形でのせられているので、それを彼は混同したのである。また彼が対応語を示しかねたものが二―三ある。たとえばロシア語или（英語ではor）のように日本語で適訳のむつかしい語はぬかされている。全体的にいって彼が行なった刪定は彼の語学上の力量を発揮しており、同辞典増訂に関してロシアにのこした功績は認めらるべきである。また辞典にのこした彼の用語によって、同辞典の中には南部・薩摩両方言のほか、近畿（伊勢をふくめて）語が採入れられていることは十八世紀の日本語学研究の一助ともなるであろう（この項村山教授に負う所が多い）。

光太夫の日本地理に対する知識の程度

ただしかしこの辞典のおかげで、日本地理についての彼の無識がここでも暴露されている。それは南部と薩摩との著しい両方言の差別ができなかったことである。彼がロシアに描きのこした数面の日本地図が中国・九州の別を無視したでたらめなものであることは、その解釈に苦しむところであるが、この方言における無知から推しても、彼が船乗でありながら西国・九州方面については全く無経験の素人であることを示す。さらにそれから推すと、彼は商人でこそあれ、船乗としてはズブの素人に近く、到底、抜荷などで海上を乗廻わせる素質はなかったことであろう、ということになる。

光太夫筆の三面の日本地図

光太夫はまたロシアで自作の日本地図をのこしている。おそらく需（もと）めに応じてかいたものであろう。現存の明らかなものは三つで、うち一枚は一七八九年（天明九年七月二十八日筆と自署）イルクーツクでのもの、他の二枚は一七九一年ペテルブルグでの筆であって、いずれも年月と署名とがある。これら三面の地図はゲッチンゲン大学にある。ほかにもう一枚「甚だ詳細な日本地図」が一七九〇年イルクーツクでキリルのために描かれている筈であるが、その現品は所在不明である。そうすれば少なくも四枚が作製された筈である。現存の三図は多少精粗の差はあるけれどもほぼ同じである。日本国の全形は大半正しくかかれており、六十六の国名も誤りなくかつほぼ正しい位置に順を追うて記入されている。このことから推して、参考図を見ずに全くそらおぼえであれだけ描けるとは思いにくい。江戸時代を通じて、字引と事典とをかねた『節用集』という書物が出版されていた。庶民用として便利調法なものとされ数百種にのぼる異本が流布した。それらの中には二六七ページで示すような漢和字引だけのものもあるが多くは絵や地図をはさんだ百科的のものであった。光太夫筆と自署されている三つの日本図もこうした類の『節用集』にのせられた日本図を種本にしたのではなかろうか。そうだとすると、彼はこの浄瑠璃本などのほかに、この種の書物まで持歩いておるし、新蔵の用いたものを加えると二つの別本が存在したことになるわけだが、推測にとどまる(イルクーツクやペテルブルグに既存のものを借覧して描いたとは考えられない)。ところでこの図の中でどうしても解しかねる部分がある。それは九州北部と防長二国とが癒着して、関門海峡は全く俤をとどめず、薩摩から奥州まで一つの島になっていることである。強いて推測をめぐらすならば、携行した『節用集』附載の日本図の西半の一部がやぶれ失われていたので、やむなくその部分だけを、うろおぼえの知識をもとに辻つまをあわせたのでもあろうか。いずれにしろ、これら三面の図は、共通して彼の知識の東日本に偏しすぎ、中国西部・九州方面が目立って間違っていることを示す。そこで『万国語比較辞典』の項でふれたように、彼は中

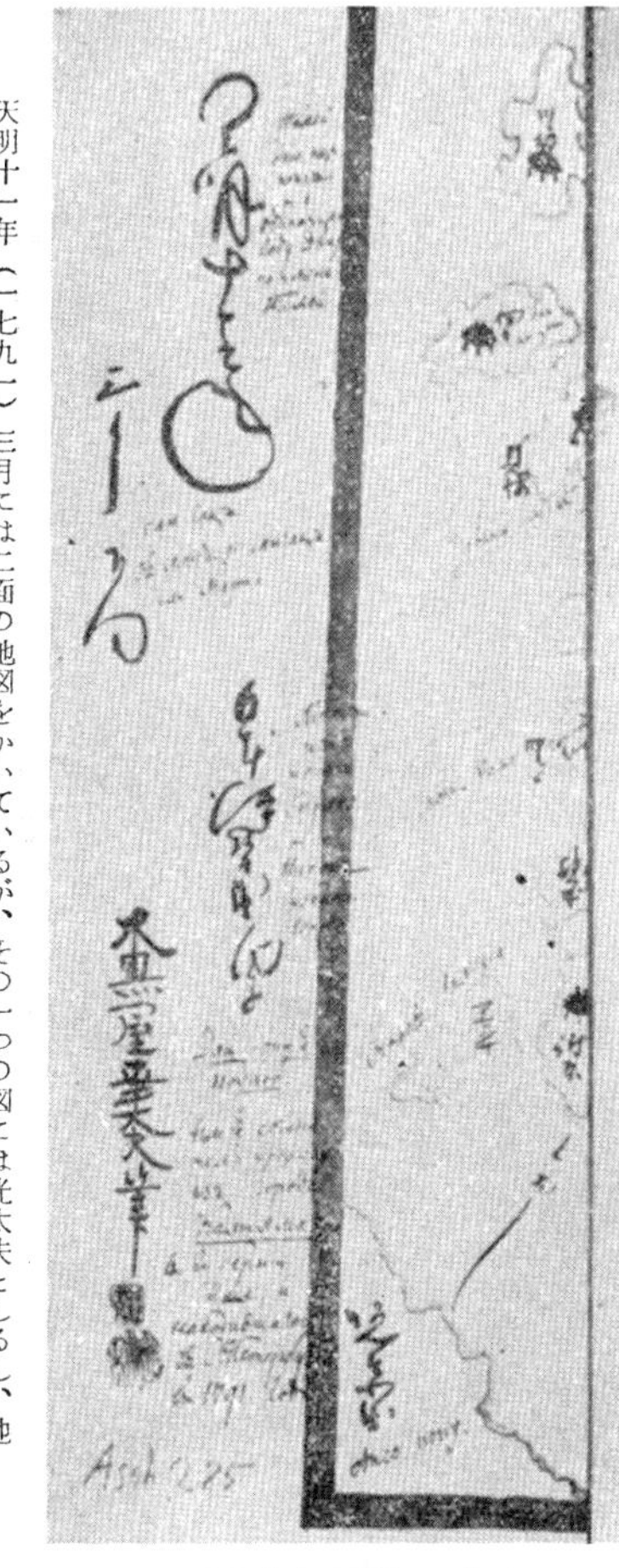

天明十一年（一七九一）三月には二面の地図をかいているが、その一つの図には光太夫としるし、他の一図にはこの図のように幸大夫とある。ほかに幸太夫と署名したものは一つもない。

幸太夫と自署したもの

年まで商人であり、ロシアでも自らそう名のっていた上からも、船頭としての海上の経験と知識が欠けていることを、この地図の上でも計らずも暴露している。序(ついで)にここで附言するが、光太夫は幕府方面の記録ではもっぱら幸太夫と書かれている。郷里の供養碑その他は光太夫であり、彼の自筆にかかるものは殆んどすべて光太夫である。唯一の例外としては三面の地図の中に幸太夫とした一つを見出す。同音なままについ無頓着にしるしたのでもあろうか。小市についても彼の直筆手紙には幸市としるしてあるのも同様であろう。

一六　ロシア語の造詣

光太夫はロシア語をどの程度ものにしたか。それを具体的にのべる資格を私はもたない。が彼の具えている素質から判断すると、可なりの程度こなしていたにちがいないので、漂泊の間、また帰国後におけるロシア語駆使のありさまについて一往の私見をのべよう。

彼のロシア語は耳から入った聴き覚え

最初漂着したアムチトカ島での四ヵ年は、ロシア人はごく少数で大多数はアレウト原住民であり漂流者たちも生計のため原住民の手助けをしながら三－四の小島をわたりあるいて漁猟に従っていたので、ロシア語は大して覚えたとは思われない。そのあと本土のカムチャツカに移ってから半年の後、光太夫はニジニ＝カムチャックでレセップスに会っている。その時の印象をレセップスがしるした中で、「彼(光太夫)は自分の思っていることを他人にわからせるだけにロシア語を話する。けれども彼と会話するためにはその発音に慣れなければならない……」といっているところからみると、そのころにはこのフランス人を相手に、ロシア語を媒介として互いの意志を交換しうるだけに何とかこなしていたらしい。しかし本格的のロシア語に接したのはイルクーツクに到着しラックスマンに知られてからのことであろう。そのくせ、彼の場合は日本語学校教師になるように教育さ

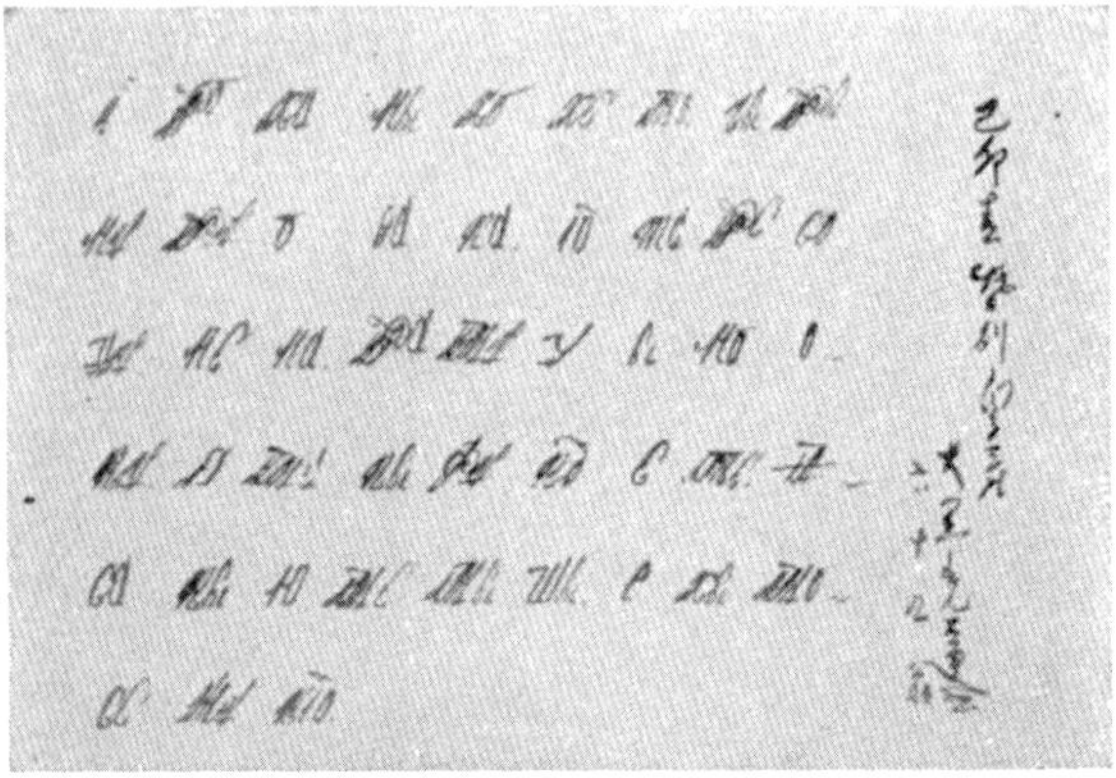

は古書籍即売展示会で時々散見した。別掲の如き大字のもの，「いろは
たものなど，美濃紙大のものや扇面形に書かれてさまざまあり，それらの
とロシア文字の署名がそえられている。この筆蹟は，「いろは四十八字」
に「だいこう」とかいている。己卯は文政二年（一八一九）であって，

れた新蔵やその他の漂流民と立場がちがうので、正規のロシア語を教習させられた様子はない。それにもかかわらず、語学・文学方面に対して生来そなわっていた彼の天分が、はからずも発揮されて特別に教えられずとも、おそらく彼の好みから進んで自学自習してある程度ロシア語をマスターし、また原文の書物をよみこなすまでに上達したであろう。

光太夫のロシア語の造詣（ぞうけい）を判断するために前記ヤンコウィチの言（一〇九ペ

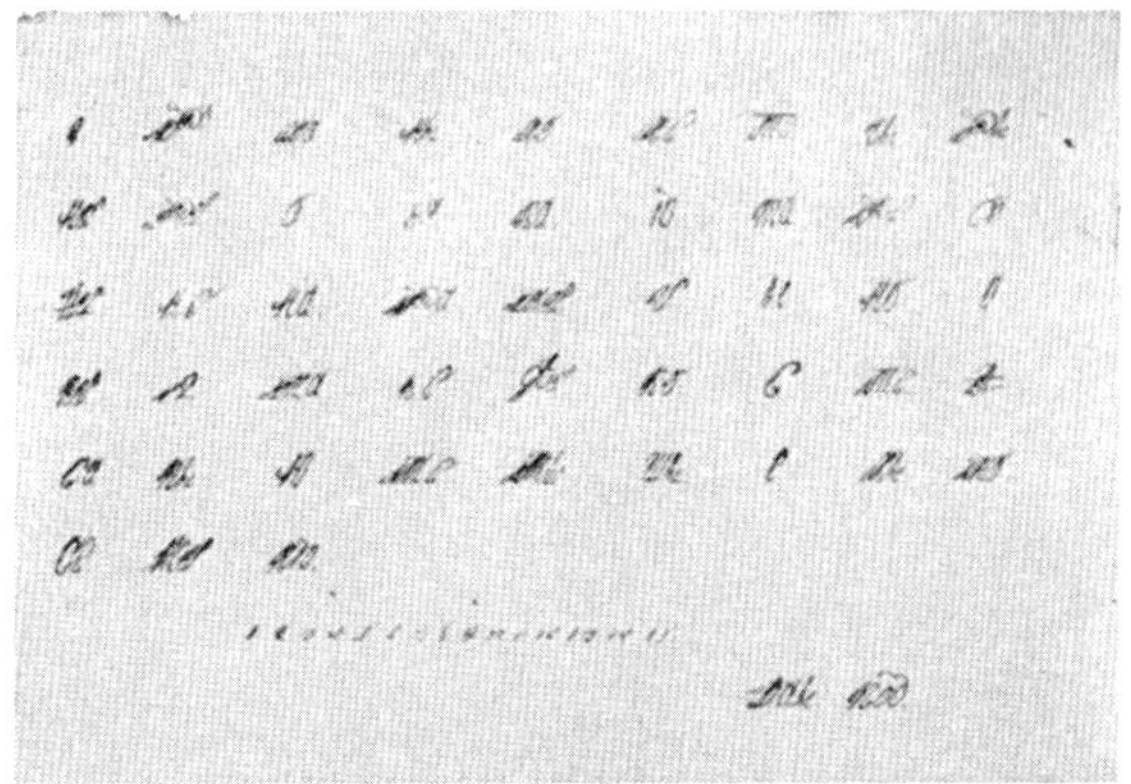

光太夫の筆蹟二種　ロシア文字を認めた光太夫の筆蹟は，戦前に

筆蹟その一　にほへと」の七字とアラビア数字とを並記し

多くに年記と署名の上，「だいこう（大光）」または「いせ，だいこう」

を同じ字体であるが二つ書きならべ，下に小さくアラビア数字，その下

円熟枯淡の趣を示す。

筆蹟の二　「つる」とよめる。下は、「いせ、だいこう」である。同紙の大きさ竪三十六センチ、横五十一センチ。墨痕淋漓、雄渾なる筆致は、いまはやりのオブジエとか前衛書道のような技巧に走っていないだけに味わいが深い。山口喜兵衛氏所蔵、扇面形であるが、これと双幅とも見られるべき「まつ」と書いた幅もある。

ジ）が一つの傍証となる。彼はまたロシア文でメモを書留めたと称せられるが、現存の有無が明らかでないのでここでは資料にならない。注意すべきは、エカテリナ二世が彼を引見された時、思わず発せられたベンヤシコ（可哀そうに）とオホジャウコ（死者を悼む語）の二語をあやまたずつたえていることである（村山教授の説による）。またツァルスコエ＝セロでブーシュの妹がつくった歌謡の文句であるが、それについては別項で改めてのべる。

　また『北槎聞略』の本文の中で「魯西亜国字母、反切連綿法、五十韻、数目の字」を掲げて説明が施されているが、アラビア数字を除いて、ロシア字による綴字法は光太夫から教わったものと思う。その上『聞略』の凡例の中に、「石川・村上等が上つるところ、漂人らが齎し来りたる輿地図若干を摸写し、地名を訳するに国字を以てし……」とある通り、約二十面の地図が『北槎聞略』に附載されている。その地図の原版はすべてロシア製でありロシア文字でしるされたものと推定されるが、説明文をはじめ、一々の地名は片カナ書きにして翻字してある。これらもすべて彼の手が入っているにちがいない。

ところで前に引用した『漂民御覧の記』の中で、「言葉は覚え候にては無レ之候哉」との問に対して「是とても聞取にて御座候えば、誠に万分の一にて、まさかの所に至り候て、一向通弁仕候事相成かね、何かについて不便利なる事のみ御座候。唯饑凍(うえこご)え申候事無レ之までに用を弁じ候事に御座候」と答えている。「まさかの所云々(うんぬん)」の語にニュアンスは見られるが、これは光太夫の保身のためのカムフラージだろう。アダム＝ラックスマンの使命が失敗してむなしく去り、幕府の警戒が厳しい時であるから、その場の質問のほこさきをそらしたものと見たい。

レザノフとの交渉の際に光太夫の語学は幕府から利用されなかったが、ゴローウニン事件（一八一一—一三）の時には彼を起用しようとする動きがあった。また古河(こが)藩の重職鷹見泉石が光太夫からロシア語を習い、且つ彼が持帰った魯西亜(ロシア)字学を手

オランダ正月の図

芝蘭堂新元会（全部と部分図）

写した本があったという。ラミング氏によると、渡辺崋山は光太夫からロシア語を学んだとある。寡聞にして私はその出典をまだ明らかにしないが、泉石と崋山との関係から見てありうることである。しかし泉石は一七八五年生れ、崋山は一七九三年生れであるから、光太夫が帰国した一七九二年よりはるか後年の出来事でなければならない。芝蘭堂新元会の開かれたのは寛政六年（一七九四）末のことで、彼の帰国後間もない時であるが、ほかならぬ桂川甫周のとりなしで特に出席が認められたのであろう。つぶぞろいの蘭学者を網羅したこのつどいに招かれた彼は、満座の中で、ためらう様子もなく鵞ペンをとってロシア字を認めている有様は、ほほえましい。また彼がひけ目を見せ

大槻玄沢の子玄幹（清崇）の題詞に

　芝蘭堂新元会図、寛政六年甲寅閏十一月十一日、即西洋一千七百九十四年一月一日、距二今玆明治六年癸酉一正当二八十年一矣。

とある。当時蘭学者は最高の新知識者として陽暦一月一日に「おらんだ正月」と呼ばれた元旦の賀宴を開いた。これはその最初の会である。会衆二十九名、洋式にナイフ・フォーク・スプーンなどが並んでいるのもほほえましい。しかも床の間を背にした正客の席に坐ってロシア文字を鵞ペンで認めているのはほかならぬ光太夫であって、彼が当日の正賓であるのを示している。彼に向い合った僧体の人は甫周の弟で蘭学者で通人の森島中良であろう。光太夫をたたえて「流槎漫遊九州外、足跡徧歴三世界」としるし、萬象と署名されている。

ない人柄を具えているからこそ、学者グループの中に立交わりえたことを示しているのであって、ヨーロッパ帰りの唯一人者としてチヤホヤされたとのみ見るべきでない。彼が異国における窮迫の境地にありながら、その交友として彼を愛撫したのはラックスマンはじめパルラスであり、文学者ムーシン＝プーシキンもその一人であって、学者・文人たちである。彼ら三人は光太夫帰還に当ってそれぞれ餞別の品を贈っている上からもその交情のほどが察せられよう。

唯一のロシア語

前に書きもらしたのでもう一言つけ加えるが、光太夫のロシア語の知識は書物をそばに置いて教わった正規の学習でなく主として耳学問であった。その事を図らずも端的に示すものは、芝蘭堂新元会（いわゆるオランダ正月）の席上で認めた文字であるが、それはロシアの言語研究上、思いがけぬ資料を提供していると思う。彼は「正月」というロシア語を書いたわけだが、янвáрь（Janvár'）とすべき筈のものが Енуварь（Enuvar'）とかかれていて、綴字の上から見ればまさしくまちがった書方をしている。しかしこのЕнуварь（片仮名でかけばエヌワリ）という文字は、おそらく彼の自筆にかかる唯一のロシアの単語であろう。彼がロシア式アルファベットで「いろは」や「つる」などの日本語を書いたのとは全く性質を異にしており、言語学資料として得がたい貴重なものである。彼が具えていたロシア文の読書能力については目下はっきりした判断を下す資料はない。しかし、「一月」という語を文字――視覚を通しての読み方ヤヌワリとせずに、常日頃直接耳で聴き口でしゃべりなれていた音そのままにエヌワリと音でカナ文字にうつしたことは、十八世紀末ころ、彼が生活していたイルクーツクを主としてペテルブルグの半年余の間の聴き覚えの発音として差支えない。またその交友範囲と彼の素質とから推測して、耳でおぼえた彼のロシア語が猥雑なものでなく相当に洗練されたものと見られよう。そして、ロシアの知識階層または上流社会で使われていた言葉、いわば十八世紀末におけるロシア語の発音または当時の方言ともいわるべきものを、彼のすぐれた聴覚によって正確に習得したのであろう。その点で新元会のオランダ正月に光太夫が招かれていたことは、蘭学者の意図しない日露文化史上の意義を発揮している。エカテリナ二世の発せられた二つの歎声(八七ページ)もこれと軌を一つにしているといえる。ソフィアの歌詞(二一一ページ)が間違わずに片カナ書きに記録されていることから察してこの歌謡を甫周の前でうたったとすれば、おそらく曲譜そのままロシア民謡風にうたったことであろう。このような耳のよさは、浄瑠璃本を持歩いた事とも思い合せると、ロシアの首府で需められるままにあちこちで日本の歌謡をうたったこともあったにちがいない。ともかく、彼がすぐれた文芸的素質の持主であったことはこの点でもうかがえる。泉石や崋山との出会いは、それより十年あまり後、文化年度に入ってのことであろう。今日のこっている光太夫のロシア文字の筆蹟(一九九ページ)も文化末から文政にかけてのものが殆んどすべてである。

唯一人のロシア通

直接に語学そのものではないが、彼のロシアについての知識は学者から高く買われた。光太夫が薬園で監禁同様に強制的に住まわせられ、外界とのゆききがさえぎられていながら、その知識を利用するためには蘭学者との往来はみとめられていた模様である。そのような場合に桂川甫周が仲にたったことは疑いない。その著しい例は司天台の間（はざま）重富や大槻玄沢との交渉である。

大槻玄沢は仙台の伊達侯に仕え、甫周より少し若く、いわば弟分にあたるが、甫周に劣らない当時第一流の蘭学者で、蘭学に関する著書も多い。彼はレザノフ一行の来日のさい、送り還された仙台領若宮丸の漂流民津太夫らの口から滞露中の見聞を聴きただして『環海異聞』を著わした。玄沢はこの書を編むにあたって、とかく津太夫のいうところが曖昧で疑わしい所が多いので、誤りとおぼしいものについて一々光太夫に問いただしている。津太夫の滞露年数は光太夫より三年ほど長く、また光太夫はその半ば以上を辺陬（へんすう）の僻地で送っていたのに、津太夫らはイルクーツクに八年間滞在している。津太夫らにその気がありさえすれば、ロシア語やロシアの内情を正確におぼえ知る機会は十分あった筈である。その津太夫の話に疑いと不審とをいだいて光太夫の説を拠り所にしたのである。『環海異聞』の「序例附言」と題するところに、

漂客四人の内、一人も（ロシア国字を）習ひ得たる者なし。故に言語の類も、耳に覚て目にしらざる（ロシア文字を習いおぼえなかった）事故、間違へ多かるべしと思はる。ペトルブルカをヒゼルボルカ、ペートルガチニをパウラツケガハと覚違し類也。光太夫は既に文字をも習ひ受け来りし故、彼(かの)言語も字にて書覚へたりと見ゆれば、其臆記せるもの万分の一といふとも大いなる誤無き事と聞ゆ。

とあるによっても、若宮丸の漂流者の中で一番早くロシアに帰化した善六（二七一ページ）の如き漢字を知る者は、むしろ違例であって、津太夫らの無学無知なのが若宮丸船員の一般であったのであろうから、玄沢は漂流帰還者の先輩格で学問のある光

太夫に求める所が多かったのである。『異聞』の中には、「光太夫曰く」とか、「大光曰く」とかいうのが十二―三回も見えて、彼の言を引用したり、その説を重んじている。光太夫のいうところ必ずしもすべて正しいかどうかは別としても、玄沢を信頼させるだけの知識と才能をもっていたと見られる。また右にあげた「序例附言」の他のところに、間重富が世界地図作製または補訂にあたって光太夫のロシア語の知識に負うところが少なくないことをのべている。

洋学振興に対する桂川甫周の寄与

『北槎聞略』が書き残されなかったら、光太夫の人となりをはっきりと示すべきよすがはない。つまり甫周あっての光太夫だともいえよう。そこで寛政期における、この方面で果した甫周の役割を示す傍証として少し長くなるがつけ加える。寛政六年四月（新元会の開かれた時より約半年前）、オランダの甲必丹ヘンミイが江戸に参府した。よって甫周以下の蘭学者が蘭人客館（本石町長崎屋源右衛門方）に彼を訪れて疑義を質すことにした。しかし客館の出入はみだりに許されない制規なので、甫周はあらかじめ四月二十四日付で、若年寄の許に大要左の申請書を差出した。

松平陸奥守家来　大槻玄沢　松平越後守家来　宇田川玄随

松平越中守家来　森島中良　酒井修理太夫家来　杉田玄白

奥平九八郎家来　前野良沢

右者私蛮書同学之者に御坐候、何れも蛮書之内、年来積疑も御坐候間、紅毛人に直に質問仕候はば、従来考合相成候儀も多可レ有ニ御坐一と奉レ存候、不レ苦義に御坐候はば、私対談の砌右の者共一両人宛同道仕度奉レ存候、依レ之御内意奉レ伺候、以上、

右に対し、許可が下りたので、五月甫周は官医の栗本・渋川のほか前記大槻以下（杉田・前野は不参）らとともに蘭人客館に赴いて質疑した。またそれが先例となって甲必丹参府のたびごとに往訪する道も開かれた。これは甫周の将軍侍医として幕閣内における信頼の篤かったのを示すとともに、学問振興のために同志の便を

はかった宏量を示しており、大槻玄沢も「桂公の深志に出る云々」といって感謝の意を表している（大槻如電『新撰洋学年表』による）。光太夫は漂流先ではキリル＝ラックスマン、帰還後は桂川甫周と、いずれも一流の自然科学者の知遇をえていることは奇遇ともいえるけれども、彼の人柄がそうさせたのであって偶然とのみいいきれないものがある。

一七　ソフィアの歌

『聞略』につたえられた歌詞

ツァルスコエ＝セロ離宮の御苑長ブーシュの許で光太夫が寄寓中、彼と親しくなったブーシュの妹ソフィア＝イワノウナは彼の口からさすらいの苦難を聴き、その薄幸にいたく同情するとともに感興の赴くままに、その心境と郷愁の悲しみを歌詞にまとめ、曲譜がものされた。光太夫は帰国ののち、桂川甫周にこの歌詞をうたってきかせた。その歌詞とその和訳とはつぎのように『北槎聞略』の中に

ソフィアの歌譜

のせられている。

光太夫が身の上をブシが妹ソヒヤイワノウナ歌につくりてうたひはやらかし、都下一般にうたひけるとぞ。その唱歌は、

あゝ　たいくつや　我　他(ひと)の　国　皆々たの
アハ　スクシノ　メニヤ　ナツゾイ　ストロネ　フセネミ
む　みな〱すてまいぞ　なさけないぞやおまへがた　なさけないぞやおまへが
ロ　フセッポステロ　ドルガメロワネト　ドルガメロワネ
た　見むきもせいで　あちらむく　うらめしや　つらめ
ト　ナギレテラテ　ヤナシウェタ　チトッピワロ　ウテシ
しや　いまは　なくばかり
ヤーロ　ヲトム　プラッチノ

是は光太夫が訳せしなり。

人の心をうつ哀愁の歌詞とそれにふさわしい曲譜とのために、この歌謡はペテルブルグに流行し、やがてロシア全土にひろまった。数年ならずしてだれが作詞者か知られぬままに、別の替(かえ)

歌さえつくられた。幸いにも『聞略』の中ではっきりと歌詞とその作者の氏名とを書残したことによって、百六十余年の後、ソ連の日本学学者コンスタンチノフ博士の研究によって、歌詞と現行の曲譜との関係が明らかにされたのみならず、この歌謡のその後の変遷が明らかにされたのは奇しき仕合せである。いま博士の黙許をえてこれを紹介することは、前例のない歌謡を通じての日露最初の交歓として意義が少なくないからである。

歌詞の内容

『ノーヴィ＝ミール』(新世界) 誌一九六一年第五号にコンスタンチノフ博士は、「日本における最初のロシア歌謡」と題する論攷を掲載された。以下はそのあらすじである。それによると、光太夫は原作者の歌詞をあやまりなく殆んどそっくり、かな文字で伝えている。原詞を逐次訳すると、

ああ　たいくつだ　私には

よその国 (で)

何もかも懐しくない
何もかもいやだ
懐しい友はない
懐しい友はない
生きているのもいやだ
在りし日を思って

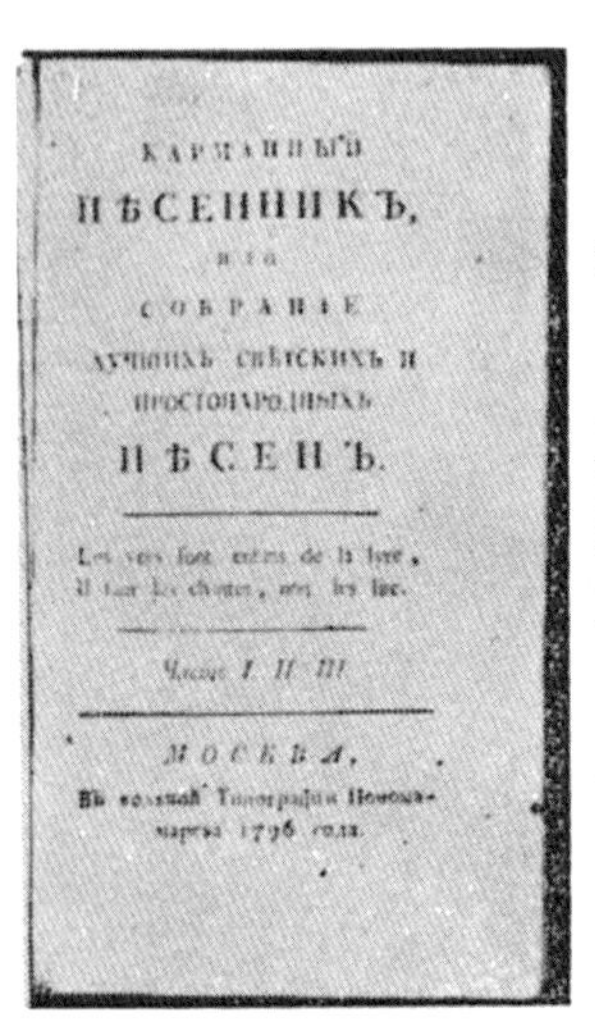

民謡集の扉

私は泣くばかりだ

ところで、この歌謡が二年後の一七九六年には、作詞者の名は示されないまま次のように書き替えられて、イワン＝ドミトリエフ編『ポケット民謡集』の中にのせられている。

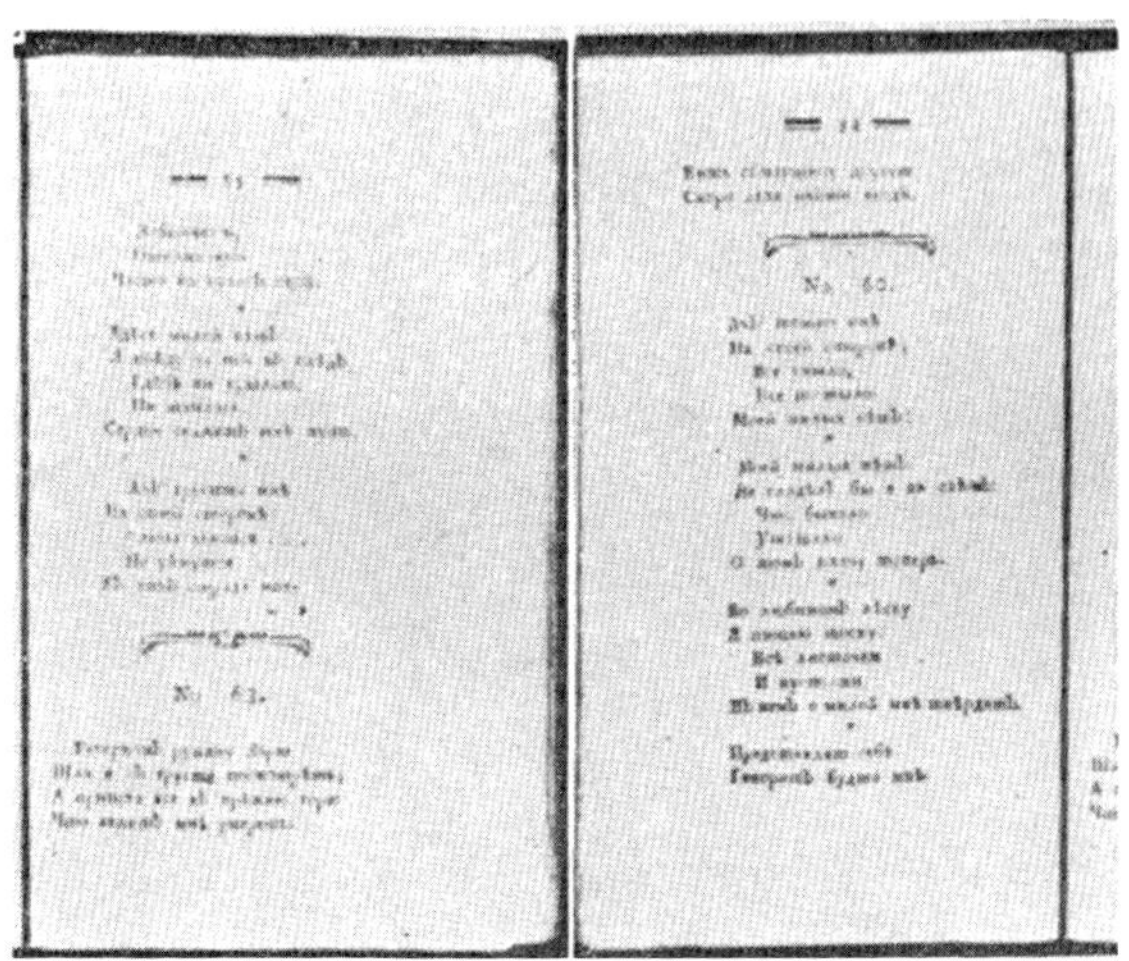

ソフィアの歌の首句

ああ　いやだ私は
自分の国で
何もかも陰気だ
何もかもいやだ
私の恋人（女性）はいない。

イワン＝ドミトリエフの編にかかる民謡集にソフィアの歌詞が一部作りかえられて採録されている。これはその民謡集の扉であるが訳出すると、

ポケット歌謡集　あるいは最良の流行歌・民謡集
（小さくフランス語二行）
詩はリラの子なり、
唱うものなり、読むべきものならじ。
モスクワ、ポノマリョフ自由出版所、一七九六年

右民謡集八四ページから八五ページにかけて、第六二番歌謡が一節五行、六節にわたっている。その中の第一節と第二節とは一部の作りかえはありながら、ソフィアの原作に準拠している。

ついで一八一六年の『最新歌謡集』（ペテルブルグ）と一八二二年の『男女用最新歌謡集』（モスクワ）との二つの歌謡集の中に、作者名は示されずにこの歌謡が採入れられているが、歌詞は光太夫がおぼえて帰ったものと完全に合致している。ついで一八五〇年発行の『ネレディンスキー＝メレツキー作品集』にも採録されている。彼はエカテリナ二世の子パウェル一世当時元老院役員で、先帝（エカテリナ）のお気に入りではなかったが、ツァルスコエ＝セロに出入りしていてソフィアの唄（うた）を耳にする機会があったのであろう。年月がたつにつれていつしか作詞者の名が忘れられて民謡の中に融け込んでしまったらしい。メレツキーは、ソフィアの歌詞をそのまま冒頭におき、そのつぎに自作の九節を附け加えて新しく抒情詩をつくった。「わたしは小川のほとりに出かけよう」という題である。

歌詞内容の変転

さらにおもしろいのは、この歌詞のその後の変遷である。数奇の運命をうたった哀愁の思いにみちた歌詞と曲とのおかげで、デカブリスト（十二月党、十九世紀前半のロシアの革命運動家のむれ）

の詩人ルイレーエフとマルリンスキイとが、この歌を農奴生活のつらさと農奴制に対するはげしい怒りの詞に作りかえている。彼らの替歌は一九三四年刊行の『ルイレーエフ全詩集』や、一九三六年の『ロシア民謡集』にのせられている。後者についてはつぎの歌詞で始まっている。

あゝいやだ　私は
生れた　国で
何もかも　不自由で
つらい　運命（さだめ）に
一生涯　そのまゝだろう
末永く　ロシアの民は
地主たちの　がらくた道具
人間なのに

家畜のように
いつまでも売り買いされることなのか

こうした農奴の苦渋を訴える歌謡に替歌されたのと対照的に、冒頭の「アハ スクシノ ムニヤ ナロドノイ ストロネ」(ああ 私はたいくつだ 生まれた国で)の句にはじまる、軍歌(兵士の歌謡)も有名である。

歌曲の人心に及ぼす神秘的な感動は理智を超越する。その由来や意味するものは忘れられ、歌詞そのものはいくたびか作りかえられながら、二十世紀半ばをすぎた今日まで民謡のかたちでソ連邦で唄われていることは、全く歌謡ならではのこりえないことであって、光太夫の姿が冥々(めいめい)の裡(うち)に現代ソ連人の中に流れているのはまことに造化の妙であろう。

一八　光太夫の人間像

以上は光太夫の遍歴の経路についての概略であるが、町奉行の訊問に答えて（『北槎異聞』）、老中（松平楽翁公）以下幕府要路の陪席した将軍（十一代将軍家斉）の前において（『漂民御覧の記』）、また幕命を奉じて「詳問訊究(しょうもんじんきゅう)」した桂川甫周に対して（『北槎聞略』）、問われるままに答えたさすらい十余年の見聞記事の内容は、かれこれをくらべて読むと、はなはだ多岐詳細にわたっている。しかし光太夫らにしてみれば、生きて帰られるか異郷に朽ちはてるかの苦悩にあけくれた年月であって、観光や視察を目的とした渡航とはちがう。まったく偶然の見聞や体験であるにすぎない。内容に精粗があったり、誤解や誤伝があったりして真相をつかんでいない点があったにしても、もともと異国の事象を咀嚼(そしゃく)しえられるだけの素養を身につけていない船頭上りの思い出話だということを念頭において考えれば、咎(とが)め立てするの

光太夫の観察眼

は無理である。それにもかかわらず、そのいう所は卒直で信憑度が高い。聴手にまわって話の糸口をたぐりだす桂川甫周の学識によることの多いのもさることながら、光太夫のすぐれた素質に基づいている。レセップスによると、「彼の洞察力は最も潑剌たるものがあった。……彼はとりわけ好奇心に富み、且つすぐれた観察者に見えた。人が私に証言した所によると、彼は見たところのすべて、並びに発生したすべての正確な日記をつけていた。……彼の面前で起りまたは語られる事柄に注意し、それを忘れぬようその覚を書留めておいた」とある（六三ページ参照）。大槻玄沢が彼にイルクーツクとペテルブルグ間の里程を質問したのに答えて、「予が道中記に録するものあり。……予が記する所は皆道中一里毎に算計せるものなれば誤る事なし」（『環海異聞』巻之七尺度並里程）と光太夫は自信にみちて断言している。玄沢が『環海異聞』起稿のころ光太夫の手許にまだ「道中記」があったことを証明している。「道中記」なるものがどんな内容のものか、またそれが現在どこかに残っているかもしれないが、それはいま穿鑿しないことにして、『環海異聞』の編纂される約十年前、甫周の問に答えるさい、これを参考したことは間違いないし、それがレセップスのいう「正確な日記」、または「覚(ノート)」でないとはいわれまい。彼がロシアを離れる間際まで筆墨紙を持ち歩いたことからも、まめにノートを書留めたことは事実であろう。

彼は東西数千キロにひろがる全ロシア領土の大半を、いわば掃溜めか吹きだまりのような土地を振出しとして、すごろくにたとえると最後の上りになって、普通の場合に、普通の人には見ることのできない場所まで、あらゆるものを見聞している。それらの体験談の中で、井底(せいてい)の蛙のような当時の日本人の好奇の目をみはらせ耳をおどろかせたものは、荘厳華麗な宮廷生活や、制度文物と、首都における公私の施設や行事などであろう。しかしそれよりも後世の人々に歴史的意味を感じさせるのはむしろシベリアにおける体験であろう。

彼の滞露期間約十年余を地方別にすると、はじめの四ヵ年はアレウト列島における原住民との間の生活で、統治者ロシア人は少なく、正しいロシア語を知る機会も多くない。つぎはカムチャツカ半島における一年半であるが、ここでは出先ロシア人と現地人のカムチャダールとの間に立交わっていた。ここではロシア人の多くが、節度を欠き統制のない荒々しい出稼者や流刑囚から成立っている社会であるから、正常なロシア的生活とはいわれまい。こうした野性むきだしの、あるいはすさんだ社会の中で前後五年間をあけくれした。そうした断面がもっとくわしく記録されていたら、シベリア民俗資料として貴重な文献となったであろう。ロシア本国との交通は行なわれていたにしても、十八世紀時代のシベリア誌は、ヨーロッパでも書きのこされたものは多いとはいわれまい。光太夫はカムチャツカとイルクーツクでの生活のほか、その地方からペテルブルグにかけてのシベリア交通路を夏・冬の二季、時をちがえて往復し、沿道の都市・村落の描写や旅の難儀をのべており、わずかではあるが原住民の生活や種族名など、当時におけるシベリアの実情の一端をつたえている上では、日本人の目を通したものとして、今日資料的価値は乏しくあるまい。

供述に対する彼の配慮

　ところがその体験談の中で当然語られるべき筈でありながら、ごくわずかにとどまり、あるいは全く素通りされて何らの記載もないものがある。思慮周密で眼先きのきく彼のことだから、帰還後国内情勢の動きを機敏に読みとって、差障り(さしさわ)のありそうな事柄には、興味のあることでも、わざと語ることを避けたり手加減を加えたと察しられる節がある。

　ロシアの北太平洋開発を早めたのは単に領土拡張のみでない。ベーリング海をさしはさむ広大な海域における毛皮獣漁業である。この莫大な収益はインドからすすんで広東(カントン)に出動したイギリス人の見のがすものでない。彼らは現地のロシア人を尻目にかけ、その利益を横取りしようと北太平洋への進出を計っている。しかしこの窮北極寒の地で大規模な事業に当るためには、差向き遠隔したヨーロッパから一切の必要物資の供給を仰がねばならない。ロシアにせよイギリスにせよ、悩みはそこにある。ロシアが日本との修交を切望するのもこの点に外ならない。英・露にくらべると、日本の北辺とこれらの地域とは目と鼻の距離と見るべきであろう。光太夫は漂泊のはじめの何年か、いやというほど毛皮獣猟によるぼろもうけを見せつけられた。船頭でありまたそれ以上すぐれた商人である彼は、流転の間に機敏な勘をはたらかせてわがものとした知識と体験を後の備えにしたであろう。もし日本が開国さえすればこの漁場にいずれは参加することも起りうる。差向き蝦夷・南千島方面での日露交易は開かれるであろう。いずれにせよ日本開国の能否は光太夫にとっての運定めであり、彼は万一を空頼みにしてアダム＝ラックスマンの先棒をかつごうとしたと想像するのは無理でない。ロシア使節が松前藩士、ついで幕府差遣の宣諭使と折衝のさい、何らかの形で光太夫がその席に立会う機会を与えられたら、アダムの父キリルの恩遇に報ゆるためにも、有効なはたらきをなしたであろう。若し帰還の時、松平定信でなしに田沼執政がまだ続いていたなら光太夫の供述は別の様相を呈しただろうと考えたい。彼にとって何よりも必要な先決問題は日露両国の善隣関係を結ぶことである。彼の答える場合、いつもロシアの善意を説いているように見えるのもその用意であろう。これは彼がロシアで受けた恩義に対する報謝の念から当然ではあるが、それだけではなく、幕府当局にロシアに対する警戒心を解かせ、安心感を植付けようとする意図であると考えたい。たとえばロシアの軍事行動について奉行所での問答に、

問　かの王城にありし中、王城及び外の郡県より大人衆出すなどという事なかりしや。また他邦遠地にても、戦争あるという聞えもなかりしや。

対　かくの如きこと絶てなし。遠方にも聞えず。又近年にありとも聞かず。彼国の今の勢い、人の風にては戦闘などいうことあるべしとも思われず。人

気いかにものろく、ゆるやかなり。且つ他国の釁（きす）をうかゞうなどいうような事絶えて見えず。人々さようの事は一向度外にして居るなり。又他国に備えて用心する体もあらず。（『北槎異聞』の中から）

とある。光太夫の首府入りをした一七九一年にはフランス革命の火の手がすでに隣接した国々に燃えひろがっている。ロシア自体でも、ポーランド分割によって祖国を失った亡国の志士が領土回復運動を計り、ロシアはその弾圧に従っていた。光太夫自身も、本国あての手紙の中には「いまこの国はいくさのさい中にて」（一七五ページ）と書いて、帰国の望みがかなえられるかどうかを案じている位であるから、町奉行所でのべたように、手放しでロシアの平和政策を信じていたとは思われず、幕府に対して恐露感を与えないための答弁であろう。

ロシアの社会生活や国民性については、『北槎異聞』の中で左のごとくのべている。

飲宴に酒を互に強(しい)ること、権勢の門に賄賂の行はるゝこと、人々博奕(ばくえき)を好む事、これはいづ方も異ることなし。

博奕は盛に行はるゝこと、君臣の間といへども亦同じ。王宮御宴には、王も大臣も打よりて博奕す。平人の会合・食饗、必(ず)賭博を以て歓を為し、飲酒と並び行ふ。

人の心寛裕にして、せわしきことなく、怒ること少く、厳格なることなし。其故にや寿長き者多く、道中にて相見し人に百七十二と云へる有き。

また罪人の処刑については、罪の軽重に従って笞(むち)・鼻切り・入墨などの体刑を加えるが、死罪は行なわない。重罪犯者はモーロシヤ・シビリ等の銀山・銅山の鉱夫として一生をそこに終わらせるといっただけで、それ以上何もいっていない。

ここで流刑囚について一言触れてみたい。政治犯者や兇悪犯人は十九世紀に至るまで絶えずシベリアの僻遠な地に護送された。その途中の悲惨をきわめたあけくれ、流謫地におけるけものと選ぶところのない陰惨・非道な生活については多くの文献で伝えられているし、囚人は隙さえあれば叛乱脱走を計っていた。ベニョーウスキー一味の海上脱走などもその一である。光太夫は東部シベリアの五年、またシベリア東西往復の旅の間にそれらの光景を見なかった筈はない。見たとすればシベリア風物誌として十八世紀末の絶好の一資料であるのに、鉱山入りの苦役をほのめかしただけなのは物足りない気がする。光太夫の心遣いがわざと口をつぐませたのであろうか。

もう一つ疑問なのは、光太夫の筆で本国の故旧に送った手紙の中でふれているように、フランス革命の遠雷がペテルブルグにも鳴り轟いていたのに、それに関する記事は彼からの、どの聴書にも見られない。おそらく光太夫は紛糾したヨーロッパの国際情勢についての知識をもたなかったのと、質問者である甫周も同様その方面の予備知識が欠けていたからであろう。

オランダ風説書

因みに、鎖国この方幕府に対してオランダは海外情勢を「風説書」という形で提供すべき義務を負うていた。『通航一覧』を検べてみると、そこに載せられているオランダ風説書は天明三年(一七八三)から文化二年(一八〇五)までの約二十余年の間が欠けている。しかしこの期間にも何回かの風説書は提出されながら同書に漏れたのであろう。現に寛政九年(一七九七)巳六月二十八日付オランダの甲比丹ヘンミイの上申した風説書が伝わっている。それによると、「ふらんす国臣下の者共徒党仕り、国王ならびに王子を弑し国中乱妨に及び、オランダ国其外近国よりも同所に押寄せ合戦に及び候段、去る寅年申上候」とある。寅年はその三年前の寛政六年(一七九四)で、すでにその年にも甲比丹から報告されたと見ていいであろう。『北槎聞略』が将軍の手許に献上されたのと同年である。甫周はこの「寅年」の風説書はまだ見るに至らず、従って質疑するに及ばなかったのであろう。ところが文化四年(一八〇七)に出来上った大槻玄沢の『環海異聞』の場合は、事情は少しちがっている。『異聞』の語り手の津太夫らが特派大使レザノフの船に便乗してロシアから帰還の途に上ったのは光太夫より十年後の享和三年(一八〇三)七月の事であって、かれらは航海の初め、バルト海・北海のあたりでレザノフ搭乗のロシア軍艦と哨戒中のイギリス軍艦とのトラブルに出会っている。ついでイギリスの寄港地からカナリア島まで十五日を費して大西洋を通過しており、英仏両国の争覇戦がまさに展開されようとしていた時に際会している。この千載一遇の機会に出会わせながら、『異聞』の中に全くヨーロッパの情勢に説き及んでいないのは、ひとえに津太夫らの無知に原因し、玄沢の質問する余地がなかったかも知れないけれども、十年前の甫周の場合とちがって、寛政九年の風説書を若し知っていたならば、当時蘭学の最高峰に立っていた該博(がいはく)な大槻玄沢がこの大戦について何らかの質問をしたであろう。十九世紀初めの日本の最高知識階級の世界情勢に対する認識の程が察せられるのである。

寛政期における日本人の対外認識の欠如

首府滞在中の行動や見聞についてはさきにのべたが、それに洩れた点で光太夫の観察眼の鋭さを示すものを付け加える。

奇警な観察

『聞略』の中に、

ムスクワ・ペートルボルクは勿論、すべて本国にては旧のロシイヤ語をもちいず、多くフランス・ネメッツの語をまじえ聞ゆ。礼法は全くフランスの制による。

とある。これは勿論誇張の表現ではあろうが、光太夫の交友範囲が上流社会であったことを雄弁に語っているし、十八世紀後半におけるロシア文化の一面をうかがわせる。フランスのブルボン王朝文化がヨーロッパ諸国の宮廷を風靡していた十八世紀ではフランス語が外交界また上流社会の用語としてヨーロッパ諸国でひろく行なわれた。プロイセン王のフリードリヒ二世はフランス語で詩文をものし、ヴォルテールに添削させている。トルストイの『戦争と平和』をよむと、十九世紀はじめロシアの将軍や大官は自国語を話さないでフランス語で会話している。ヴォルテールを重んじたエカテリナ二世をめぐる上流社交界ではフランス語・ドイツ語（ネメツとはドイツのこと）がロシア語にまざってさかんに行なわれていたことを見のがさなかった。彼自身フランス語の片言ぐらいしゃべれたかも知れない。

光太夫の風采

光太夫の容貌（ようぼう）・風采はどんなだったろう。単に外観だけでなく、内にひそむ知性的なもの、高貴・卑賤の性格がどのように容姿の上に反映されたか。その点についてわずかながら語られているものにレセップスの描写がある。両人の偶然な邂逅（かいこう）は光太夫が苦難五年のあとカムチャツカの厳寒と食糧難のどん底で、憔悴（しょうすい）の極の時であった。レセップスによると、身長は五尺あまりで釣合がとれており、感じのいい顔立をして中国人のように眼は釣上っていないとのべている。つぎに断片の記事であるが、光太夫が帰還の第一歩を踏入れた根室では、「愛嬌ある眼は支那人の如く暗く濁れることなく、鼻は高く鬚は之を削れり。毛髪を発生のままに任せてフランス風に理髪し」たと彼の風丰をつたえている（一二七ページの挿絵）。また参考程度に止まるが、彼の容姿を察する資料としては、彼の遺子亀二郎についての描写である。それには「状貌魁梧望レ之若二武夫剣客一」とあるから、子供の亀二郎は堂々たる品位を具えた偉丈夫であったらしい。

これらを合せて察すると、光太夫は状貌魁梧というような偉丈夫ではなく、当時の日本人並みの中肉中背の男であったと見たい。しかし「武夫剣客」をしのばせずとも、犯しがたい品格を身につけていたことは、レセップスの言と合せて見て必ずしも不当ではないであろう。

彼は単にあらくれで無知な船乗でなく、相当の商家の出で育ちのよさからおのずとたしなみが身についていた。窮乏流転の十年余を重ね、いよいよロシアを離れるさい、記念として残すまで佩刀・小袖・羽織袴を持ち歩き、必要のおりには一着に及んで威儀を正すことをわすれなかった。筆墨紙と二顆の印形を坐右から離したことがなく「道中記」をしたためたり、浄瑠璃本の十余冊をわきにおいて心の糧としたことなどに彼の教養のほどがしのばれる。このような起居振舞が容姿の上にあらわれない筈はない。レセップスの記事によっても円満な常識と機智を具え、部下を統率し愛撫する一方、毅然として屈しない態度を外に示している。光太夫がペテルブルグ入りをした時、彼は多年漂泊の風雪に鍛えあげられた不屈強靱さと、商人としての如才なさがまじりあった苦みばしった四十がらみの男であった。

露都における彼の人気

そこでもう一度かれの顔立に戻るが、レセップスにも根室での印象にも、中国人のように眼が吊上っていないとか、暗く濁っていないとか、という表現、その上愛嬌があるとまでいっているところから察して、眼もとのすずしい、魅力のある好男子であったにちがいない。そうでなければ、ポチョムキンを嬖愛した女帝エカテリナ二世に拝謁したおり、「可愛そうに」と玉声を発せさせたり、上流や富豪の階層の間であれほど人気をえる筈はない。ところで彼は漂流の前に、すでに三十に達していた旦那であるから、茶屋酒の味は知っていただろう。「伊勢は津でもつ」の津の城下には繁く行かれずとも、港町である地元の白子の色街で手踊りや小唄の二つや三つの隠し芸を習いおぼえていただろう。異国人の芸をペテルブルグで所望されたとしてもふしぎでない。また彼は露都で遊女にどのようにもてたかをぬけぬけとのべているが、りりしさと愛嬌とをかねていた好男子だったとしたら、それも（異国人であるだけ）ありうることである。『聞略』によると、七月のある夕、秘書や外相その他高官につれられてある貴族の避暑の宴に招かれた。その帰りみち、秘書夫婦らに案内されて娼家（遊廓）に登楼した。ペテルブルグにおける高級の遊里の情景や、当夜のあそび具合が事細かにしめされている。そして「此日は酒宴のみにて黄昏（たそがれ）（緯度が高いので夜十二時過であろう）過る頃皆々一同に帰りける」。その後日談を少し長いが引用すると左の通りである。

其後光太夫王宮よりの帰るさに、ふと彼家の前を通りければ、腰元ども(禿)目はやく見つけ、ぜひにとてうちに伴へば、家内の娼婦共残らず出来りてさまざまにもてなし、こよいはこゝに宿し給へとて酒飯を勧め、さて相手を定むべしとて名妓五人を選み出すに、珍しき嫖客なれば、誰かれと相手を争ひし故、鬮にて相手を定めけるに、ヱリソウェタといへる娼婦鬮にあたりて相手に定りたり。されども五人の妓女ら終夜光太夫をとりかこみて此方(日本)の娼婦風俗、青楼の光景等を問ひ、夜と共に語りあかし、翌朝立帰らんとせし時、ヱリソウェタより帛の襟巻一筋・画三枚・銀三枚おくる。固く辞すれどもきかざる故ぜひなくうけて帰りけるとぞ。其後また此所を通りし故、先頃の礼をのべんとして立よりければ、鴇母(やりて)夫婦出迎へて、今宵は我々夫婦のもてなしなればしいて一宿し給へとて、盛筵を設けてもてなし、此方の物語などうちききつゝ夜明けて帰らんとせしとき、銀十五枚おくりけるとぞ。光太夫帰国のせつ暇乞に立よりければ、エリソウェタはメリヤスの脚袢に旅中備用の薬などとりそろへ、餞別にとて贈りける。光太夫は娼家へ行く毎に種々の贈物を得ければ、キリロ笑ひて云うよう、さても光太夫は果報の者かな、今より万事をすてて娼婦に物もらう事を生活にせよ。上もなきたづきなるべし、と戯れしとぞ。

光太夫の艶福のありさまが目にうかぶであろう。別項でのべた「ソフィアの歌」が、百五十年後のいまもなお民謡としてロシアでうたわれているのも、彼のうちに異性の情緒をそそるなにものかをもっていたことを物語っている。

一九　将来品について

光太夫がロシアから持帰った品はどんなものか、またその行方はどうなったか。

根室まで一緒に戻った小市（こいち）は不幸にもそこで仆れた。幕府はそれを憐んで小市の後家に亡夫の持物を点検の上で下げ渡され、品名目録はくわしく明記されている。そのうち、「玉面銀、国王の印一枚、是は公儀に御止め被レ成候」とあって、女帝から拝領した磯吉のと同じ銀牌は召上げられたが、他の服装品・銀・銅貨など四十七種、数にして百点ほどと、別に「本国より持参の品」で再び持帰った小市の印形などの品々である。ところで光太夫と磯吉とが持帰ったものについて、この場合のような目録が文字として書きのこされたかどうか、私は知らない。アダム＝ラックスマンは可なりいろいろの品（一一五ページ）を幕府および有司の者に贈ったと見られるが、宣諭使となった石川将監・村上大学の報告の中に、

将来品の始末

於二松前表一異国人相贈候品々之内、書物類は不レ残差上申候。其余之品々、御老中方御一覧被レ下、御用之品御納戸納め仕度奉レ願候所、入二御内覧一内三品御留めに相成、残り之品々は両人え被二下置一候。

とあることから見て、光太夫持参の品のうちで金牌をはじめ書籍・地図の類は留置きになったであろう。その中にはエカテリナ二世の油絵肖像も含まれたろう。それらを除いて『北槎聞略』に附載されている、着彩で忠実に摸写された二巻の器什・衣服の類のものは光太夫の私有物と見て差支えあるまい。それら多種多様で、数量の上でも少なくない品物や貨幣類は、その一部が上納されまたは幕吏の手に帰したにしても、多くは光太夫や磯吉の手許へ下げ戻されるのが当然である。あとで触れる筈であるが、光太夫の子亀二郎の死後、安井息軒が撰文した「梅陰先生大黒君碑銘」の中に、

母嘗病、薬餌不レ給。乃典下其父所レ獲二於蕃中一奇器数事上以継レ之。既愈、則多方営求、完二子母一而贖レ之。

の一節がある。これは亀二郎が母の病気に支払う薬代や養生の費用に差支えたので、やむなく父の光太夫がロシアから持帰った珍らしい器物数点を質物に置いて

支払いをすませたが、病気が直ったのち、八方に手をまわし、元利金そろえて父の遺品を買い戻した、という意味であろう。そうだとすれば、光太夫の生前はもとより、子の代になっても相当数が大黒家に残っていたことになるが、亀二郎は独身で終ったからその死後遺品の行方は明らかでない。しかしさきの引用文の示すところでは、石川・村上両宣諭使はラックスマンの進献品の若干を分与されているから、もし両氏の子孫が今日健在であるなら、何らかの手がかりはえられるかもしれない。また桂川家の外戚で今日も甫周の遺品を秘蔵されている鎌倉の今泉源吉氏の許で、私は『聞略』附巻の衣服図の下絵と見られるものを、他の品々の間に発見することができたが、光太夫の遺品に関するものはなかったように記憶する。しかし根気よくさがせばどこかで見つけられると希望をいだいている。磯吉の遺品についても同様のことがいわれよう。現在光太夫持参の遺品として確認しうるのは、鈴鹿市中若松の旧亀屋菩提寺緑芳寺に伝わる二点だけであろう。そ

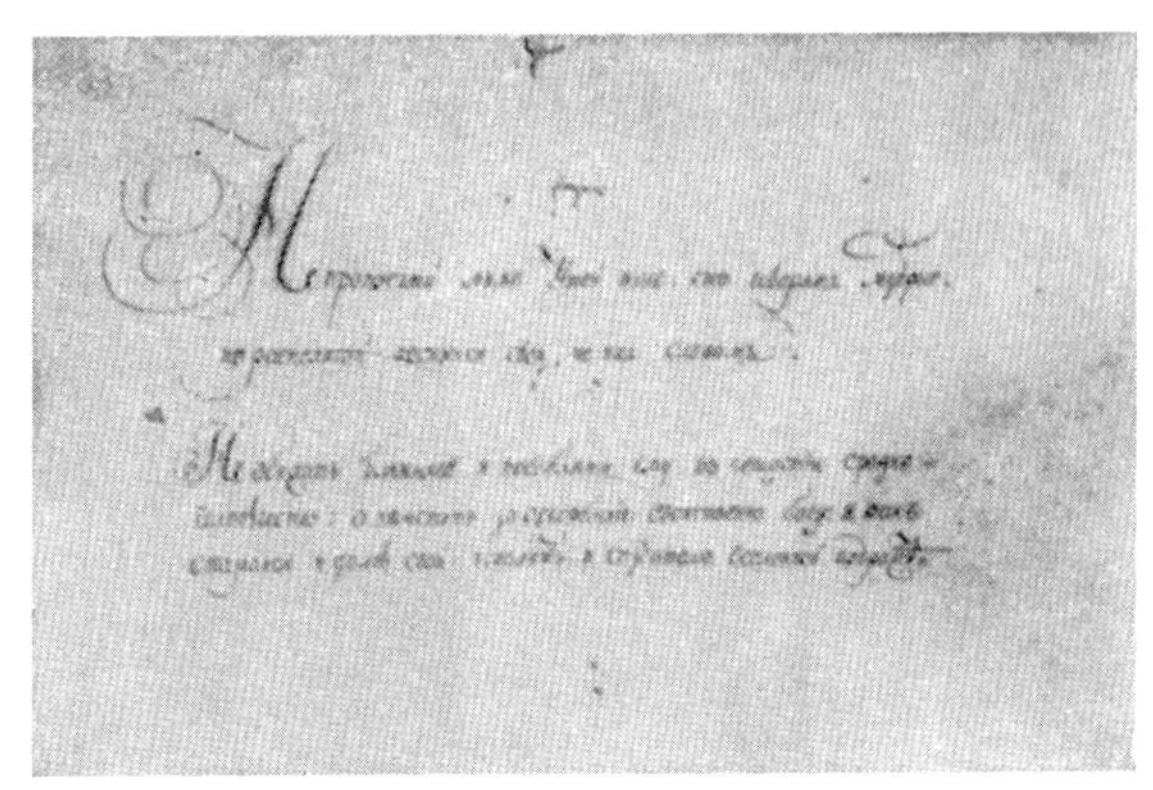

緑芳寺所蔵　ロシア文の箴言二つ

上のものは，「賢者の言によりておのが行を正せよ」，下のものは，「朋友を辱むるな，不幸に際して人を助けよ，凌辱者に復讐する勿れ。斯くておのれが本分を守りて造物者に倣へよ」の意。新村出博士の「伊勢漂民の事蹟」の訳による。

の中の一つ、一ルーブル銀貨をおさめた円形の蓋物のふたうらには、「檀家南若松村、中川光太夫より譲り受く。寛政七年乙卯八月、川曲郡(後河芸郡)中若松村緑芳寺住職櫟信暁所持」と記されている。他の一点はロシア箴言であるが、それにはその由来書が添えられて「魯西亜国文字」と題したつぎの行から「千七百九十一年六月魯西亜之皇都サンクテヘテルフルカ之住人エネラウアンセウ(日本太政大臣相当官名也)キニヤシレヒニン姓名嫡男イワンレヒニン生年十四歳ニテ書レ之」、行をかえて「本朝寛政七乙卯年八月、勢州若松緑芳寺奉二納之一畢(おわんぬ)」。その左下に横書にしてロシア文字で上に伊勢、下に大光と二列にかかれている。この箴言については、新村博士の「伊勢漂民の事蹟」に精細なる考証と解説とが施されているから、それに譲っておく。

貨幣については光太夫の知識の一面を明らかにしているので少しのべてみよう。まず、エカテリナ二世在位時代のロシア貨幣について一言する。当時金銀貨はおもにペテルブルグ、およびモスクワで、銅貨はエカテリンブルグ（現在のスウェルドロフスク）およびイルクーツク附近のウディンスクで鋳造されるが、最後のものは主としてシベリアで流通した。また紙幣は女帝即位後間もない一七六九年はじめて発行されたが、これは銅貨とのみ交換されて行なわれた。光太夫ら帰還者三名の持帰った貨幣は金・銀・銅貨合せて少なくも二百以上に達し、光太夫の分だけでも百五十個に及ぶであろう。その中から種類のちがったものを選び、二十一の拓影にしたものが『聞略』にのせられている。その排列の順序、表裏上下の位置、直径・重量・価格、鋳造所と発行年代、その時の主権者名まで正確に記入されて、殆んど誤りを認められない。彼はまた紙幣流通の便利なことをたたえている。シベリア往復は勿論イルクーツクやペテルブルグ滞在中常に使用していたからにもよるが、それにしても、ロシア貨幣に関する書物と照し合わせてみても、光太夫の叙述が精細で経済的常識の豊かさを物語っている、つぎにのべるように鋳造所のマークまで知っているのには驚かされる。

緑芳寺所蔵の銀貨

ところで緑芳寺所蔵の銀貨は、一七六八年鋳造にかかり、『聞略』所載の一七六五年のものとほぼ同じ系列に属する。表面は右向の女帝像を鋳出してその下にモスクワ鋳造所のマーク（MMД）が示され、像を取巻いて、全ロシア女帝、至仁なるエカテリナ二世の文字を陽刻し、裏面は帝冠を頂く双頭の鷲（双頭の鷲はロシア帝室の紋章）が翼下に剣とギリシア十字をつけた宝玉とを持ち、一七六八年、一ルーブル貨幣、

（表）

（裏）

銀貨

と刻まれている。直径約三・八センチ、重量約二四グラムである。

さてこの二点が光太夫の将来品の一部であり、彼の手にあったものが寺に奉納されたと見ることには疑いを容れる余地はまずないが、寺蔵の由来書に疑問がある。同寺第五世玄覚、櫟（くぬぎ）信暁師の住職当時（安永三（一七七二）―文化六（一八〇九））の寛政七年（一七九五）に奉納された点を一往信じることにしても、その筆跡は第七世玄覈（かく）師（明治二十六年寂）であって、信暁玄覚師のものでない。勿論、大光に相当するロシア文字はまちがっていて、光太夫のかいたものを摸写しての誤りである。つぎに「中川光太夫より譲受く」という中川姓が問題になる。これについての考証は煩わしいからやめるが、別項（一五六ページ）でのべた『緑芳寺過去帳』によると、明治になって中川姓が名のられており、この蓋裏の筆者が明治二十六年に示寂した第七世玄覈だとすれば、玄覈師の手で「中川光太夫」と書改められたかもしれない。光太夫が帰郷した証跡は認められないから、これら二点は故旧か近親の手を経て奉納されたのであろう。そしてこの真物が大黒屋系統の心海寺に納められずに緑芳寺に現存することは、光太夫と亀屋と無縁でない一証を提供している。納入の経路やいきさつについてはいろいろな疑問がもたれるにせよ。彼の持帰った真物のたしかなものが現在の所この二品だけとすれば、これを珍蔵している緑芳寺に対して多としなければならない。

『聞略』所載の品目

つぎに原物存在の有無は別として、光太夫らが持参した品物の内容の一斑は『北槎聞略』の附巻の器什・衣服の二巻で知られるし、殊に原物そのままの着彩で忠実に写生されている。その品目は左の通り。

きせるの図

杖（魁藤（まるとう））

顕微鏡（むしめがね）　外函　同小道具

火珠（ひとりたま）　戒指（ゆびがね）　耳環（みみがね）

剃刀（かみそり）　剃刀函　皮砥（かわと）　櫛（くし）

器什

金牌

銀牌

鼻煙盒（かぎたばこいれ）　煙盒の外函

時規（とけい）　時規の外函

掛版（かけえ）（エカテリナの像）

中刀（わきざし）　鞘（さや）

鏡　鏡篋（かがみのいえ）

墨斗（すみつぼ）　筆

火刀（ひうちかね）　火石（ひうちいし）　ほくち

燭台　煙管頭（がんくび）

煙管（きせる） らう
玻瓈菓盒（びいどろのくわしいれ） 水注（みづつぎ）
茶瓶（ちゃだし） 茶鍾（ちゃわん） 皿
錫の鉢 小刀 丫（くまで） 匙（さじ）
銅匙 木匙 鼻煙盒（はなたばこいれ） シチョルカ
鍼筒（はりつつ） カテリニカ
パラツカ

衣服

外套（うはぎ）（カフタン） 祻服（どうぎ）（カンゾロ）
袴（シタノイ）
汗衫（じゆばん） ルバシカ

褌（したばかま）（ポロキ）
カレータ
股ひき（シャラワリ）
暖袍（きむさしのぎ）（トロッポカ）
雨衣（かっぱ）（セネリ）
私服（ふだんぎ）（セリトーカ）
ポロシュバカ
裘（バルカ）
単衣（ハラーテ）
ルバシカ
帯（クシマテカ）
氈笠（けおりのかさ）（シリャツパ）

セーチカ（蚊幮(かや)）　靴（チェフェリ）
皮帽(シャフカ)　婦人の靴（パシマカ）
めりやす頭巾　護頭(えりまき)　チャプタ　靴
手巾(てぬぐい)　皮の手袋　革履（トロパス）
莫大小(めりやす)裏脚(すきやはん)（ケウキ）　襪（サッポキ）

またラックスマン来朝のさい、書籍・地図の類が幕府へ進物とされている。ほかに光太夫も若干の図書を持帰った。しかしそれらは府庫に納められたわけだから、よくさがせば現存するものが少なくない筈であるが、私にはそこまで手が及ばない。博覧の人の示教をまちたい。幸いにも地図については、その相当数のうつし(十鋪)が、『北槎聞略』に附載されておる。

持帰った地図

一、皇朝輿地全図　魯斉亜(ロシア)国人製
二、地球全図

三、亜細亜全図

四、欧羅巴全図

五、亜仏利加(アフリカ)全図

六、亜墨利加(アメリカ)全図

七、亜細亜亜墨利加対峙図

八、魯斉亜国皇城図

九、魯斉亜国疆界全図

十、魯斉亜国疆界分図

『聞略』の凡例によると、「石川忠房・村上義礼等が上(たてまつ)るところ、漂人等が齎(もたら)し来りたる輿地図(よちず)若干を摸写し」とあるから、石川らが進献したものと光太夫らのものとの中から代表的なものを摸写したと見てよいであろう。少し煩わしくなるが、上記地図の大きさとおもなものの内容についてしるしてみたい。

第一の日本図は一七八六年作の原図摸写で、「魯斉亜国人製」とわざわざ注記されている。大きさ竪約四七センチ、横約六〇センチ、全部ロシア字で日本の地名が記され、日本字が傍書されている。しかるにこの図は、十七世紀中ごろデュランが製作し、一六七九年タヴェルニエの著書に縮写してのせられた日本図そのままの複刻で、しかも耶蘇会士の製図によったきわめて不精確なものである。その後百年間における地理学の進歩はダンヴィルの地図その他はるかにすぐれたものがあるのに、十八世紀末に、極東に関心の強いロシアで故さらこんな時代離れのした日本図が流布していたのがあやしまれる。第二の「地球全図」から第

輿地全図」

ロシア人製「皇朝

六「亜墨利加全図」の五図については省く。第七の「亜細亜亜墨利加対峙図」を見ると、陸のシベリアは可なり詳しいが、沿海州・日本海方面とわが国の方はいい加減である。アムル河（黒竜江）口とサハリン（樺太）とは切離されているが、この点、自信があって製図したとは信じられない。またカムチャツカのペトロパウロウスカヤ湊からアレウト列島への航路図が引かれ、一七四一年ベーリングおよびチリコフがそれぞれアメリカでは別の地に着岸したことになっている。総じてあまり正確ではない。第八の「魯斉亜国都城図」は、十八世紀末における首府ペテルブルグを可なりの精度

アメリカ対峙図」

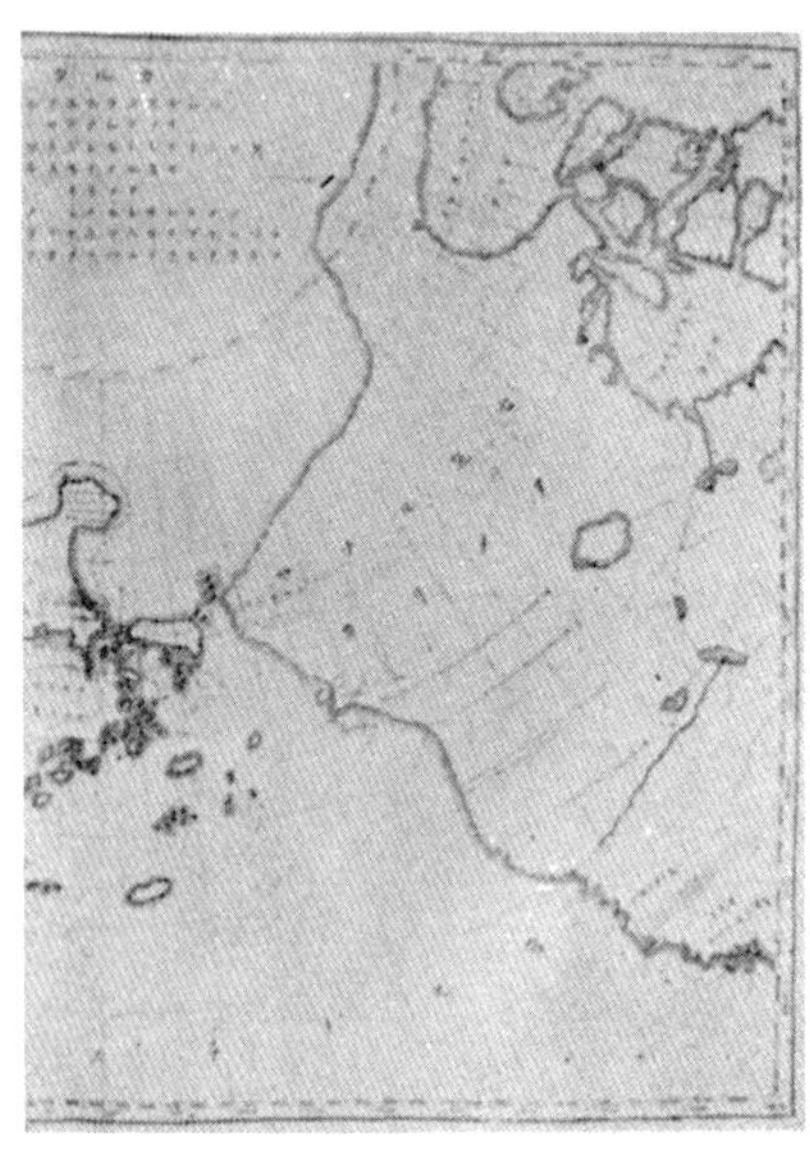

光太夫帰還のおり、ロシアから持帰った地図の一つで、『北槎聞略』に附載されている。十八世紀後半における両大陸、殊に、その中間諸島に関する当時の知識の程度を示している。

をもって描いている。主要の施設や建造物に対しては、図の左右の欄で、イからスまで四十七、一から十九まで十九、甲から己まで六、合せて七十二の記号をつけてその下に略解を施し、皇居とそれに属する建物や園池・寺院・学校・兵舎・病院・商工業機関・遊楽場・大官富豪の邸宅等の所在が一々明らかにされている。またネワ河口デルタには整然

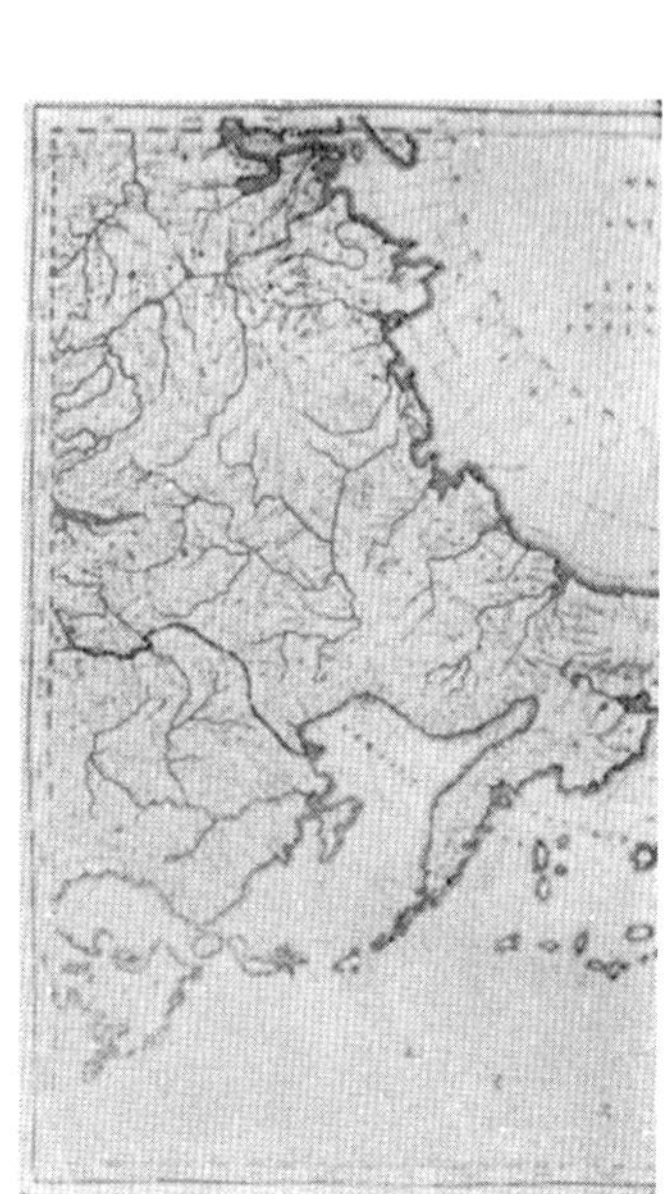

「アジア・

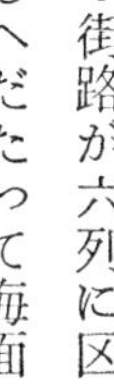

たる長方形の街路が六列に区別され、少しへだたって海面に突出した所に「国王の船蔵並に船を作る処」があるのは、クロンスタット軍港のドックであろう。当時の首府の全貞が目にうかぶようで興味ふかい。第九の「魯斉亜彊界全図」は名の示す通りロシア全図である。竪一八センチ、横三八センチの横長のもので、その東半はカムチャツカを中心に光太夫の漂着地アムチトカ以東からイルクーツク西辺に及んでいてある程度正確であるが、サガリンがオホーツク海上に大きくうかんで大陸と可なりの距離をもっているのは第七図よりはるかに杜撰（ずさん）である。第十の「彊界分図」はヨーロッパからシベリアに

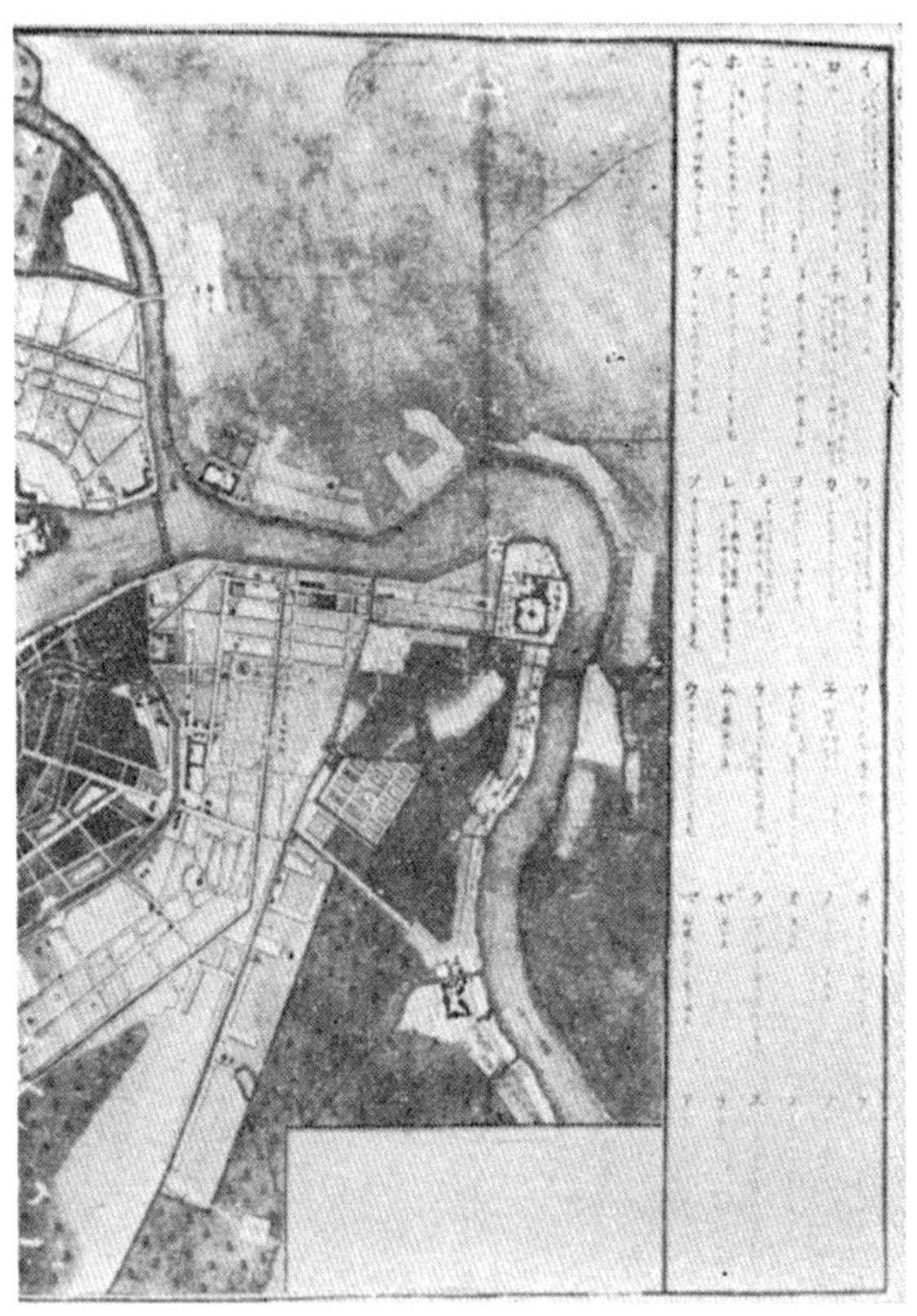

ブルグ図」

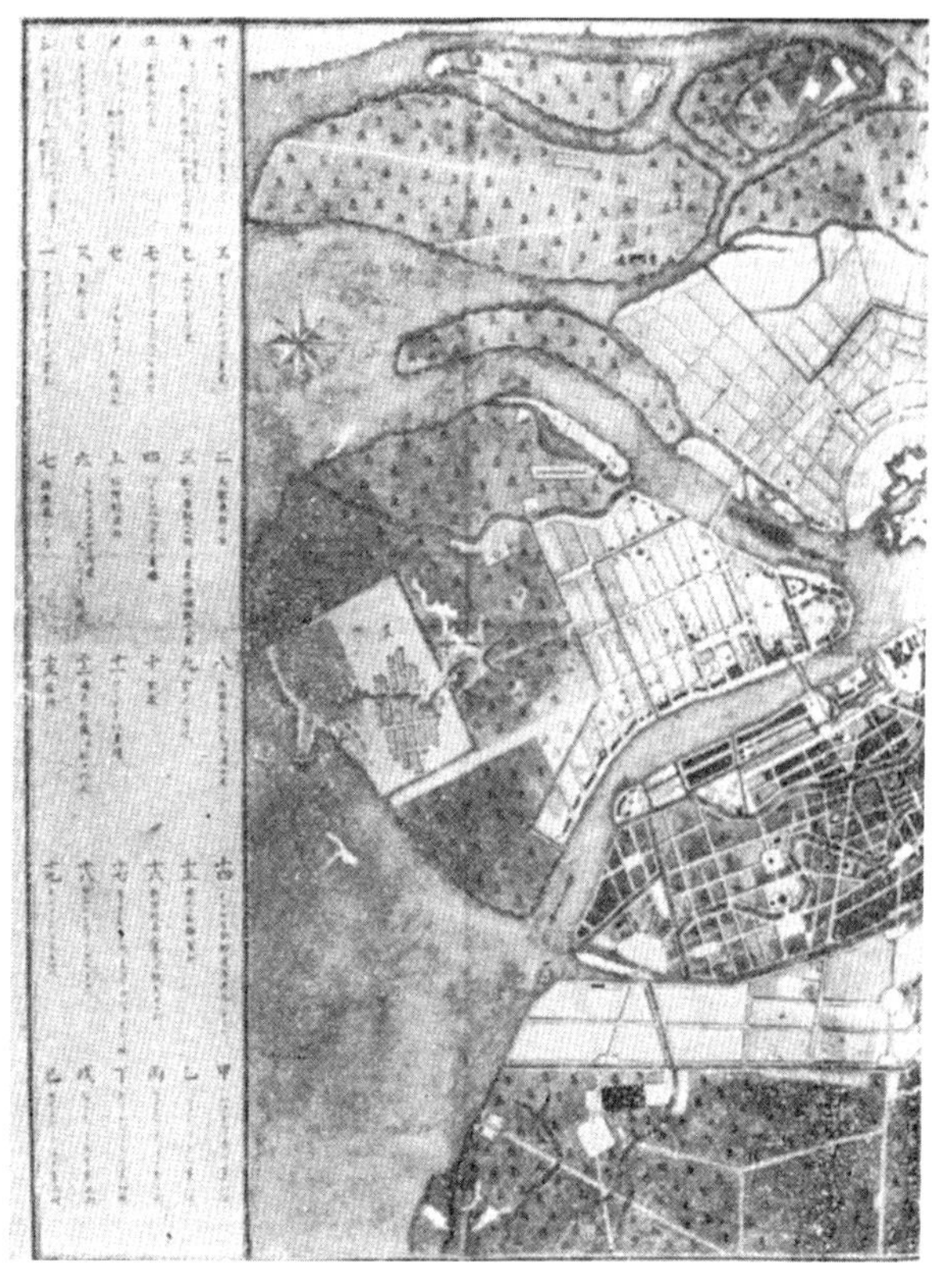

「ペテル

かけての部分図で八枚、各々竪一八センチ、横二二一センチ。当時の露清国境線をみる参考になるであろう。

地図全体を通覧すると、ロシア製の原図をそのまま忠実に摸写し、そこにある地名を光太夫の解読に従って片カナ書に翻字したものであるが、地図のかき手は一筆とは認めがたい。作図上に巧拙が見られ、同一地名がちがって表わされていたり、誤字（光太夫の下書を誤読）が見られる。たとえばラドガ・オネガ・ペトルボルカとあるのと、ラドザ・オネザ・サンクトペテルスブルク（サンクテペテルブルガ）とあって、もちろんラドザ・オネザは誤りであるが、ふしぎにも首都のカナ表示はこっちの方が詳しい。しかしこれ以上の追及はやめておく。

光太夫がロシアで描いた日本地図の誤りについては別項にのべたが、序にいま一つ附加えたいことがある。レザノフの坐乗したナデジュダ艦長でロシアの大航海家のクルーゼンステルンの『日本紀行』の中に、……一八〇二年聖ペテルブルグにおいて太平洋の北東部におけるロシア人の諸発見に関する海図が刊行された。……こゝに初めて、しかも相当の正確さをもつて蝦夷の西海岸の記載が見られた。……しかもこの海図の特に他と異つている点は、蝦夷とサハリンとの間に一島がカラフト又はシシャといふ名をもつて記されていることである。蝦夷の西海岸並びにこのカラフトの島も、ある一つの日本の海図を典拠として記るされている。この日本の海図といふのは日本人コーダイが携えていてロシアにのこしていつたものであつた。……この海図を最初に実地について吟味した結果、この海図の甚だ優れていることが明かにされた。

日本で大掛りの蝦夷地探検調査を行なったのは第三章でのべた通り天明五・六年（一七八五・六）で、光太夫はその三年前に漂流しているから、天明度の調査結果を勿論知る筈はない。また光太夫がペテルブルグに入ったのは海図が刊行された一八〇二年に先立つこと十一年前のことである。ロシアの大航海家であるクルーゼンステルンが、海図の典拠となったとして賞讃するような優れたものが、かりに日本に製作されていたとしても、年代的に矛盾する。果してそのような優れたものがあったのか、またロシアでそうした日本製海図を入手したとしても、光太夫が持参したというのは何かの誤りであろう。軽々に論断しにくいから後考にまつことにするが、一まず光太夫にかかわりがないとしておく。

二〇　抜荷説について

レセップスの疑惑

光太夫の漂流について、ヨーロッパ学者の間では、抜荷（密貿易）を目的としての航海のあげくのことではないかとして疑っている。別掲のレセップスは、光太夫一行が「千島の最南端の島に出かけて島民と商売するつもり」であったと見ており、従って「漂流中陸を見ないこと殆んど半年に及んだ」という光太夫の言葉を「私には甚だ疑わしい」といっている。また船から取出した品物を「一部分カムチャツカで売払った事を知った」としるしている。これらの記事を取上げて、ドイツの学者ラミング氏はその著『十八世紀における日本漂流民の旅』の中で、そのころエトロフその他千島南端の島で日本人とロシア人との間に抜荷が行なわれていた事実をあげて、光太夫にもその疑いを寄せている。抜荷ではないが、一八〇二年ロシアで刊行された北太平洋北東方面に関する海図は日本人光太夫がのこしたものを典拠としたと、前記のように、クルーゼンステルンに言わせている。

ラミングの同調

これら一連の記事は光太夫が千島方面につよい関心をもっていたことを思わせるものであり、果してそうであるならば、彼に対して抜荷行為の嫌疑をかけられうる。ここに彼の抜荷行為の有無を詳しく取上げる遑はないが、一わたり私見をのべよう。

江戸時代の抜荷取締

鎖国この方江戸幕府は海外交通・貿易制限のために抜荷すなわち密貿易はきび

しい御法度であって、漂流者が帰還した際の持物の検査はきわめて厳密であった。幕府編纂の『通航一覧』の海防部の中に「抜荷禁令」の項があって抜荷に関する禁令を年代を追うて記載している。その殆んどすべてが清国を相手としての取引であり、抜荷もこっちからの品物よりも彼からの輸入品、ことに薬品が主である。幕府側にすれば金銀の海外流出を憂えての禁令と罰則であって北海方面には及んでいない。ところで抜荷はいわばのるかそるかの大ばくちであり、成功すれば一攫千金のぼろ儲けであるから、当時においては生命を張っての大仕事であろう。漂流か抜荷かの判断については、『韃靼漂流記』、一名「異国物語」にのべられている越前国三国港から出帆した竹内藤右衛門一行の行動について、かねて学者の説が分れて論議されたことがある。光太夫一行の漂流をこれと並べて考えるのが適当か否か。ここには単に光太夫だけにしぼってみたい。

光太夫がもしはじめから抜荷を目ざしたとするならばぼろの出ないよう、予

抜荷説に対する筆者の反論

め水ももらさぬ用意が十分されたであろう。白子における江戸向けの回漕業は、両地における積荷問屋・廻船問屋の間に緊密な連絡がむすばれ、出帆に先立って、積荷される商品と数量とがくわしく記載されて報告される。光太夫が抜荷を目的としたとすれば、乗組の全員がぐるになって地元問屋筋の監視の目を掠めて一般積荷のなかに抜荷用の商品を積込まなければならない（白子と江戸両地における積荷問屋・廻船問屋ぐるみ一体となって抜荷を見て見ぬふりをする慣例でもあれば別であるが、私にはそうとは考えられぬ）。江戸を通りぬけて蝦夷地または千島方面へと往復する日数を考えるならば、順当に行ったとして往復に相当の日数がかかるはず。千島の海面は夏期でもとかく濃霧にとざされ航海が困難であり、冬期の航海は全く杜絶されているのに、光太夫らはわざわざ真冬の季節をえらんで蝦夷方面に向ったことになるさりとて江戸で一旦積荷を下ろしてから北海に向おうとしたと見ていいだろうか。また彼がロシアで書いてのこした日本地図を見ても、中部日本地方はまず一通りかかれているが、九州方面の図は半ばでたらめであり、奥州以北にしても体をなしていない。蝦夷・千島に向うつもりなら光太夫がこんな地図をロシアに描きのこす筈はなかろう。上記したクルーゼンステルンの「日本の海図を光太夫がロシアに残した」という記事は、現存している光太夫自筆の日本図を見る時、帰国の能否すら危ぶまれている旅先で、知っていながらわざと不正確な地図をかく筈はないであろうから、何らかの間違であろう。光太夫の日本近海に関する実際上の知識は極めて貧弱である点から見ても、また彼の性格から察しても、船頭でありながら線の細い文化人型であったと思われるから、わざわざ国禁を犯してまで抜荷のような不敵な荒稼業(あらかぎょう)に身をさらすのには適しないと思う。何分極秘隠密のいわば闇取引のことであるから、ハッキリした資料でも出ない限り抜荷説の有無は水掛論のほかはない。

二一　新蔵そのほかロシアに居残った漂民はどうなったか

仙台領漂民の見た新蔵

新蔵は死生の間をさまよう重態に陥り後生安楽のため受洗したばかりに、折角全快したその喜びを裏切られて、もはや永久に祖国の土を踏む道をとざされてしまった。けれどもそのためにこそ、光太夫と別の道を辿りながら互いにその名を後世に留めたのは奇しき運命のえにしである。彼は素志に反して異国に止まったために日本語学校の教師をつとめ、やがて仙台領若宮丸の漂民一行が到着するに及んでロシア官憲と彼らとの間の楔の役に当った。彼らのイルクーツク滞留の約七－八年、そのあとペテルブルグに上り帰国願が許され遣日使節レザノフの船に乗込むまでの間、政府との交渉は殆んどすべて新蔵の手を煩わした。こうして新蔵とは長い附合であったから、帰還漂民は滞露中の見聞を大槻玄沢編の『環海異聞』や『北辺探事』で語っている中に、新蔵の生活や人物に触れる所が少なくない。よってまずそれらの記事を引用しながら彼について略説するであろう。

一、辰の十一月左平等（若宮丸遭難者の一部）当所（イルクーツク）へ参着の節、……直さま奉行の前へ召出され罷出候処、其前に居合候一人、本国（ロシア）の人よりせい低く、眼の色は黒く、一体の容子替り候て、日本言葉にて何れへも通弁仕候。併し装束はやはり彼国の姿に御座候故、不審に存じて、其許はいかがの方にて御座候やと尋候へば、其人の答に、ご不審は御尤に存候。御聞及びも候哉、私事は日本伊勢国の新蔵と申者にて、先年漂流し、船頭光太夫と申者と一同に此国に参り、其後光太夫等は帰国致し、某は此地に残居候者に御座候と申候故、始て様子も相別り申候。（中略）新蔵同道にて同人宅へ連れ参り、家内妻へも逢はせ申候。右妻何か挨拶有レ之候えども、言葉通じ不レ申相分りかね候。……

一、新蔵が今の名はニコライ＝ハイトルイチ＝コロテゲノと申候。日本文字師匠の役相つとめ、土地の学問所へ日々出勤、日本字手習の師匠いたし申候。当時童子弟子六人有レ之候。（中略）新蔵事は、当年四十二ー三歳なるべし。妻の名マシウェヤノ＝ムシヘイオナ、男子二人、女子一人出生病死後妻を娶る。名はカチリナ＝エキムフモオナ、年三十ばかりと見ゆ。

一、新蔵が日本学は、いろはより仮名書位は出来候様子に御座候へども、オロシヤ言葉並びによみ書の事よく覚え候趣にて、入組の掛合事、又は官辺の願書、其外の書物等も、彼方の文法の事なれば、自然に認(したため)取候様子也。

とある。

クラプロートと新蔵

ドイツの言語学者クラプロートは一八〇五年イルクーツクで新蔵に出会っている。この世界的の学者は、林子平の『三国通覧図説』を仏訳し詳密な註を施して上梓(じょうし)したが、その序文の一部に新蔵にふれて、新蔵は漢字についての素養は極めて貧弱だが、日本語に関する限り（彼の知識は）相当に役立った。新蔵は一七七六年（安永五年）版の『早引節用集』という慣用語法を教えてくれる和漢辞書をもっていた。私（クラプロート）はこの本と新蔵の助けとで日本語の研究に専心した。云々

といっている。

ロシアの文献によると、一七九一年九月十三日の勅令によって、光太夫の帰国許可と同時に新蔵・庄蔵の二名はイルクーック日本語学校教師に任命されている。新蔵はそれ以前の漂民が南部訛りや薩摩弁で教えたのとちがい、伊勢生れだけに標準に近い日本語を知っている。だから漂民もクラプロートもともに認めているように、漢学の素養は欠けていたのは事実であるが、ひらがなをつかって相当たくみに日本語を教えたであろうことは、『早引節用集』をたよりにクラプロートの日本語の御相手がつとまったことで明らかである。また彼は語学習得の素質をも

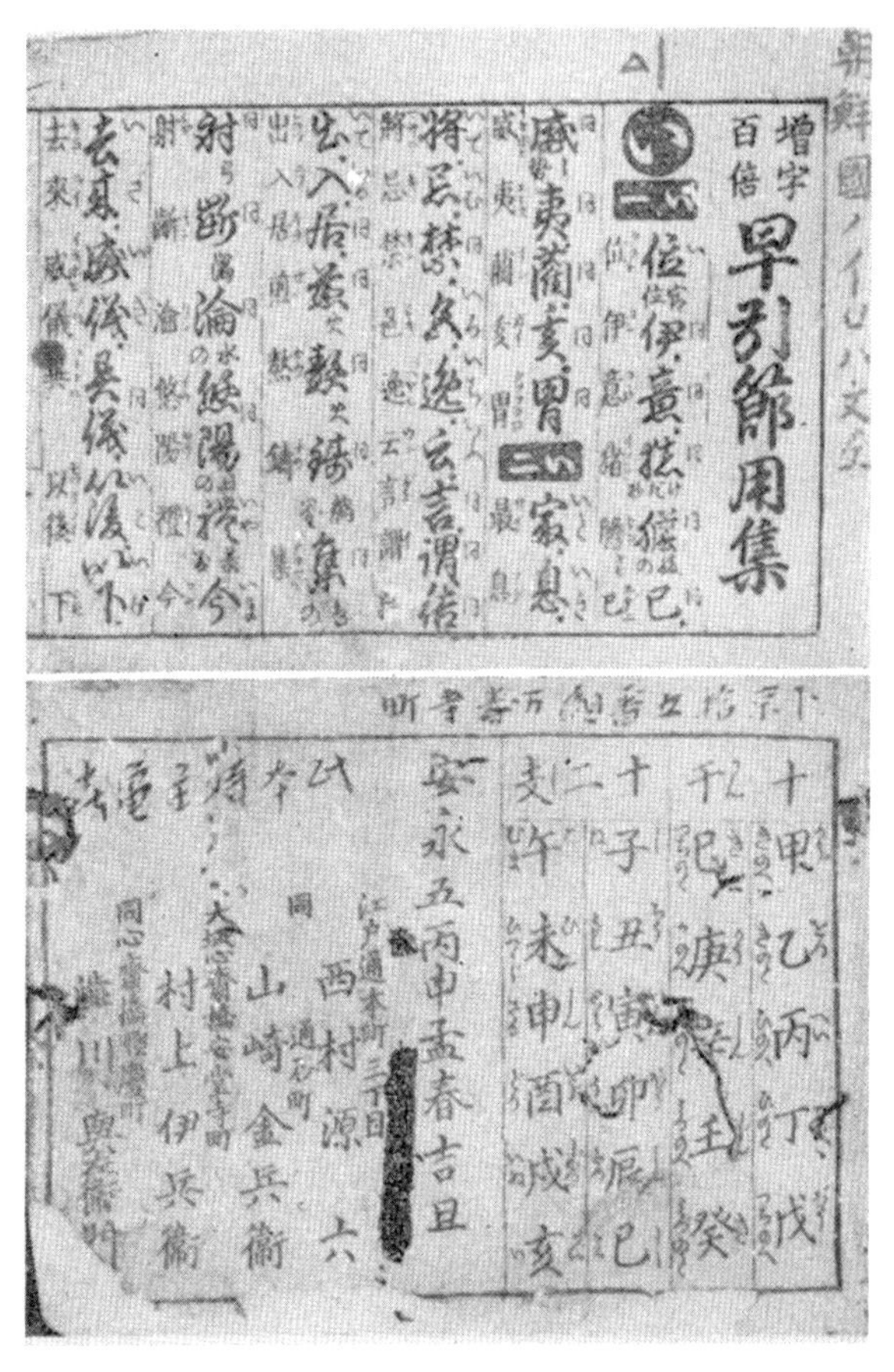

『早引節用集』の巻首と巻尾の刊記　安永五年（1776）刊行

っていて、日本語以上にロシア語をわが有にし、「こみいった掛合事や官辺への願書、そのほかの書物など」ロシア語のよみかきの自由なことを漂民も認めているし、あとでのべるように、日本に関する著書までものこしている。

新蔵の出世

若宮丸一行が着いてからは、前からの日本語通詞トコロコフとともに彼らの世話に当った。ついで彼らに附添って上京し、皇帝への謁見はじめ滞京中の世話万端に当り、ロシアを離れる最後のクロンスタットで乗船の見送りまですませている。それらの度重なる功績がみとめられて俸給も年銀百枚から、次第に加増して銀二百四十枚を給せられ、官職も九等官に累進した。また漂民のいう通り、妻帯して三人の子をもうけており、一八一〇年平和な生涯を閉じた。日本を出た時二十五だから享年五十二歳である。

ロシア文の新蔵の著書

彼にはまた「日本及び日本貿易に就いて、また日本列島の最新なる歴史的・地理的記述。日本生れの参事会員ニコライ＝コロティギンによって考究され、イワ

(表紙の和訳)
日本及び日本の貿易について、または日本諸島最近の歴史的・地理的叙説
サンクトペテルブルグ　一八一七

(扉) 上記二行の文の下に
生粋の日本人、ロシア教に帰依した参事会員ニコライ＝コロティギンの考究とイワン＝ミルレルの刊にかかる。
サンクトペテルブルグ　刊行者ニコ＝グレチャ
一八一七

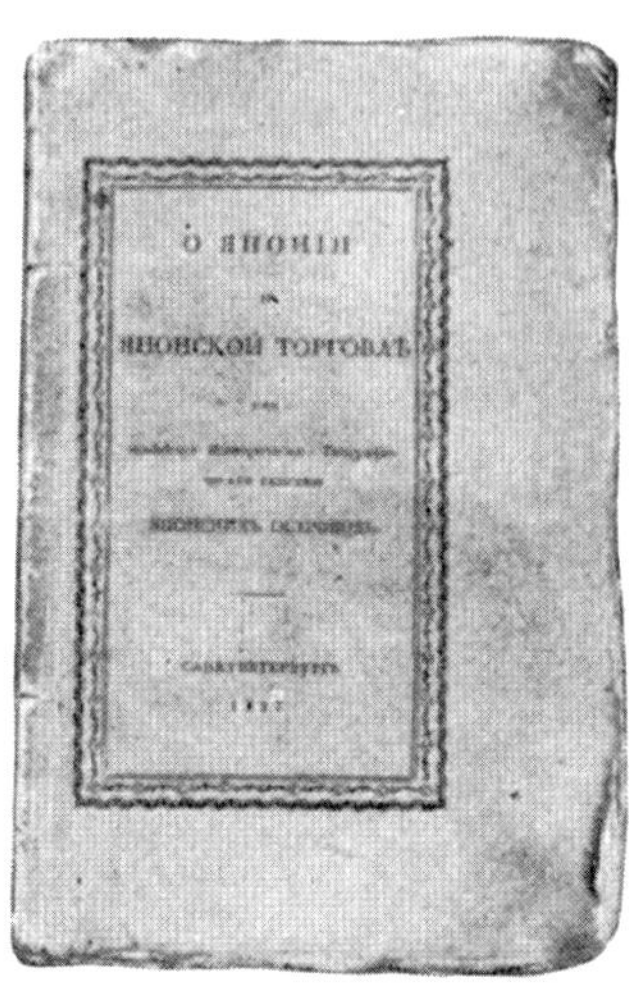

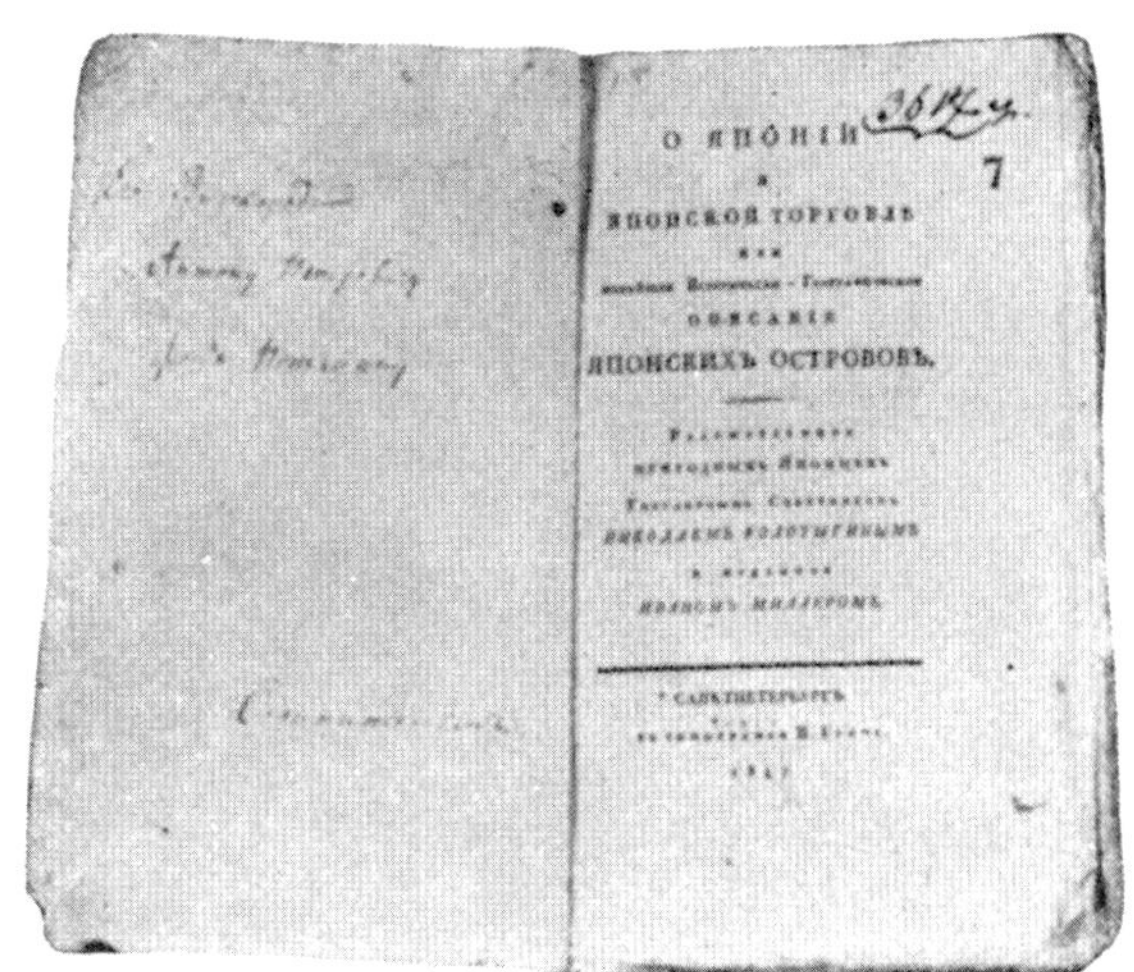

新蔵の著書の表紙と扉

ン＝ミルレル刊行。サンクトペテルブルグ、刊行者ニコ＝グレチャ、一八一七年」と題する遺著がある。前付二葉、本文七十一ページ、八折本の小冊子にすぎないけれども、十九世紀の初めに漂流日本帰化人の著書が露都で刊行されたということに異彩をはなっている。

イルクーツクの中等学校長イ＝エフ＝ミルレルが『祖国の子』と題する雑誌の編集長あての書簡の中で、「私の日本に関する記事は、生粋の日本人の九等官ニコライ＝コロティギンが検討し、誤りを正してくれます。彼は教養のあるかしこい人物で、イルクーツクの中等学校で日本語教師をしています。彼は日本を隈なく旅行をしており、しっかりした詳しい知識をもっております。」と報じている。この書簡は同誌の一八一七年十五号に掲載されたようであり、雑誌にのる何年か前、新蔵コロティギンの生前に書かれたものらしいのであるが、彼らの共著が一八一七年に公刊されたので同書の信頼度を確かめさせるために、同年に発行された『祖国の子』誌に書簡をのせたのであろう。これは同時に新蔵がどう評価されていたかを明らかにしている。

日本語学校の閉鎖

このように日本語学校における彼の貢献は見るべきものがあったのにかかわらず、死んでから六年後の一八一六年にイルクーツクの日本語学校は全く閉鎖されてしまった。そのころ津太夫一行の残留帰化者は少なくも四人が生存していた筈である。その一行中一番早く帰化した善六キセリョフは漢字の読み書きができ、一八一二年の高田屋嘉兵衛事件のさいに見事に通訳の役を果して彼の語学力はロシア側でも高く買っている。しかし何故か善六は日本語学校教師にはならなかったらしい。彼は漂民一行十数人で唯一の漢学的素養のある男で、船員としてよりも商人として同乗したのではあるまいか。イルクーツクで帰化のさい、土地の豪商キセリョフに名付親になってもらった関係などから、自分の才能を生かして商人として活動したかと想像される。ところが高田屋一件がすんでから、彼の消息

善六キセリョフ

が殆んど知られなくなったところを見ると、善六も一八一六年以前に死亡したので日本語の適任者が絶え、生徒もなくなったのであろう。またロシア本国もヨーロッパ国際情勢の緊迫のため、極東に力をそそぐ余力なく、自ら日本語学校も廃絶されたまま放置されたのであろう。

なおコンスタンチノフ博士の報告によると（『ノーヴィ＝ミール』一九六一一五月号）、

……イルクーツクに残った日本人たちの一人の子孫は今ノヴォシビルスクに住んでいる。それは初代の敦賀駐在ソヴィエト領事ドミトリイ＝ドミトリエウィチ＝キセリョフである。彼は今（一九六一年）八十二歳である。彼は「レーニンがシベリアのパルチザンと会談する」という絵画に出てくる。この画はモスクワの中央ソヴィエト軍会館の一室にかざられている。……

とある。ここに出てくるドミトリイ＝キセリョフは光太夫一行中のものでなく、若宮丸一行の石巻善六の子孫であると考えたい。若宮丸一行の残留者でキセリョフを名のったものは三名ほどあったが、善六キセリョフが一番有力である。

庄蔵の薄運

新蔵のほかに彼地にとどまったのは片脚を切断して帰郷の望みを失った庄蔵である。彼もまた日本語学校で働いた。しかし足腰の自由を失った上に、彼は教師として、恐らく新蔵に劣っていただろう。こうしたひが目が、同郷出身で十余年の苦難を共にしながら、すぐれた統率者である光太夫が去ったあと、イルクーツクでの両人の交情を冷やかにした。この点で大槻玄沢はその著『北辺探事』の中で、仙台漂民からの伝聞によって可なり手きびしく新蔵を批難して次のようにのべている。

新蔵の性格上の欠点

按ずるに、新蔵伊勢の産にて生得怜悧（しようとくれいり）、極めて才覚者と聞ゆるなり。其実の性は薄く見ゆ。同郷に生れ、異国の同所に同住しながら、足脚さへ寒凍脱落せる庄蔵が扱ひ等、爾来不人情の事と聞え、（庄蔵は）イルコーツカ先着の仙台儀兵衛が至りしを喜び、不レ図も本国人に出会い、憂きを語りて、病を苦しむ新蔵が宿をはなれて、新識の仙台人と同居して介抱を受け、終に死失せしは、憐れにいとをしきおのこなり。

こんなわけで、庄蔵は光太夫との生別れの悲みのあと、辛苦をともにした新蔵と仲違いをして別居したまま異境の土と化した。漂流の年（一七八二）に三十一歳だとすれば、儀兵衛がイルクーツクに着いたのが一七九六年（寛政八年）だから、庄蔵の享年は四十五歳を少し越していたろう。庄蔵に対するつれない振舞は、新蔵の不徳・不人情の一面をついているのであろう。しかし病苦になやむ庄蔵は、才はじけて目先きの利く年の若い新蔵とは性格的に合わない所があり障害者のためひけめを感じているのが加わって、おのずとひがみとそねみとに駆立てられ、棟梁格の光太夫が去ったあと、両人の間柄を破綻させてしまったにちがいない。

その点では善六（キセリョフ）についても同様なことが考えられる。若宮丸の帰還組津太夫一行を引率した特派大使レザノフが日本に向うに当って、善六は通訳として随行した。善六という人物をかいつまんでいうと、さきに若宮丸漂民が三組に分れてイルクーツク入りをした時、一番乗のひとりだった。日本語通詞トゥゴロコフは善六が漢字の素養があったので彼を口説きおとし、豪商キセリョフを名付親としてロシアに帰化させてしまった。遅れて到着した第二組・第三組の者の中にも善六のあとを追うものが出たが、帰還組の津太夫らは裏切られた思いがして、これから残留帰化組と帰還組との間柄が気まずくなった。中でも善六の特にすぐれた語学力がロシア側に買われたのと立廻りのうまさとが一層彼を孤立化させるようになった。『環海異聞』『北辺探事』の両書ともに、津太夫帰還に当って新蔵が万端世話したことをのべているだけで、善六の名はあげていない。そのくせ善六は津太夫ら四人と同船しているのである。故意に帰還者らが彼の話を大槻にしなかったのだろう。引率したロシア使節らはこうした反目を重視して万一の場合を惧れ、ロシア教徒になった日本人通訳善六を日本到着を目の前にしてカムチャツカで下船させた。本人にとっては不本意であったろう。この二つのケースを合せ考えると、新蔵と善六とには商人らしい小悧巧さがあり、船乗らしい素朴さが欠けていたが、両人ともに異境の周囲に順応する才能があり、ともに語学がすぐれてロシアの役所その他で公私の掛合事や文書の作成などに長じていたので、他の漂民らが近付いていけなかったからであろう。

トゥゴロコフ

光太夫・津太夫の二回の漂民のイルクーツクに着いた時、日本語通詞の役をつとめ、その中間、ラックスマンに随行して日本に来たロシア人のトゥゴロコフについて少しページをさくこととする。『環海異聞』の中に、

一、日本通詞役人エコロ＝イワノイチ＝トコロコフといふ。此人始は町内・村方の間打の役（検地割）を勧め、…先年勢州光太夫送り来る事起りし時、日

本通詞役に申付けられたり。是は五—六十年ばかり以前、南部田名部の辺より漂流し、此地に永住となりし何某と云者あり。(中略)其人に従ひ、十二歳より十七歳まで日本詞を習ひし事有、其後打捨置候えども、少々覚居候事ゆへ、通詞に申渡され、光太夫送りの船に乗り組、去る子年松前まで来りし由なり。又日本種子にて右師匠某が子も、某船へ乗組、松前へ来れり。名をばヘリフイチと云し由。(中略)

日本詞を認し書物有レ之。(トコロコフは)これを見合て、最初はいづれもへ応対しけれども、申様も不揃にて弁じがたき事共なり。一つ二つ申候を此方よりたゞみかけて挨拶すれば、再答には差支へ候ばかりなりし。初には日本人の申事を書とめ申事も御座候へしが、一々習ひ候て書付候と申事も不レ仕候。総じて新蔵にて間に合候故と奉レ存候。

外に日本詞八年稽古致候と申者にも出合、応対仕候へども一向相弁じ不レ申候。

また『北辺探事』にもこれとほぼ同様の記事があるが、その中にも、このトコロコフについて、

但日本語には至て不レ弁の事也。折々小冊を出し見合せ通弁すれども、不分りの事のみなり。云々

『環海異聞』や『北辺探事』の記事は、あいまいな伝聞によった不正確なものが多いので、どこまで本当の事実かを判定するのはむつかしいが、あらすじだけは伝えているものとして筆を進める。トコロコフはロシア人で、正しくいうとェゴール＝イワノウィチ＝トゥゴルコフである。竹内徳兵衛一行中の漂民久助について十二歳から十七歳まで日本語を習った。彼がのちラックスマンに随行して松前に来た年は『北槎聞略』によると三十四歳であって、その年より二十余年前の

一七七〇年代の数年間である。その後検地役として政府に仕えたので日本語とは縁遠くなっていたところ、光太夫らが到着したので、俄か作りの日本語通詞となり、それ以後ずっと通詞をつとめた。従って日本語で問答する時少し突込んで尋ねられると返答しかねた。手許に「日本詞を認めた書物」または「小冊子」を置いて、それを見合わせて答弁するがわからないことのみだったという。この小冊子はおそらく小露日辞典と察しられるが、それについてはあとでのべる。

トラペズニコーフ

つぎに総理(もとじめ)（事務長）のタラッペジニノーフ（正しくはイワン＝フィリッポウィチ＝トラペズニコーフ）は三十六歳で南部から漂流した久助の子とされている。彼は光太夫のイルクーツクから東帰のさい、旅路の世話を一切引受けた。父の生国に憧れて志願同行したのでもあろう。然るに最上徳内のいうところによると、

ゴウフという者が随員の一人となっておる。徳兵衛（竹内）の子で、姓はイワンピクヘポイチタラベイチュとて丑(うし)三十六歳である。日本は親徳兵衛が生国

なれば見たくもあり、また首尾よくゆけば帰国の上は昇進もできるだろう、日本人の血を受けているから下賜品でもあるだろうというので随行した。ところが地位が低いので日本で対手にされず、また親への土産の品をえて帰国後の誉れとしたいから賜り品をと願い出たら、御目付からわずか縮緬のはしきれ五尺ばかりを、拝領せよと与えられたので、同行のロシア船員の間で大恥をかいた。（『蝦夷草紙』後篇の抜書大意）

とつたえている。トラペズニコフを誤ってタラペイチュとゴウフと二つに分けたので、ゴーフすなわちトラペズニコフであろう。しかし徳兵衛はオンネコタン島に漂着後同島で死歿していることはロシア側の書籍に載っているから、久助の子とする『聞略』の記事の方が正しいであろう。久助はトラペズニコフの父であり、トゥゴルコフの日本語の先生であった。

露日辞典について

さんぱちタターリノフ

筆はさらに派生するが、トゥゴルコフが坐右に置いた「日本詞を認めた書物」または「小冊子」とは果して何であろう。十八世紀の後半にロシアで露日辞典が一―二編纂されていたからその中のどれかが「小冊子」であったと推定したい。最近（一九六二）ソ連科学アカデミー所属、アジア諸民族研究所から、アンドレイ＝タターリノフ編の露和語彙集（レクシコン）が原形に模して影印出版された。この原本は一七八二年ペテルブルグのロシア帝室科学アカデミーに提出されたものである。編者タターリノフは日本名をさんぱち（三八）と言い、徳兵衛一行の漂民さのすけ（三之助？）とロシア婦人（であろう）との間に生れ、イルクーツク航海学校付属日本語学校の生徒であった。父の三之助に教わったのは勿論として、トラペズニコフと同年輩で一緒に久助を師としたかもしれない。三之助は漂着の後各地を転々して一七五五年イルクーツクに落着き、一七六五年に歿した。だからその子三八は早く父を失ってむしろ久助に多く教わったであろうことは、トゥゴ

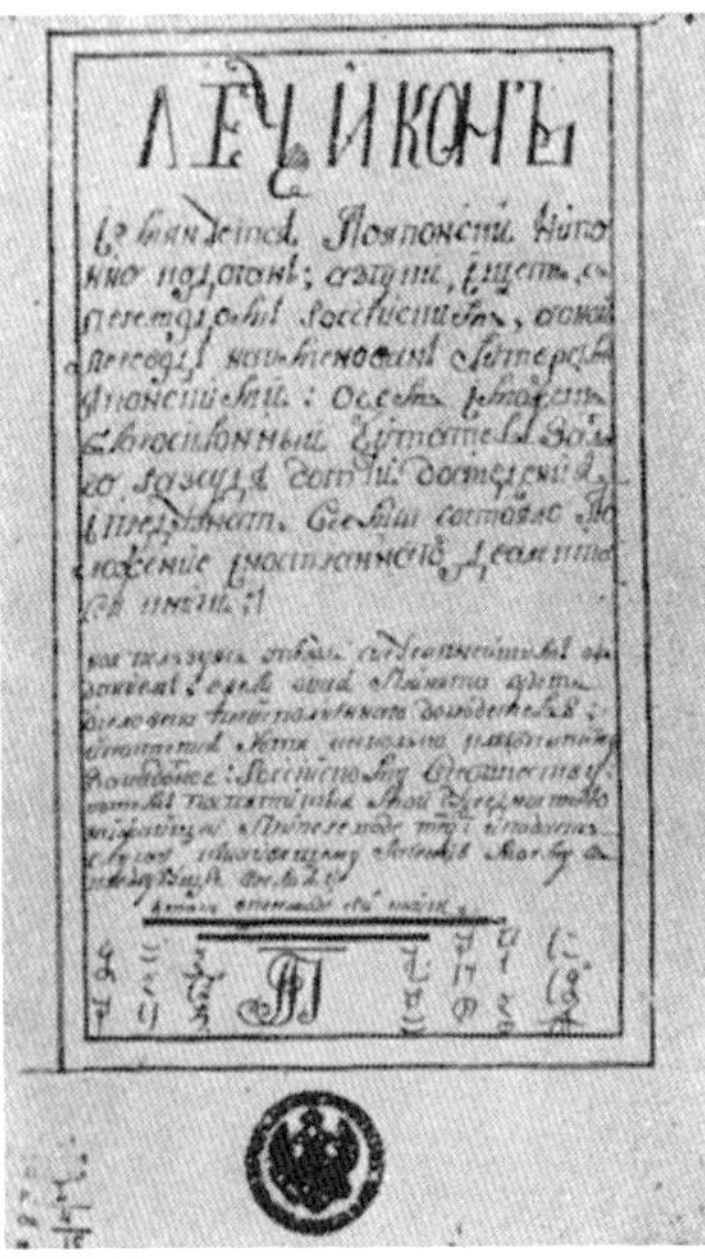

『レクシコン』の扉と本文中の一ページ

扉下方の「にぼんのひとさのすけのむすこさんばちござります」とある。「ぼ」「ば」は南部方言では「ぽ」「ぱ」と混用されたようである。

ルコフの日本語習得が前記のごとく一七七〇年代と推定されるからである。この語彙集（露和辞典）の編集が一七八二年とすれば、三八が二十歳を過ぎて間もないことと思われる。そしてそれがトゥゴルコフの手許にあったのではあるまいか。当面の役にどれほど立ったかは別として、今日、十八世紀中ごろの南部方言の特

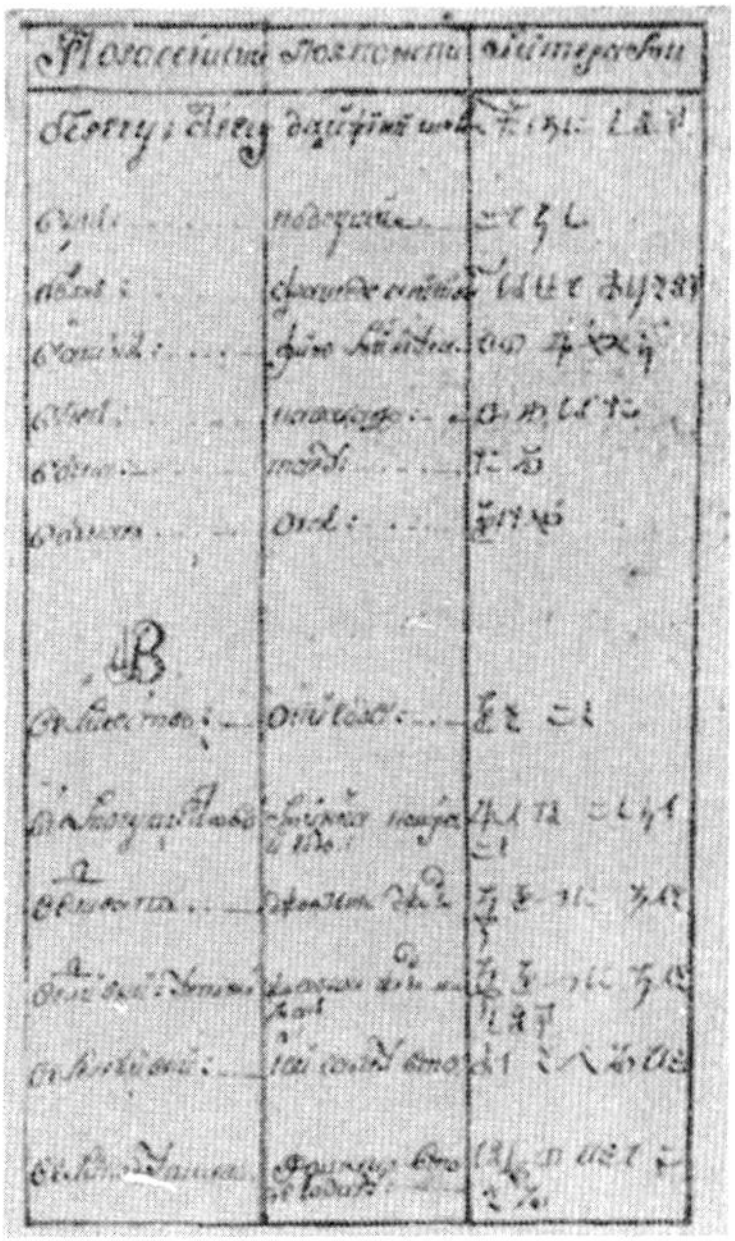

徴の研究資料として貴重な文献である（村山教授による）。なおさんぱちの名は、トゥゴルコフやトラペズニコフのように日本側の文献には現われないが、この三人は同時に日本語学校に勤務しており、光太夫がイルクーツク入りした時早速彼らに歓迎されたことは前に述べた通りである。

二二　大黒梅陰のこと

光太夫は寛政六年（一七九四）夏薬園入りを命ぜられ、文政十一年（一八二八）七十八歳で生を終えるまで三十五年間の長い後半生をここで送った。おそらく外との交渉としては蘭学者たちらとのごくわずかな人々にとどまり、故郷の旧知の訪れるものもなく、当時唯一のロシア通でありながら、その知識も有効に利用されないまま徒らに宝の持腐れに終って、無味単調な軟禁生活にあけくれたことだろう。このわびしさに唯一のうるおいを与えたのは、ここに居を構えてから恐らく一年たたぬうちに、四十四歳ではじめて自分の子供ほど年のちがう女（十六―七歳と推定される）と家庭を営み、はやくも寛政九年（一七九七）に亀二郎という男児をあげ、ついで一女を生んだことである。

光太夫の家庭生活

幕府は光太夫らの帰還のさい、奇特の志を賞して一時金おのおの三十両を光太夫・磯吉の両名に与えたほか、軟禁生活をつづけさせるため、光太夫に金三両、磯吉に二両を月々の手当として生涯支給した。家賃はいらないのでこの手当金はそっくり衣食費だけにあてがわれたわけだが、光太夫にとって親子四人暮しをするのに豊かではなかったのだろう。そのためか亀二郎は数え年十四の時、丁稚奉公にやらされた。年期が明けた年はわからないが、彼は暖簾を分けてもらって商売をはじめた様子はなく(その気がなかったからだろう)、薬園にもどり、父の死ぬまで親子三人水入らずで暮らしたらしい。女子は他に嫁して少なくも一子をあげたが早死し、彼女は尼になった。

亀二郎の生立ち

そこで一転して亀二郎について語ろう。

亀二郎という命名は、光太夫が一時にもせよ郷里で亀屋の養子になったことに因んでのことかもしれない。それはとにかく、彼は父の屋号を氏として終生大黒亀二郎と名のっていた。丁稚奉公の間、骨身おしまず実直一途にはたらいた。主人は子のように可愛がり、彼に向って、人には何か楽しみがないと気に張りが出ないから、つとめの暇に何なりと好きなことをせよとの許しをあたえた。亀二郎は大いによろこび、暇をみてはひたすら読書にいそしんで主人を感心させた。年

大黒梅陰碑

『伊勢漂民の事蹟』より転載

期あけの時、衣類・諸道具の類は殆んどなく、持帰ったものは二台の車に満載された書籍だけだったという。父死去とともに、官命によって薬園を去り、母を奉じて小宮山という旗本の家で借家生活に入った。その年三十二歳である。

彼は世間とはなれてひたすら学に精進したかったが、母への孝養のため門を開き、弟子入りするもの前後数百人に及んだ。さきの主人の死後、その跡取りは不良のためついに所払いとなり、旧主の後家(ごけ)は多くの債権者に責め立てられた。彼はその窮境をあわれんで、惜しげなく蔵書を処分して債務を償(つぐな)ってやった上、彼女が歿するまで仕送りをつづけ、死後も忌日には墓参をかかさなかった。また家主の小宮山氏が微祿のためとかく融通を求めに来たが、いやな顔をせずその都度貸し与えた。恩義に厚いことおおむねこのようであった。

彼は酒肉を好まず、一日麦飯二回ですましたが、「状貌魁梧(かいご)、望(むに)レ之(を)若(ごとし)二武夫剣客一」と評せられたほど堂々たる偉丈夫であった。恬淡(てんたん)にして倹素、物欲なく、

市井の大儒 大黒梅陰

余財があれば書物を集めたので積んで数百棚の多きに及んだ。借覧を求められると欣(よろこ)んで貸し与えるので、とかく散佚(さんいつ)しがちになった。友人らこれを憂えて「梅陰書屋」という蔵書印をつくって彼に贈った。そこで彼は梅陰先生と称せられた。人となり温厚謙遜、無益な世間話や酒宴の席で時間を空費することを好まないので、それに関する逸話がつたえられている。その中の一つであるが、ある時一友のために送別の宴が催された。義理堅い彼なのに一向席に現われない。夜を徹して飲酒放談した会衆は翌早朝いよいよ散会しようとした。彼は急ぎ門側から駈け寄っていうことに、「前夜早く来ていたが、酔談まさに高潮なので坐輿をさますことを憚って、控えの室に召使いたちのなかま入りをして夜通し待っていた」と。こういうわけで一部から奇人あつかいにされたらしい。

彼は特別な師に就くことなく、もっぱら自学自修で、いわば苦学力行の人であった。そうした人にありがちな自惚(うぬぼれ)や我執(がしゅう)はなく謙抑(けんよく)で、自分は学殖のない雑学だと卑下した。門弟に対しても己れを虚うして講説した。弟子の間に議論が紛糾した場合にも自分の説を押しつけず、彼らの説を思う存分主張させるとともに、多くの学説をあげて彼らに教えた。「人々はそれぞれ意見があろうから、その信ずる所をとるがよい。」と思想の自由を重んじた。御用学者に見られない民間学者の捉われざる面目があらわれている。

彼は三十二歳で父を失った。母は気の強い性格で、年老いた父にとっては恐妻であったかも知れない。生娘の若さで父親ほど年のちがう夫に連れ添い、外との往き来を断たれた退屈な薬園生活の数十年は、彼女の性質をかたくなにしたことと思われる。親思いの亀二郎は、妻をむかえて家庭内に波風を立てたくないとの懸念から、独身を守ってひとえに孝養につとめた。母の病気のさい、医薬の費用にと、父が大切に持帰った家宝の品々を一時にしろ質入れしたほどである（二三九ページ）。そののち七十をすぎた彼女は今わのきわに、心からそれに感謝し、世間知らずの孝行息子の将来に一抹（いちまつ）の不安を感じて息を引取った。

母を見送った後、彼は学者としての素志を遂げようとしたが、嘉永四年享年五十五歳をもって歿した（安井息軒撰文「梅陰先生大黒君碑」による）。

彼の遺徳を偲んで、向島の長命寺に、安井息軒の撰文によって、「梅陰先生大黒君碑」が建てられた（二八六ページ）。この碑は大正関東大震災と戦災とでその所在が明らかでなかった。昨年（一九六三）同寺を捜訪し、たずねあぐんだあげく、建築工作場の片隅に、上半部だけ土に埋もれたまま辛うじて見出されたが、片割れの下半部は見当らなかった。住職が不在で存否を確かめるよしはなかった。

余　説

二三　レザノフ渡来とその波紋

近代世界の動向から見て、日本開国の要求は当然来るべきものが来たのであって、抵抗しえられない時代の要請である。しかし歴史的に見て西南方面から打たるべき手が北方のロシアによったということは、同国の切実な必要に迫られた結果とは言いながら、地理的位置の然らしめるところである。また他の一半は、十八世紀末に突発し激化したヨーロッパ大乱のため海洋国イギリスをもってしても遠く極東まで確固たる布石をする余裕がなかったためでもあった。かくてラックスマンを小手調べとして、すぐそのあとを追ってレザノフが来朝した。彼の長崎渡来およびその後のことに及ぶのは蛇足の嫌いはあるけれども、開国のための最初の石が光太夫帰還によって投ぜられ、その波紋はひろがって鎖国頑守の政策が否応なしに打破されてゆく推移をのべることは本書の結びとして必ずしも無用でないので、以下フィクションをまじえてのべるであろう。

ラックスマンは交付された回答文（諭書）のうらにひそむ真意を把握しかねた。含みの多い文であったから無理もない。彼は日本政府の柔軟性に富んだ態度と、朝野の待遇に対して、修交の可能性を楽観して帰国し、その功績について褒賞を与えられた。そしてロシアでは改めて本格的な外交の交渉に当ることになった。よって少し重複にわたるが、いま一度ロシアの北洋経営の在り方をかいつまんでのべる。

ロシアの極東経営

ロシアは十八世紀はじめからベーリング海峡をはさむ北洋海域、とりわけアラスカ・アレウト列島の資源の開発のために莫大な犠牲を払っている。しかしこの宝庫をフルに活用するためには、ヨーロッパ本国から開発に必要かつ十分な資材を適時輸送することを前提とする。ところが当時のシベリアにおける交通・運輸の機関と施設とは極寒と酷暑の気候がブレーキになって極度に貧弱であった。アレウトからカムチャツカ・オホーツクを結ぶ海上の連絡がいかに不安定で危険であるか、またシベリアの陸路横断がいかに長期かつ困難であるかは、すでに光太夫が見た通りである（一一〇ページ）。ロシアがカムチャツカから千島列島を島伝いに南下して日本に近接して来たのも一つには上記の目的達成のためであるが、いま一つつぎのような事情によっても日本貿易が必至となったからである。

イギリスの横槍

十八世紀後半に至り、太平洋探検は数次にわたってイギリスとフランスとで進められ、世界最大の海洋の全容(ぜんよう)がほぼ明らかにされた。この探検に先鞭をつけたイギリスは、海洋飛躍二百年の実績にものをいわせてロシアの地盤に割込んだ。

すなわちイギリスはマカオを根拠地としてアラスカ地方との直通航路を開き、北洋の毛皮を満載して往復五ヵ月の短時日をもって広東方面の清国商人と取引を行なって莫大な利益をあげた。ロシアとしては鳶に油揚をさらわれる形である。シエリコフ（九八ページ）が夙に日本貿易を志し、安永八年松前藩と厚岸で交渉した末失敗したので、主力をアレウト方面に注いだことは前にふれた通りである。しかしもともと彼の日本貿易の素志は堅く、ラックスマンの復命に接して一層日本との通商を急務とした。不幸にも業半ばで彼はイルクーツクで客死し（一七九五）、その翌年彼の庇護者であるエカテリナ女帝も崩じた。その上彼が主宰していた露米会社と対立していた同業者の本国政府に対する中傷が加わって会社は一時甚しい窮地に陥った。

日本開国への二度目の試み

シェリコフの遺業を継いで露米会社の再建に挺身したのはその女婿ニコライ＝ペトロウィチ＝レザノフである。彼もまたアラスカ・アレウトの植民地経営を軌道にのせるためには、物資の供給を豊富にする一方、毛皮輸出の道を開くことが緊要であり、そのためには日本およびマカオへの航路を開くことの急務を政府要路に力説した。その建議は当局に採用され、皇帝アレクサンドル一世の勅裁を経て、以上の目的を実施するために、レザノフ自身が対日特派全権大使に任ぜられたのである。たまたま仙台領若宮丸漂民一行がイルクーツクで保護されていた。よって光太夫の先例にならって彼らを日本に送還し、日露交渉の手がかりとするために彼らをペテルブルグに召寄せた。漂民らは皇帝拝謁・首都見物など、光太夫の時にも劣らない優遇を受け、最後まで帰国を希望した津太夫ら四人が、特使一行につれられて帰還するのである。

レザノフ一行の航海

一八〇三年（享和三年）七月二十七日レザノフは、艦長クルーゼンステルンの指揮する軍艦ナデジュダに坐乗してペテルブルグの軍港クロンスタットから出発した。ロシアとしては、大西洋をマジェランの取った西廻りコースによった最初の世界一周の壮挙であった。

当時フランス革命から生じた戦乱は延焼して全ヨーロッパ的戦乱となり、英仏両国雌雄の決戦のための前哨戦が大西洋のあちこちで行なわれている。レザノフの一行もその飛沫をあびて途中英艦の砲撃を受けたが、大したトラブルなしに航海をつづけた。かくて大西洋を南下横断してブラジル南部で新年をむかえ、南米南端のホーン岬を廻って太平洋に出た。五月下旬ハワイ列島のオアフに一旦投錨したが、積荷の都合で日本直航の予定を変更して七月四日カムチャツカのペトロパウロフスクに入港した。

長崎奉行との交渉

一八〇四年八月二十六日ナデジュダ号はカムチャツカを出帆して日本に向い、九月二十六日長崎港外に投錨した。日本では文化元年九月六日に当る。長崎奉行成瀬因幡守正定はオランダ商館長ドゥーフに意見を徴し、とりあえず奉行の下役の検使とレザノフらとの会見がナデジュダ艦上で行なわれ、その際ドゥーフも陪席した。レザノフは本国出発に先立ち予（あらかじ）め駐露オランダ公使から長崎商館長あての紹介状を得ているので、これをドゥーフに示し、彼の好意ある斡旋を期待した。不幸にも相互に好印象が交わされなかったらしい。元来オランダ側は日露間の通商を喜ばないので、日本側の無知と、日露相互間の言語上の不通なのに乗じ、ドゥーフは暗躍してレザノフの使命達成に妨害を計ったとロシア側では深く疑った。これは当時たまたま長崎に滞在してその間の消息を見聞した日本人の記録によってみても、事実であったらしい。

蘭館長の妨害

それはとにかくとして、長崎奉行はロシア軍艦仮泊のことを即刻江戸に注進して、その訓令を仰ぐ一方、自己の権限に基づいて交渉に当り終始強硬な態度で使節に臨み、仮借（かしやく）するところがなかった。レザノフ一行は本国出発以来十四ヵ月の長途不自由な航海を経、漸く目的地に到着しながら厳しい監視の下に港外に碇泊させられたままで一歩の上陸さえ許されなかった。特使はじめ船員の病者続出し、陸上加療のための交渉を重ねるに及んで漸く上陸が認められたが、その場所・家

日本の冷遇

屋とも彼らにとってきわめて不満足なものであった。ラックスマンの場合と比べると甚しい冷遇である。その一方、江戸からの訓令も往復に日数を費すのみならず、その本旨が末端に理解されず、長崎奉行は独断的に事勿れ主義の祖法固守をとっているため、特使との交渉は空廻り(から)してむなしく時間を徒費するのみで一向進捗しなかった。こうして遷延すること半年を経て翌年三月、レザノフは同行した漂民四人を引渡しただけで、肝腎の目的である通商の要求は容れられず、そのまま引揚げざるをえなかった。

失意引揚げ

寛政・文化の両度交渉の比較

試みに寛政・文化両度の交渉を比較すると、アダム＝ラックスマンの場合は、

一、日露交渉のための初めての瀬踏みであっただけに、ロシア側でも大きい期待をかけていなかった。そのためか、わざと女帝の親翰をさけてシベリア総督の書簡の形式をとった。

一、交渉の行なわれた土地は、オランダと清国を対手にしていた長崎奉行所管

の港とちがって蝦夷地松前であり、幕府の旨を奉じて江戸から直接任命された宣諭使とロシア使節との折衝であった。

一、老中松平定信と出先の石川将監らとの呼吸がうまく合って中央の訓令が徹底し、折衝が円滑に行なわれたため、使節は目的未遂の不満足を味わいながらも日本に対して好感をもって帰任した。

一、ラックスマン以下の北海道での宿舎や行動の自由は寛容に認められ、豪商の邸宅でも優遇された。通過した海陸の地形や自然界の調査もある程度許されて彼らを満足させている。

一、国交のためのくさびとして連れ戻された光太夫の人柄が多少とも両国交渉の上で潤滑油の役をつとめたであろう。

これに対してレザノフの場合は、

一、ラックスマンの予備的交渉の結果の報告に楽観しすぎ、皇帝の特派大使として気負うて来朝したので、心構えの上に油断がある。

一、さきに交附された日本の信牌(しんぱい)の内容の理解しにくいのを自分本位に誤読し、その上開港場としての正式ルートである長崎に来た上は当然受入れられると信じて長崎奉行と折衝に当ったのに、江戸と長崎との連絡不十分なるのみならず、奉行の措置(そち)宜しきをえなかった。

一、長崎では、特派大使が半ば幽囚(ゆうしゅう)同様な状態で半ヵ年も放置され、朝野ならびにオランダ商館長が大国の使節に対してとるべき礼儀と待遇を失した。交渉が不調に終ってレザノフ使節団は憤然として引上げた。

一、帰還した仙台領の漂民が愚劣で船中における行動はいたく艦長を憤らせ、日本人に対して不信感をあたえたこと、等があげられる。

レザノフは日本の冷遇と使命の失敗に満腔(まんこう)の失望と悲憤に燃えてカムチャツカ

に引揚げた。だからといって彼は日露通商を断念したわけではなかった。彼は、

日本防衛力の弱体看破

日本がその空威張に似ず、沿岸の防衛設備が殆んど整わず、日本船舶構造の脆弱な状態を親しく看破った。そこで彼は目的達成のためには強硬な威嚇手段をもって、日本をしてやむなく港湾開放に踏切らせようと計った。ナデジュダの艦長クルーゼンステルンの意見は一層強硬であって、レザノフもその説に強く動されたことであろう。

北辺襲寇

レザノフは訓令を下して海軍大尉フウォストフ、同少尉ダウィドフに出動を命じた。両士官は訓令に基づき、一八〇六年十月(文化三年九月)から翌年五月にかけて数回にわたってカラフトおよびエトロフ島各地における日本の会所・運上屋をつぎつぎに強襲して軍需品・食糧その他の物品を悉く掠奪し、その建物・倉庫を焼払った上、逃げおくれた日本人を拿捕し去った。これを当時日本では北辺襲寇とよんでいる。この事件は表面彼らにとって成功したように見えたが、レザノフ訓令当初の意図とは正反対の結果を生んだ。彼と立場を異にするシ

ベリア官憲では、この事件を私的な海賊行為と見なして両将校を逮捕し、彼らが持帰った戦利品を没収した。レザノフも北太平洋の風土の烈しい土地での多年にわたる労苦と精神的打撃のため、首府に戻る途中で客死した。善意にはじまったレザノフの日本開国の試みも長崎奉行の不手際と、それに辛抱しきれなかったロシア側の暴挙によって、いたずらに両国間の反目を助長する逆効果に終った。それに基づく連鎖反応が一八一一年(文化八年)ゴローウニン抑留事件となった。

ゴローウニン事件

レザノフ事件の後味(あとあじ)の悪さは融通性を欠く長崎奉行の不手際から起ったもので、日本側がその責を負うべきであり、ロシア側で憤慨したのももっともである。が、暴行手段によって日本に脅迫を加えたことは、出先青年将校の私意に出たものにしろ、明らかに不当行為であって、いたくわが人心を刺激し、それが時勢に逆行する攘夷につながってゆく。ところでロシアからの千島南下の勢いは衰えず、踵(きびす)を接して日露間に新たな紛争を生じた。それはゴローウニン抑留事件であって、レザノフ波紋の一環である。カムチャツカ半島ペトロパウロフスク港在泊ディアナ艦長ゴローウニン中佐は千島列島南部からオホーツク水域を測量すべき訓令に接し、一八一一年四月（文化八年閏二月）同港を出発して南千島を測量し、クナジリ島を経て根室海峡を通過する筈であった。七月（日本暦五月下旬）クナジリ島のトマリ湾に入り、食糧・薪水を求めようとした。ゴローウニンは数名の部下の士官・水兵を従えて松前奉行支配調役（しらべやく）奈佐瀬左衛門とトマリ会所で交渉したが、わが意のあるところを察せずに退去を計ったので、艦長以下部下数人はともに逮捕された。

高田屋嘉兵衛の機略と良識

ディアナ艦副長リコルドはこれの解決に焦慮して種々画策するところがあったが、翌年九月、エトロフ島シャナから箱館へ帰航中の観世丸を拿捕（だほ）して船主高田屋嘉兵衛を拉致（らち）し、カムチャツカに連れ去った。嘉兵衛は剛毅（ごうき）にして機略に富み、フウォストフ事件並びにゴローウニン事件のその後の経過をも熟知していたので、リコルドその他ロシア政府側に日本の真意を伝え、彼もまた嘉兵衛を信頼してその言を容れ、彼を松前に伴れ帰って交渉に当らせたので、折衝は順調に運び、一八一三年十月（文化一〇年九月）松前において、ゴローウニン以下七名の俘虜がリコルドに引渡された。再び危機に瀕した日露関係も、双方の良識ある諒解によって平和の裡（うち）に解決したが、両国間の交渉は四十年後プーチャチン来朝まで断たれた。

幕政の行詰り露呈

ラックスマン来日以来、北辺に目覚めたわが国民が、北辺襲寇によって受けた衝撃は甚しかった。海防整備の急務を今更に民間にさとらしめる警鐘となった。江戸開府この方すでに二百年、徳川政権のレーゾン＝デートル（存在理由）は半ば失われて来た。武士とそれを支える農民階級の犠牲とによってつづけられた天下泰平は、物質文明の繁栄、生活の向上には役立ったが、質実剛健を旨とする武士魂は奢侈文弱の風に取って代られた。定信が断行した寛政改革は、彼の退職後間もなく反動が起り、やがて文化・文政期における江戸社会の爛熟生活が最高潮に達して士風は再び頽廃し、一般の風俗も紊乱した。しかしその反面に底流として庶民階級の実力が発揮されつつあったことは注目に値する。それはまさに大革命のあらしを前にした十八世紀後半ルイ十五世のアンシャン＝レジーム（旧体制）下のパリを思わせるものがある。また儒学に反撥して生れた国学の進歩は、幕府を批判して復古政治を唱えるわが国独得の尊王論を擡頭させかつ滲透しはじめている。このような時勢の暗流を前にひかえて青天の霹靂のように起った北辺襲寇であった。かねて幕政に倦怠と不満を感じ、刺激と変化とを模索していた活気に溢れる一部下級武士層や諸藩および民間の志士らは、当局有司の腑甲斐なさに痛憤し、堕落した江戸生活を尻目にして、北方問題を契機として立上った。外力の圧迫は北辺のみでなく、長崎にも発生した。

民間志士の不満

北辺襲寇の暴挙ののち一年にして文化五年（一八〇八）イギリス軍艦フェートン号は

日本官憲の目を掠めるためオランダ国旗を掲揚して長崎に入港した。かくてオランダ商館員二名を不法にも英艦に拉致し、その他威嚇的言動を弄したのに対し、長崎奉行はその支配下においてこれに対処すべき武備を欠き、手をつかねて港外に脱出するのを見のがすほかなかったので、時の奉行松平図書頭康英は責を負うて自刃した。ついで五年後、英艦は再び出島蘭館乗取りを企てたが、蘭館長ドゥーフの辣腕によって空しく退去した。これら度重なるイギリスの暴挙に対して、わが国は世界の大勢にくらいだけに徒らに排外心を燃え立たせるだけであった。

　これら南北からの圧力はヨーロッパ戦乱中の出来事であるが、やがて平和が回復するや、日本の沿岸、ことに江戸近海に外船の出没が相次いでいる。国内では排外政策の現われとして文政八年(一八二五)外国船撃攘令が発せられ、その三年後にはいわゆるシーボルト事件が起った。日本の蘭学発展に大功のあった蘭館医シーボルトは帰国の際、伊能忠敬や最上徳内らの作製にかかる精密な日本地図、その他鎖国日本の機密とする書類を持帰ろうとした。これら莫大な日本研究の資料が帰航船に積込まれて長崎港外に出帆した途端、はげしい台風のため港内に吹き戻された。船内の臨検を受けて積載物の内容が発覚した。この疑獄事件で、当時日本で著名な多くの洋学者・医者・長崎の通詞が連坐処分され、シーボルトは追放されて、日蘭関係を悪化させた。

二四　マカートニー使命の夢

カムチャツカの窮乏のさい光太夫がフランスの探検家レセップスと会見したことはさきにのべた。彼の旅行日録は、その本国では勿論のこと北太平洋に利害と関心の深い諸国では注意ふかく読まれたにちがいない。そして偶然にも、書中で光太夫という異色の日本人の存在を知らされた。その当人が、この著書の刊行された翌年にペテルブルグに入京して朝野の歓待を受け満都の注目をあつめている。

露都駐在の外国使臣がこれを見のがす筈はなかった。

イギリスの極東進出

十七世紀末からつづけられていたイギリス・フランス両国間の植民地争奪の戦争は、十八世紀後半に入って全面的にイギリスの大勝に帰し、フランスは一七六三年以後カナダその他北アメリカ植民地とインドの領土を失い、世界の海洋は一時全くイギリス一国に制圧された。フランスが植民帝国として大きく復活するのは十九世紀の中ごろになってからのことである。ところがイギリスが植民地政策を誤ったので、北米大陸を支配したのも束の間で、やがて最も重要な地方はアメリカ合衆国として離叛独立してしまった。イギリスは一転して植民地経営の主力を太平洋に注ぎ、古文化国で富源ゆたかなインド帝国を蚕食し、進んで清帝国にも手を伸ばそうとした。そのほか、ロシアの独占にかかる北太平洋の海獣猟場に割込みを企てたのもイギリスであって（二九四ページ）、英露両国がアジア大陸をはさんで南北に対立する形勢は早くも十八世紀半ばごろから表面化されはじめていた。か

遣清大使マカートニー

露都滞在中の光太夫、英大使に着目さる

かるおり、奇しくも光太夫がペテルブルグに滞在中であった。

一七九二年イギリス政府は、行詰りの状態にあった清国との通商関係を是正する目的をもってマカートニー卿を遣清特命全権大使に任命した。その際、政府は大使に対して、清国との修交に相次いで、品質優良で低廉な茶を産出する日本とも適宜交渉をひらくこととの自由をもってした。たまたまマカートニーは露都滞在中の光太夫のことを耳にしたので、彼を通訳として連れて行こうと思い立ち、駐露英国大使ウィットウォースにその斡旋方を依頼した。しかるに機敏な英国大使はそれより先きいちはやく、彼を利用することを思い立って本国政府に具申したのであるが、その具申は中間のどこかで没収されて本国当路者の手に届かなかったらしい。これでみると光太夫は陸のロシア、海のイギリスの両大国のひっぱり凧にされた果報者であり、ヨーロッパ外交界の要人が些々たる一船乗の利用にもいかに敏感かつ周到であるかを示すとともに、光太夫がそのような利用価値のある人物であることを大国で認めていた一証拠をも提供している。

さらにまた、駐露大使ウィットウォースの報告したところによると、ラックスマンの使命は、極東におけるロシアの軍事行動のための予備工作である。のみならずロシアは清国および日本に関する軍事上および商業上のあらゆる知識を蒐集しており、遠からず黒竜江地域およびおそらく日本をも獲得するに相違ないと観察し、ロシアの極東経略に対して警戒の色がきわめて濃厚である。

ロシアに対する英大使の警戒

そのくせロシアの野心を警戒するイギリスは、ロシアの対日態度が平和友好的であったために却って松前交渉に失敗したのに対して、はじめから威嚇手段に訴えても日本に開国させようとしていた。遣清特派大使は本国出発に当って広汎な権限を与えられており、清国での折衝をすませたのち、軍艦と武装運送船を従えてまさに長崎に入港しようとしていた。松前交渉が片付いて幕府がホッと一息した翌年のことである。松前交渉に当って宣諭使に与えた訓令から察しても、丸腰

もし光太夫が英国船で帰航したら

であった当時の幕府の方針は平和によるほかなかったから、英国の実力を前にしてわが方では開戦を賭する愚を敢てせずに、少なくも条件的の開国に踏切るほかはなかったろう。いずれにせよ、一七九三ー四年という年は日本にとって前門の虎、後門の狼におびやかされていた。

ここで光太夫に戻って再び想像の翼をとばせたい。駐露英国大使ウィットウォースと本国政府との連絡がうまくとれて光太夫の耳に入り、即時にかつ確実に帰還されることが保障されたとしたら、帰心矢の如き彼は、あてにならないオランダ公使を振り捨ててイギリスの誘いに飛びついたことだろう。若し彼が英艦に搭乗して東帰したと仮定しよう。ヨーロッパ諸国はフランス革命の過激化で渦巻いており、英仏両国間の風雲急である。かかるさなかに光太夫が帰還したら、その航海の途すがら大西洋上の只ならぬ動きにふれ、またアフリカ南端を廻ってインドに達しては英国東インド会社の情況をかいま見などして、海上帝国イギリスの地位を一わたり了解したであろう。ロシアの首都で朝野の要人たちにあれだけ好意を寄せられたほどの彼のことであるから、新たにイギリス艦上の客となった場合にも、マカートニー以下イギリス遣清使節団一行にも好感をもって迎えられたことに間違いなかろう。そこで日英通商条約が結ばれる段階において若しイギリス側が光太夫を通訳（あるいは何らかの仲介者）として使おうとしたとするならば、松前の場合とちがって、彼はもっと有効な役目を果しえたであろうことは、ゴローウニン事件の際の高田屋嘉兵衛の活躍に照してもうなずかれよう。他の一方、彼がロシア滞在十年余の経験が生かされ、また短期日なりとも英人との接触によって得た知識が幕府の有司に認められたならば、彼の後半生はもっと輝かしいものとなったであろう。

横道をさらに進むことを許して頂きたい。若しマカートニーのひきいる船艦が舳艫（じくろ）相率いて長崎港に迫ったら、日本は松前でラックスマンに対し、また十年後長崎でレザノフに対したとは別な態度をとるほかはなかったろう。ラックスマンが二十六歳の若さで、ただ一隻だけのエカテリナ二世号に坐乗して来朝したのとちがって、遣清大使であるマカートニーは齢五十五を越したイギリス外交界の長老であり、清国での使命を終えたのち、軍艦・武装商船数隻を従えてわが国を威圧しようとした。かりに日本の政治担当者が松平定信であり、マカートニーが来朝したとしたら、と想定してみたくなる。ロシアとちがって、イギリスは家康の知遇をえたウィリアム＝アダムス（三浦按針）の本国であって嘗ての友好国であるから、開国を再認する言訳を作ろうとすれば作れないことはない。松平定信が引続き首席老中であったなら彼の政治感覚と内外諸般の情況から見て、一時のがれにせよ通商を許したに違いない。かりに開国した場合、国内態勢がどう変動したかを想像することはむだなことではあるが一往試みることにする。幕府はすでに下り坂になっているがまだ表面化するほどにはなっていない。幕末におけるよう

マカートニー日本開国の時機を失す

な攘夷と開国、尊王と佐幕というような深刻な対決は起っていないし、幕政に対して処士（しょし）横議（おうぎ）的な批判の声も盛り上っていない。幕府内部に硬軟さまざまの論議は起るにしても、定信の発揮した政治力、また尊号事件に対して京都に加えた威圧などから見て幕末におけるような朝廷や諸藩の干渉なしに幕府独自の手で国際外交が始められた筈である。しかるに来朝すべき筈だったマカートニーはヨーロッパ情勢緊迫の密使に接した。彼は本国引揚げの前に日本開国の使命を果そうと十分の処置をつくしたが、清国で艤装（ぎそう）中の船艦がその準備の終らないうちに北東季節風（モンスーン）の時節となったので、日本に向う時期を失してついにむなしく西帰した。わが国にとって神風であり、マカートニーの使命は夢に終った。一七九四年のことである。

二五　ペリーとプーチャチン

それからのち約半世紀、天性の商業国民アングロサクソンの米国人は、まだ太平洋を領有しない中から早くも清国貿易に従事し、日本にも着目した。ヨーロッパ諸国も大戦の善後処置に一段落をつげたので眼を外に向けた。汽船が大西洋をはじめて横断したのが一八一九年である。世界海洋の距離は短縮されたのみならず、日本にとってはもはや神風に頼ることが全く不可能となった。鎖国以来日本貿易を独占したオランダはこの趨勢を前にして、他の諸国に先手を打って日本に開港を勧告した。異国船は頻々として日本沿岸に出没した。しかしこれは固陋な鎖国派をして攘夷論に駆立てさせるだけであり、ついで東シナ海を隔てた対岸のアヘン戦争は日本の排外熱を強くした。このような前触ののち、嘉永六年六月すなわち一八五三年七月、江戸湾の咽喉浦賀沖に砲声を轟かせたのはアメリカのペリー代将の開国要求であった。

ペリーの浦賀渡来

時を同じうしてロシアは三度通交使節プーチャチンを長崎に派遣して開港を要

プーチャチンの長崎渡来

求した。彼が先例に則(のっと)って正直に長崎に来たことは、わが国とそれまで全く交渉をもたず、慣例に捉(とら)われないアメリカの浦賀出現という強引な外交によって不覚にも機先を制せられた。この不覚は実をいうと、ローヨッパ情勢の急変によって決定的となったのである。この年(一八五三)ヨーロッパで始まったクリミア戦争が直ちに東アジアに波及し、イギリス東洋艦隊はロシア艦隊を追跡した。プーチャチンは長崎に居たたまらず、日本の領海を犯して瀬戸内海を東に大阪湾へと逃げまわる有様であったから、開国の交渉どころではなかった。いわばクリミア戦争が、ペリーをして日本開国の名をなさしめる直接の契機をなしたともいえよう。

不自然な日本の鎖国政策はいまや打破されねばならなかった。これは必然の勢いである。しかし開国がロシアの再三の試みにかかわらず失敗に帰して、飛入りのアメリカにイニシアティヴをとられたのは、半ば偶然で歴史の皮肉である。しかしこの開国の要求がアメリカとロシアの両国から同じ一八五三年に起ったこと

手のよごれていないアメリカ

は、この両国とその間にはさまれた日本との今日おかれている三国間の関係が、早くもこのころから暗示されるように思われることは意義浅からぬものがある。

ところで十九世紀を通じて世界の七つの海をわがもの顔にしたイギリスが、その強硬な外交政策と海軍力とに物をいわせてわが国の開国に迫ることは当然過ぎることである。はからずも横合から飛出したアメリカに名をなさしめた。しかし日本から見れば、フェートン号事件のイギリスやエトロフ掠奪のロシアにくらべて、アメリカの手はよごれていない。ペリーの来た十九世紀の中ごろアメリカはまだ国内でのフロンティア開拓に忙しく、モンロー宣言が隠れ蓑ともいうべき武器として忠実に守られていたから、その点でアメリカの態度は外国に対し公明正大で、まだ侵略の色を見せていなかった。その限りにおいてアメリカは、開国日本にとって帝国主義的行為に出ようと競りあっているヨーロッパ諸国に対してブレーキの役割を果してくれたことは史実の示す通りである。

鎖国この方百五十余年、わが国は文字通り長夜の眠りをつづけて来た。この夢をさまそうとロシアからの最初の試みに当って手先に使われたのが光太夫であったが、そのころの内外の情勢は日本の惰眠をやぶるには時期尚早であったため、彼に課せられた歴史的役割を現実に果すことはできず、鎖国はその後まだ六十年つづいた。しかし彼によって投じられた一石は必ずしもむだではなかった。目に見えない力をもって開国への道を進んでゆく。その最初の人として歴史的に意義が深い。そこで本書の結びとしてはややふさわしくない嫌いはあるが、鎖国政策についての私見をのべて大方の批判を仰ぎたいと思う。

鎖国政策の是非

徳川政権確立後における日本は、鎖国を以て対外政策の鉄則とした。ところで、この政策がその後のわが国に与えた影響——利害得失については、明治以後しばしば学者によって論議が重ねられた。私は国史専攻でないのでその片鱗を知るにどまるだけであるから、核心をつかんだ最近の論証がどのようになされているかについては知るところが少ない。また私の知る限りの代表的な説として内田銀蔵・辻善之助両博士の説を記憶から呼び起こして論評する暇もない。和辻哲郎博士の「鎖国」は、浩瀚な大冊であるが、ひそかに私の期待した鎖国がどのように近代日本の運命を左右したであろうかという点については触れるところがなかったと思う。そこで私は西ヨーロッパ諸国の近代政治の動きを前にして鎖国がわが国にどのような得失を及ぼしたであろうかということを推測してみたい。

過去の鎖国論

鎖国肯定説――日本文化の完成

鎖国政策を支持する学説の中で傾聴すべきは、室町幕府このかたのあらゆる政治や文化の混乱は「元和偃武」（大坂落城により天下泰平に帰した）によって収拾されたが、その最後の仕上げとして国内の統一と静謐が保たれたのは、鎖国を断行して外国勢力の圧力を排除したからである。またそれによって、先行の日本諸文化が整理洗練されて世界に対して独得の近代日本文化が完成され、やがて来るべき明治時代を迎える地固めとなった、という説であったと思う。この観方はまことにその通りであってそれを否定するものでない。

国土防衛の必要

しかし鎖国肯定論の中には、別にもう一つの説がつけ加えられている。鎖国をしなかったら、幕政がやっと緒に就いたばかりのおり、世界海洋をわがもの顔に征略したイスパニア・ポルトガルが、キリシタン布教と手を取合って日本の国土――少なくも西南日本――に領土的野心(植民地化)を逞しくする危険がある。十五・六世紀における右の二国の手段をえらばない惨虐をきわめた殲滅的侵略行動(メキシコやペルーにおける)と彼らのもつ最新式の精鋭な武器に対して、われはそれをよく防ぎとめられるだろうか。況んや関ヶ原戦以来の深い旧怨を徳川氏にいだいている西国諸大名が、彼らを迎え入れて徳川新政府に叛旗をひるがえすなら、わが国土は再び禍乱の巷となり、その結果領土の一部の奪われる惧れがなしとしないとの説である。この説も一往存在の理由があるが、その当否をいちいちあげつらう紙面は乏しいので一言だけ私見をのべる。十七世紀に入ってから、わが国に来舶していた外国勢力は、すでに衰兆を示していたキリシタン（旧教）両国と、旧教国と利害全く相容れない新教国オランダであった。受身にある日本ではあるが、戦国武士の意気まだ衰えたとは思われない（徳川氏は浪人の処置に手を焼いていた）、日本に遠征するためにはヨーロッパからの長途の距離と季節風の制約という地理的・気象的な難点がある。また新旧両教国の対立を日本側が見のがすものでもあるまい。これらを考慮すると、やみやみ西欧の武力に屈服する日本国民とは信じたくないし、鎖国しなければヨーロッパの脅威を防ぎえない筈はない。

鎖国せざりせば

この問題を十七世紀ヨーロッパ諸国の政情を照し合せて考えたい。近代世界文化の主流である西ヨーロッパ諸国が競って活動期に入ったのは、新旧両教の政教上の大紛乱に終止符を打ったウェストファリア条約以後の十七世紀中ごろからである。世界海洋進出の先駆であったイスパニアとポルトガルはその行動がなかば十字軍的であったため、やがて行詰りを来たしのに代ってオランダ・イギリス・フランスは現世的実利追求に徹した。もしわが国が鎖国せずに対立するこれら諸国の動向を察知してそれらに即応し、さなくとも追随して行くことができたならば、わが国の近代化への道は現実よりも二百年前にさかのぼりえたかも知れないというのは空想であろうか。

十七・八世紀のヨーロッパ諸国動向

鎖国以後一世紀半にして光太夫を先導としてラックスマンが渡来した。この間におけるヨーロッパの動きを見ると、十七世紀を支配した絶対的専制君主制は、十八世紀が進むにつれてフランスを主流とする啓蒙思潮がヨーロッパ全土を風靡し、絶対主義に代って啓蒙的専制君主制の時代となる。人間性尊重(ヒューマニズム)、自然科学の発達による合理主義により西欧諸国の躍進は著しい。この期間日本は殆んど全くこの近代文明の動向から取残され、ただわずかに蘭学の興起によって西洋事情が蘭学者を中心とする一部有識者の間に知られかかった時であった。この百五十年の立遅れは著しいものではあるが必ずしも致命的なものではない。十八世紀におけるヨーロッパ諸国の進歩を見ると、イギリスはすでに責任内閣制度が実施されて民主政治への道は開かれたが、しかし実際の上ではさまざまの欠陥が露呈されて、その完成には百年後をまたねばならなかった。大陸では市民階級の権利が大きく進展したけれども、啓蒙化専制政治の名の示す如く、政治はまだ帝王とその側近の手に握られて民衆のものではなかった。経済上ではイギリスだけ産業革命へ進みはじめてまだ間もない時代である。一方イギリス最大の植民地である北アメリカでは、本国に離叛したアメリカ合衆国が独立革命に成功し、史上殆んど最初の独立国として呱々の産声をあげたばかりである。そうした背景の下に十八世紀の末に至って突如フランス革命が起って新時代を生み出す契機を開いた。光太夫が帰還して幕府の肝をひやしたのはこの際である。

鎖国後の百五十年、日本はヨーロッパ諸国近代化の動きに取残されたことは蔽うべくもない。しかしこの期間におけるヨーロッパの近代化はまだ準備期であって、十九世紀に入って達成された自由・平等・民主という政治革命、ないし経済上の産業革命はまだ潜在的勢力といわるべきであった。また諸国民対立の民族主義もまだ生れていない。

開国の好時機

突如としてフランス革命が勃発して輝しい十九世紀の前触となるが、それだけに陣痛の期間が長きにわたり平常に立戻るのは容易でなく、その跡始末で他の世界を顧るひまはなかった。アメリカ合衆国も生れたばかりで自立するのが関の山であった。まさにその時に来朝したラックスマン（ないしはマカートニー）によって強制されながらも開国が行なわれ、世界への日本人の眼が開かれたとしたならば、ヨーロッパ諸国間の戦乱紛争のかげに蔽われて彼らの干渉や圧迫を免れえられるし（わが国の地理的位置の遠隔性を考慮において）、太平洋に進出する半世紀以前の新興小国アメリカとともに、十九世紀時代のヨーロッパ諸国に対処すべき素地はまだ十分あった。開国の時機として必ずしも手遅れだったわけではない。

十八世紀末のアメリカ

これはこの前後におけるアメリカを引合いに出してみると明らかである。当時のアメリカ合衆国は本国イギリスに叛いて独立したばかりで、ワシントンが初代大統領として就任したのは一七八九年でフランス革命の勃発した年である。大革命につづくヨーロッパ動乱が拡大激化しなかったならば、独立したばかりで結束のゆるい十三州連邦体の米国は、大西洋対岸のヨーロッパ諸国からのさまざまの圧力を受けて順当な伸び方をしたかどうか疑わしい。

幸運なアメリカ

幸運にも欧州動乱のおかげで生誕間もない新国家はすくすくと自然に発育した。その上二十年以上も血みどろになって戦っている両陣営の行く手を見守りながら中立の立場を保持し、大西洋を自由に航海して漁夫の利を占め、経済・産業の上で著しい発展をとげた。そればかりではない。制海権をイギリスに奪われたフランスが、合衆国の西方にひろがる広漠たるルイジアナ——ミシシッピ河以西、ロッキー山系にまでひろがる

――を守りきれないので、捨値にひとしい金額で米国に手離した。動乱がおさまりヨーロッパ諸国に平和がおとずれ、彼らが再び外に手をのばそうとするころには、アメリカは押しも押されもせぬ大国にまで成長し、モンロー主義を堂々と宣言して、ヨーロッパ諸国の野心を断然はねつけられるだけの実力国家になってしまった。アメリカ人の偉大さもさることながら、地理的環境と幸運な時勢との賜物である。

日本とロシア

ここで改めてもう一度ロシアとの関係を見よう。今日わが国とソ連邦との間柄はさまざまな角度から脚光をあびているが、日本にとっての大きい関心事は両国の境界にもとづく諸問題であろう。日本が国初このかた通交していた隣国は中国・朝鮮の二国にすぎない。それとてもこのごろの言い方にすれば、相互間政経一体の国交というよりも、わが国としては文化の吸収や商品の取引が主であり、向う側にしても日本に対して積極的に求めるものは少なかった。このような日本の善隣関係に対して、十七世紀に入って思いもかけず向うから働きかけてきたのがロシアである。モスクワを核として堅実な成長をつづけ近代的大帝国となったロシアではあるが、その内陸的な地理的位置に制約されて、ピョートル大帝以来の努力にもかかわらず、ヨーロッパ方面での海洋活動は思うにまかせない。北極洋に面する地域はいかにひろくとも一年の大半は殆んど用をなさない。バルト海にのぞむわずかの海面も、黒海も、大西洋沿岸の近代諸国家と海洋で角逐することは事実上不可能であった。帝政ロシアにとっての唯一の突破口は、シベリア曠野のいやはて、本国から遠くはなれた北太平洋海域だけであった。ピョートル大帝が異常の関心を以てベーリングに探検を命じ、また日本語学校を設けたのも、大帝の遠大なる雄図の発現にほかならない。カムチャツカから千島づたいに年一年日本北辺への進出が甚しくなった。これに対して日本では蝦夷地支配を松前藩

十八世紀の日露の境界

にまかせきりの無策ぶりであったが、十八世紀後半まで日露両国の接触点は、彼はウルップ、我はエトロフであった。カラフト方面の探検は行届かず、大陸から切離された独立の島であるのが確認されたのは間宮林蔵の功績（文化五年（一八〇八））をまつありさまで、ラックスマン来朝におくれる十六年のことである。両国間の領土関係がこのような有様であったから、若し日本がラックスマンの交渉に応じて立っていたなら、北方領土問題は早くこの時に解決の道が開かれた筈である。

ロシア領土の大膨脹

その後の半世紀あまりの間に極東大陸の領土の帰属は大きい変動をもたらした。アヘン戦争の大敗による清国の弱体暴露は、さらに英仏両国の北京占領となって清朝は崩壊の寸前に追い込まれた。この調停に立ったのが清国駐在のロシア公使であった。清政府に恩を売った辣腕なロシア公使は、清の弱みに乗じて、濡手で粟の掴みどりで、アッという間に、黒竜江以南から松花江東の沿海州の土地を譲り受け、ウラジオストック軍港を建設する放業（はなれわざ）をなしとげてしまった（一八五八―六〇）。

こうして日本はひろく北方からロシアから包囲されるようになってしまった。ペリー開国要求の数年あとのことにすぎない。もはや北方領土権で日本はロシアに対してイニシアティヴをとれなくなった。

救いのない日本の立遅れ

ラックスマン開国の要求を拒絶したのちの六十年あまりにヨーロッパは画期的な大飛躍をとげた。政治上では自由平等による民主政治、国際間では十八世紀までの君主対立に代る民族相互間の相剋は、国際政治を苛烈な競合（せりあい）に持込んだ。産業革命の躍進はヨーロッパ先進諸国民と他の大陸諸国民（アメリカ合衆国を除いて）との実力の差を徹底的なものにした。交通機関の革命は世界の距離を縮小し、世界海洋は先進諸国の意のままとなった。誕生間もないアメリカが史上例を見ないような成長をとげて新大陸の盟主の地位を築き上げたことは、さきにのべた（三三五ページ）。このような世界情勢の大躍動の半世紀間、わが国では開国が延期されたのみならず、逆に常軌を逸した攘夷論が全国に横行し、幕政は頽廃の一途を辿るだけであって、ほぼ時を同じうして隣邦中国における清朝の末期さながらであった。かくてペリーの浦賀沖来舶を契機としてアメリカならびに西欧諸国に迫られて否応なしに開国した。日本の立遅れはもはや全く取返しのつかぬものとなった。

十九世紀前半の半世紀において世界政治の上で立遅れをとることがいかにきびしくはねかえって来たかは、ドイツ・イタリアの両国の実例を見ると一層はっきりする。古い歴史的大国であり、伝統に富む高度の文化をもつヨーロッパの二大国民は、国内分裂のため国民的統一即ち国民国家の完成が十九世紀後半に持越されたばっかりに、近世のはじめから国民的統一国家として世界海洋に活躍したイギリス・フランスの仲間入りすることができず（大西洋にひろく沿岸していないことも原因ではあるが）、それが長く尾を引いて一世紀をへだてた第一・第二大戦の潰滅的敗北に陥る素因をなしたのは衆知のことである。ヨーロッパで領土が隣接し、文化の程度もひとしいのにかかわらず、かかる事実に直面する時、もちろん他の複雑な因果関係がからみあってのことではあるが、国家的地位の立遅れがいかに峻烈であるかをしみじみ感じさせられる。

鎖国政策の是非については、それぞれ、論者の知識・立場の差から今後とも論争されるであろうが、さまざまの問題点をとらえ、また世界史の観点に立つ時、鎖国がわが国その後の発展を阻害した要因であったことは否定できないと信じる。鎖国が実施されてから百五十年、日本が世界と隔離してその圧力に累わされず内政の安定と固有文化の渾融とを成し遂げた功績は容認しなければならないけれども、その目的が果たされた上は、政策転換の望ましい時期が当然来るべき筈であった。鎖国が寛永年間に必要であったにしても、百五十年後の寛政年度には全くその意義は失われ、それに代るべき新しいものを摸索する動きが相次いで起っている。享保の改革を遂げた八代将軍吉宗は祖法を守りながらも、洋書の禁を弛めなければならなかった。田沼老中はロシアの南進に対処して北地開発に鍬を打込む準備に着手したが自分の悪政のために失脚した。篤学の先覚者たちは『蘭学事始』に先鞭をつけて蘭文の原典に取組み、また腑分け（人体解剖）をも試みた。こうした時代の胎動によって西洋の影響は抵抗しがたくなっていた。ラックスマンの渡来は、まさに日本の内政がかかる曲り角に立っていた時期であった。この期間における海外の動静については、すでに西ヨーロッパ諸国、アメリカ、ロシアのそれぞれについてのべた通り（三一二―三一七ページ）であって、これら内外の情勢から察して、光太夫の帰還は開国に踏切る時機としては絶好のチャンスであった。

しかし歴史的現実はとかく不合理であり盲目に作用する。鎖国政策が行渡ってそれが固定観念として上下をあげての至上命令となってしまった。日本は神国であり外国は夷狄であるとして軽蔑する風潮が全国にみなぎった。その上徳川のお家大事の祖法固執は幕政批判を弾圧した。吉宗と並び称せられる名相松平定信でありながら、林子平を罰し、あるいは寛政異学の禁を発しるなど、思想の自由を抑えて人心を愚にして憚らない。ラックスマンの要請を斥けて一時のがれの成功に満足した。祖法固執の弊は救いようがなかった。「己れに出ずるものは己れに帰る」である。ヨーロッパ列強によって、それ以外の世界が彼らの植民地化に駆立てられる十九世紀半ばに入ってから、日本は強制された苛酷な条件の下に否応なしに開国しなければならないことになった。わが国の負わされた宿命であろう。

光太夫は数奇の運命に終始した。時機尚早とはいいながら、まことに不運であった。彼は封建体制の鉄則の下に、また社会的地位の低さの故に、歴史的重要な使命を負いながらそれを果たすに由なく、因襲の生贄(いけにえ)となった。封建社会におけるきびしくも非情な運命であるが、当時の日本の社会悪の発露でもある。

しかし彼歿して百四十年、彼の足跡はかすかながらロシアと日本と両方で発掘されかけている。日ソ両国民の交りは、必ずしも政治上のイデオロギーに関係なしに親密を加えるであろう。光太夫の薄命を唄ったソフィアの歌の曲譜は、いつの日かわが国の民謡にも取入れられることも期待されうる。地下でそれを耳にして彼がほほえむ日もあながち遠くないであろう。

略年譜

年次	西暦	年齢	事項
寛永一六	一六三九		鎖国
元禄 元	一六八八		大坂の商船カムチャツカに漂着、デンベイを除き全員殺さる
宝永 二	一七〇五		ロシア皇帝ピョートル大帝の勅命によりペテルブルグに日本語学校創設され、デンベイその教授となる
六	一七〇九		新井白石『西洋紀聞』を著す（翌年『采覧異言』）
正徳 四	一七一四		サニマ、デンベイのもとで日本語学校の助教となる
享保 五	一七二〇		徳川吉宗、洋書の禁を弛める
一三	一七二八		ベーリングの北氷洋探検○薩摩の船カムチャツカに漂着、船員一七人のうち、少年ゴンザとソーザを除いて全員殺さる
一九	一七三四		ゴンザ・ソーザ、ロシア教に帰依、日本語教授に当る
元文 四	一七三九		五月（西暦六月）、奥州牡鹿郡（宮城県）・安房国天津村（千葉県）等に前後数回にわたってロシア船が出没する（スパンベルグ・ワルトンら）

寛保	元	一七四一		スパンベルグら、アレウト列島発見
宝暦	元	一七五一	一	大黒屋光太夫、伊勢（三重県）白子町在南若松に生る
明和	元	一七六四	一四	イルクーツクの航海学校ひらく
	四	一七六七	一七	コサック百夫長チェルヌイ、エトロフ島の報告を作成する
	五	一七六八	一八	イルクーツクに日本語学校を設ける○クックの太平洋第一回探検（一七七三年第二回、一七七九年第三回）
	八	一七七一	二一	チェルヌイ等の掠奪殺傷に憤激したエトロフ・ラシュワ両島の原住民、ウルップ島宿営のロシア人を襲撃殺傷して退島させる○ベニョーウスキーの密告事件
安永	元	一七七二	二二	一月、田沼意次老中となる（天明六年（一七八六）三月まで）
	四	一七七五	二五	桂川甫周・中川淳庵、江戸本石町長崎屋の蘭人客館で蘭館医テュンベリについて質疑す
	八	一七七九	二九	八月、アツケシでイルクーツク商人頭シャバリンらと松前藩浅利幸兵衛との会見（日露間交渉のはじめ、但し決裂）
天明	二	一七八二	三二	『レクシコン』刊行（ロシア帰化日本人さのすけの子タターリノフ編の露日辞典）○一二月、白子から光太夫を船頭とした神昌丸、江戸に向う。漂流
	三	一七八三	三三	七月、アレウト列島中のアムチトカ島漂着（漂流中に一名、在島四年間に七名、相次いで病死）
	四	一七八四	三四	郷里南若松の墓地に神昌丸一行一七人の供養碑建つ
	五	一七八五	三五	林子平の『三国通覧図説』成る（地図上梓、本文は翌年刊）○この年から翌年にかけ、

七	一七八七	三七	幕命によるエゾ・カラフト・エトロフ等探検（第一回調査隊）○七・八月、フランス探検家ラペルーズの日本北辺の探検、宗谷海峡通過 九月、松平定信老中筆頭となる（寛永五年（一七九三）七月まで）○光太夫ら九人、シベリア本土のカムチャツカに移る。この地滞在中に更に三名病死
八	一七八八	三八	二月、光太夫とレセップスとの会見○六月、カムチャツカ発、オホーツク・ヤクーツクを経て露都に向う
寛政元	一七八九	三九	二月、光太夫ら漂民一行六人イルクーツク着、キリル＝ラックスマンの知遇を受ける。帰国の願書提出、却下さる。二回目も却下、三度提出○一名病死、庄蔵・新蔵重病に罹りロシア教に帰依する
三	一七九一	四一	一月一五日、帰国許可請願のため光太夫単身、ラックスマンに随行してペテルブルグに上京する。二月一九日着○六月二九日、女帝エカテリナ二世に拝謁○九月二六日、帰国願正式に許可さる○首都滞在の約半ヵ年に市内の各所見学○『欽定万国語比較辞典』改訂の業に与かる○一一月二五日退京、モスクワ経由東帰する
四	一七九二	四二	一月、イルクーツク着（四ヵ月イルクーツク滞在。当地残留の庄蔵・新蔵および旧知に名残を惜む）○九月、キリルの子アダム＝ラックスマン、光太夫らの送還を兼ね遣日修交使節を命ぜられる○同月、オホーツク出帆（ロシアの土を離れる）○一〇月七日陰暦九月三日）、ネムロ帰着○一二月二日、石川将監・村上大学、宣諭使に命ぜられる○第二回エゾ地調査隊

寛政 五	一七九三	四三	三月二日、宣諭使石川・村上の二人松前に着く○四月二日、帰還漂民小市、ネムロにて病死○六月八日、特使一行、海路で箱館に着き、ついで陸路をとり、六月二〇日、光太夫・磯吉を伴って松前に到着○同月二一日、宣諭使とラックスマンらの第一回会見○同月二四日、第二回会見、光太夫・磯吉の引渡をすませる○同月二七日、第三回会見○七月一六日、ロシア特使一行箱館発。八月二七日(一七九三年九月二一日)、オホーツク着○光太夫・磯吉上府、雉子橋外の厩舎に留めおかれる○九月一八日、将軍家斉・老中松平定信ら「漂民御覧」○郷里の人々と会見を許される
六	一七九四	四四	イギリスの使節マカートニー、長崎入港の期を失して西帰する○六月、光太夫・磯吉、番町薬園に収容される○閏一一月一一日(西暦一七九五年一月一日)、芝蘭堂新元会に出席する
八	一七九六	四六	九月一七日、イギリスのブロートン日本近海探検。欧人の津軽海峡通過の初め(翌年再び日本探査)
九	一七九七	四七	光太夫の子亀二郎生る○磯吉の帰省○小市の遺品展示
一〇	一七九八	四八	近藤重蔵、エトロフに大日本恵土呂府の標柱を建てる
一二	一八〇〇	五〇	伊能忠敬、蝦夷地を実測する
文化 元	一八〇四	五四	九月、ロシアの特使レザノフ、仙台領の漂民津太夫らを伴い長崎に来て互市を求める
二	一八〇五	五五	三月、レザノフの日本開国の使命不成功に終りカムチャツカに帰る
三	一八〇六	五六	九月、レザノフの部下フウォストフ、カラフトのクシュンコタンを襲撃

年号	年	西暦	年齢	事項
	四	一八〇七	五七	四月、フウォストフ・ダウィドフらエトロフのナイボ・シャナを襲撃○五月、カラフトのオクイトマリ襲撃
	五	一八〇八	五八	イギリス船フェートン号長崎を騒がせる○間宮林蔵カラフト探検に成功する
	七	一八一〇	六〇	新蔵、イルクーツクで死
	八	一八一一	六一	六月、ロシアのディアナ艦長ゴローウニンをクナジリで捕え、松前に護送監禁する
	九	一八一二	六二	高田屋嘉兵衛、ロシア艦に捕えられる
	一〇	一八一三	六三	嘉兵衛とゴローウニンと交換
	一一	一八一四	六四	この年および翌年、イギリス、出島の蘭館を乗取らんとして失敗する
	一四	一八一七	六七	新蔵のロシア文の著書『日本及び日本の貿易について』ペテルブルグで刊行される
文政	八	一八二五	七五	外国船撃攘令（天保一三年（一八四二）廃止）
	一一	一八二八	七八	光太夫、番町薬園内で死○シーボルト事件
天保	五	一八三四		磯吉、番町薬園内で死（七三歳）
弘化	元	一八四四		オランダ王、日本に開国を勧告する国書を送る
嘉永	四	一八五一		亀二郎（大黒梅陰）死し、光太夫の跡絶える
	六	一八五三		六月、アメリカ合衆国のペリー浦賀に来り国書を呈す○七月、ロシアのプーチャチン、長崎に来る

主要参考文献

史料

一、光太夫の聴書によるもの

一『北槎異聞』篠本廉　寛政五年八月
二『漂民御覧之記』桂川甫周　寛政五年九月
三『北槎聞略』桂川甫周　寛政六年八月（島連太郎私刊、非売品、昭和十二年）

二、その他

四『通航一覧』大学頭林韑等編（嘉永六年）（国書刊行会本第七巻・第八巻　大正三年）
五『環海異聞』大槻玄沢
六『北辺探事』同
七『蝦夷草紙』最上徳内

右のうち、一・五・六・七は『北門叢書』六冊（大友喜作編）に、二・五は『漂流奇談全集』（石井研堂編）に、それぞれ収録されている。

編著

『伊勢漂民の事蹟』新村出　大正三年七月稿（『新村出選集』第二巻収載、昭和二十年）

『北海道史』（七巻）北海道庁編　昭和十一〜十二年

『増訂近代日本外国関係史』田保橋潔　昭和十八年　刀江書院

『光太夫の悲恋―大黒屋光太夫の研究―』亀井高孝　昭和四十二年　吉川弘文館

外国の史料および著作の主なるもの

M. Ramming Reisen Schiffbrüchiger Japaner im XVIII Jahrhundert. Berlin 1931.

Lesseps Journal historique de M. de Lesseps du Kamtchatka en France. Paris 1790.

Asch Sammlung. (Universitätsbibliothek in Göttingen)

Konstantinov, ОРОСИЯКОКУ СУЙМУДАН

（魯斉亜（おろしや）国酔夢談）

その他の論攷数編

あとがき

私がはじめて白子（しろこ）を訪れたのは、日本降服後間もないころだった。光太夫の跡を弔ったのは当然だが、彼の伝記を筆にすることなど初めから全く考えても見なかった。それよりも白子染型紙がその原紙にはじまって繊細巧緻（せんさいこうち）の型紙にと刻まれてゆく工程を見学して感心した。また型紙業の元締である寺尾家で、刻工（きざみこう）の名と年とを自署した元祿この方明治初年までの型紙見本が年次を追うてその変遷がわかるように二冊に綴込まれているのを見た感興はまだ忘れずにのこっている。その後十六－七年たってから光太夫伝執筆に踏切り現地を再訪したのは昨年二月初旬で、伊吹颪（おろし）のはげしい粉雪のふる日であった。郷土史家の舌津（ぜっつ）・山口両翁の案内を煩わして遺跡を巡覧した。はじめは主人公の遠縁の中川ふささんにも会うつもりであった。しかし何分にもひどい寒さであり、八十歳に手の届く老女が折悪しく風邪のためあばら屋で静養中ときいたので、無理をさせて病気を悪化させるに忍びなかった。私は記者でないし気が弱いから。また津にも古老が居られたが、同じく高齢で療養中のように耳にしたので訪問をあきらめた。わたくし自身反省することであるが、遠い憶い出というものは自分はかくかくと信じ切っていながら、実は可なり曖昧なもので、客観的真実性を欠くことが多いから、それなしにもすませうるとの判断によった。

また江戸時代、大伝馬町に開店以来三百年間、連綿として太物(ふともの)問屋を営んで明治に亘り、今なお土地の旧家として手広く活動され、歴代の古記録を保存されている津の川喜田家、松坂の長谷川家(本文所載の供養碑の施主の子孫)を訪れその好意によって旧記の披覧を許されたが、残念ながら光太夫出帆当時に関するものは見出されなかった(だからといって将来見つけられないというのではないが)。伊勢捜訪(そうほう)によって、光太夫を生んだ白子周辺の雰囲気をうかがうことはできたが、光太夫の生い立ちをたしかめるズバリとしたものはえられなかった。

こうした地固めにつとめながら筆をすすめた。しかし光太夫自身の語るところ以外の資料は極めて乏しく且つ不確かであるから、類推や想察によることが多く、中にはフィクションを交ぜてつなぐ場合も起り、文の結びに断定語を用いえたのはあまり多くはない。読者によっては種々の批判もあるであろう。私はそれを期待したいのである。また本文の中に示しておいた漂民が持帰った品物は天変地異ないし戦災によって失われたものが数多いであろうが、なお少なからぬものが残されている筈である。国立博物館の片隅や国立図書館の棚の上に知られぬままに放置されておりはしないか。老懶の私がその捜索を怠っていることは忸怩たるものがあるが、大方の注意を煩わしたい。衣服の類は消耗しやすいが器物はわりあいに原形のまま（破損しても原形を察知できる）に残りうるから、原物に接したいものである。当時の工芸史の資料ともなるであろう。

本書にとって読者の諒恕（りょうじょ）を請わねばならぬことは、内容がロシア遍歴の体験と見聞にありながら私のロシア語に対する無知のため、ロシア側に存する文献を参酌使用しえない点である。幸いにもソ連邦の日本学者でこの方面の専門研究者コンスタンチノフ博士はその研究書や論攷を提供され、また豊富に漢字を交えた流暢な日本語により書簡をしばしば寄せて教示を垂れて下さった。はしがきにしるした『北槎聞略』のソ連邦の訳者は同氏である。つぎに言語学者で順天堂大学教授村山七郎氏は、ロシア漂流の帰化日本人によって露和辞典その他の形でつたえられた十八世紀の日本語について、かねて研究されているが、その研究の成果を惜みなく与えられて本書に利用することを快諾されたのみならず、コンスタンチノフ氏論攷の翻訳にも協力された。一橋大学講師中村喜和君もまたロシア文学専攻者としてたえず私に力を与えられている。また日本大学教授山田忠雄、鎌倉図書館長沢寿郎の二氏はそれぞれ貴重な資料を供与されて本書のために光彩を添えられた。

一方に白子方面に関しては山口喜兵衛・舌津顕二の両翁、生出(おいづる)恵哉氏をはじめ緑芳寺・心海寺その他に負うところ多く、別に丸善書店の八木佐吉君もその一人である。本書の存在に何らかの意義ありとせば、上記の諸氏の変らざる支援の賜である。ここに謹んで謝意を表する次第である。

昭和三十九年六月　満七十八歳を迎えて

三刷にあたって

本書を起草するに当り最も負うところが多かったのは故新村出博士の論考『伊勢漂民の事蹟』である。けれども右はすでに半世紀以前に遡るものであり、また一貫した伝記ではなかった。従って私は素材として、光太夫自らが語った『北槎聞略』を主とし、その他、本書巻末にあげた内外の文献を私の判断により適宜取捨点綴した。一方かれの生地鈴鹿市白子（南若松）を訪れること四度に及んだが、郷土の古老古刹からは断片的な彼の周辺を窺知しえたに過ぎず、かれ自身を肌にじかに接することはできなかった。こうしたもどかしさに打克ってこの小伝は起草されたのである。数奇な運命に弄ばれた彼に対する同情は漂泊先、今日のソ連の日本学者、惜しくも最近急逝したコンスタンチーノフ博士の注意を惹き大小数種の著作が公にされた。その著作を利用することなしに拙著は日の目を見なかったであろう。その上同氏の私心なき好意が実って、私は八十歳に垂んとして光太夫の足跡をソ連に辿る幸運にめぐまれた。光太夫が江戸通いの船中に携行した浄瑠璃本その他は概して小冊子であるが数十冊に及んだと想像されそのかなりは失われたことだろうが、その中の一部約十余冊が今日ソ連邦科学アカデミーに保管されている。私にそれらすべてをしらべ且つマイクロフィルムにして持帰ることを許されたソ連当局の寛厚さにふかい感謝の意を捧げる。

それら書冊の欄外や表紙うらの白紙にそこはかとない、しかし誰に訴える由もない惻々として胸せまる彼の心情がさながらに書きちらされて彼の偽りなき情緒に共感を禁じえない。特に漂流前における若い血潮に溢れた恋慕の片鱗に触れることができたことは全く思いもよらぬ収穫であった。その一々はソ連の旅の一端を述べた『光太夫の悲恋』(昭和四十二年、吉川弘文館)に述べたから繰り返しを避けるが、彼が万難を排して帰国した祖国は非情冷厳な政策に終始し、番町薬園内の陋屋に籠の鳥同然に閉じこめられたまま、遂に一足も郷土の土をふむことを許されずに三十余年間の長き余生を送って瞑目した。

本書初版上梓後、ことに訪ソの諸追補を要する点を左に箇条書として補記する。

一、彼は大黒屋家から亀屋家に養子となった事はほぼ明らかであったが確実な明証はない。ソ連にのこした落書によってはじめてハッキリ亀屋兵蔵と自署したものが発見された。ただし対外的な通り名としては大黒屋光太夫であった事は、漂流の満二年後、南若松山中墓地に建てられた一行十六人の供養碑に光太夫また大黒屋光太夫とのみあって亀屋の名は見られず、わずかに亀屋家の戒名「久味」が見えるだけであり、また三河平坂の船主がその部下の遭難を悼んで江戸回向院に建てていまものこる舟形碑には白子光太夫の名が傍書されている上から見て、公称は大黒屋光太夫であったことがわかる。

一、彼が出帆前その郷土で「しま」という女と熱烈な恋慕の関係にあったらしいこと。十年の長い年月一筋にその恋人を思いつめ、それが彼を唯一筋に帰国に駆立てたらしいこと。

一、この遮二無二な帰国請願の上訴が、彼を憐んだ外務大臣ベスボロッコを介して女帝エカテリーナ二世の嘉納するところとなり、いよいよその運びとなりながらその瀬戸際にうやむやに終りそうになったらしいので、矢も楯もたまらない光太夫は、それをベスボロッコの変心とのみ邪推し、逆上気味でこの重臣にあらん限りの呪詛の言をなげつけた。しかしその悪口雑言も文末になると、いかにも一向宗派の堅信者らしく、諦観して「南無阿弥陀仏それればかりじゃ」の言で結んでいる所に四十男の面目をしのばせているこの文はロシア文字による日本語でだれにも知らせたくない、しかし思いきり憤懣の情を発散させたいとばかり書いたものであろう。ところが数日の後に帰国の許可が下ったので、彼はあわてふためいて、ベスボロッコまたはグラーフ（大臣は伯爵であった）の名の上を墨黒ぐろにぬりつぶしている（これは間違いなく和墨であって彼が帰国のきわまで筆墨を身につけている証拠になる）。

作家の井上靖氏も光太夫にふかい関心を寄せたと信じる。井上氏は自らソ連を訪れること二回、その創作『おろしや国酔夢譚』（「おろしや国睡夢談」という片々たる冊子の題目に因んで命名したもの）で光太夫の漂流苦、ことにイルクーックを中心としての光太夫とその水夫たちのやるせない思いを創作され、光太夫の名をひろく日本の読書層に紹介された。併せ読まれれば幸いである。

（昭和四十五年一月記）

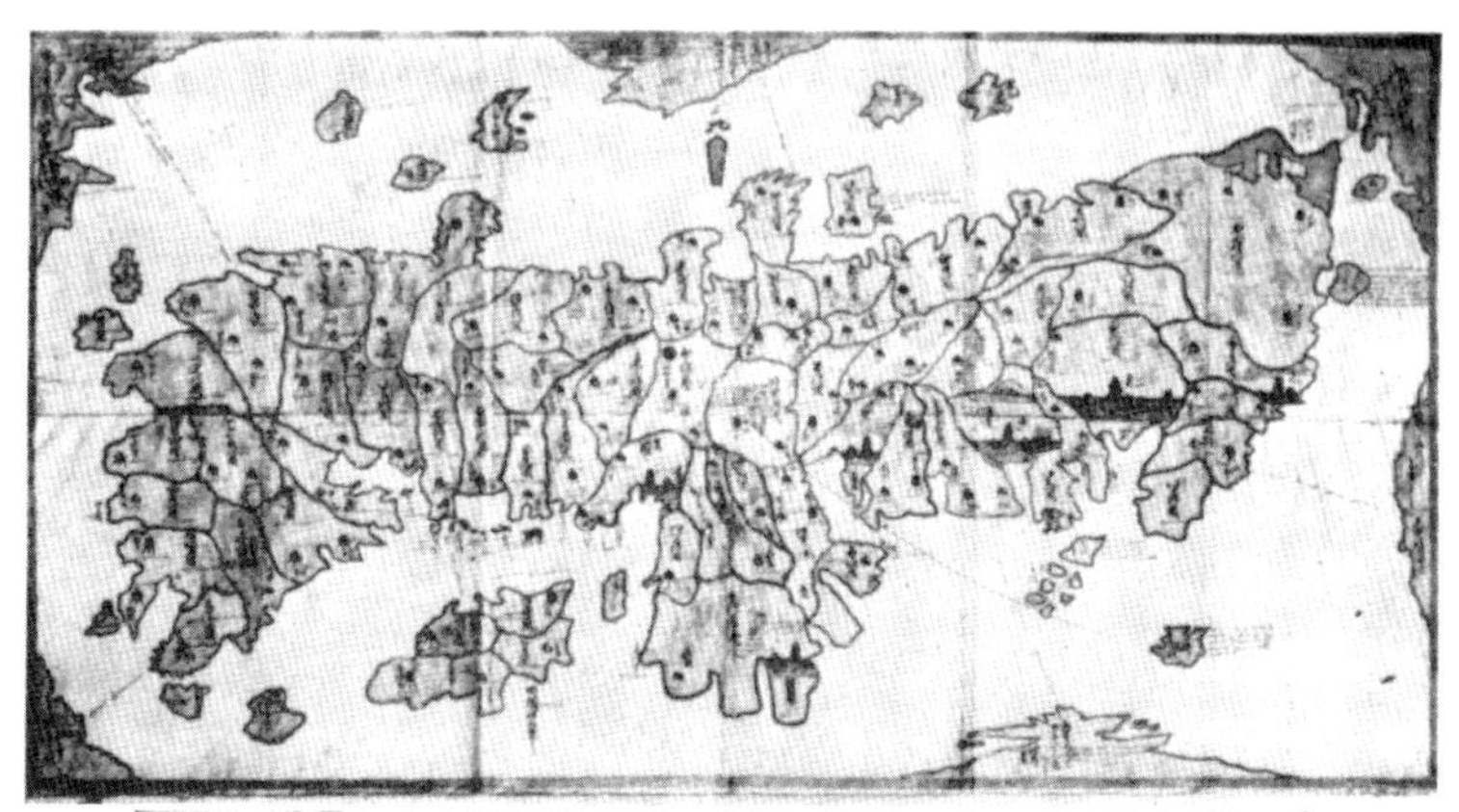

上．光太夫筆の日本地図，下．『節用集』所載の日本地図

この両図を並べてみると，地形上両者の類似するところ多く，光太夫が『節用集』を種本としたと推定しても無理であるまい。ただ防長と九州北部とを癒着させている所が理解出来ない。（本文194ページ参照）

光太夫遍歴図

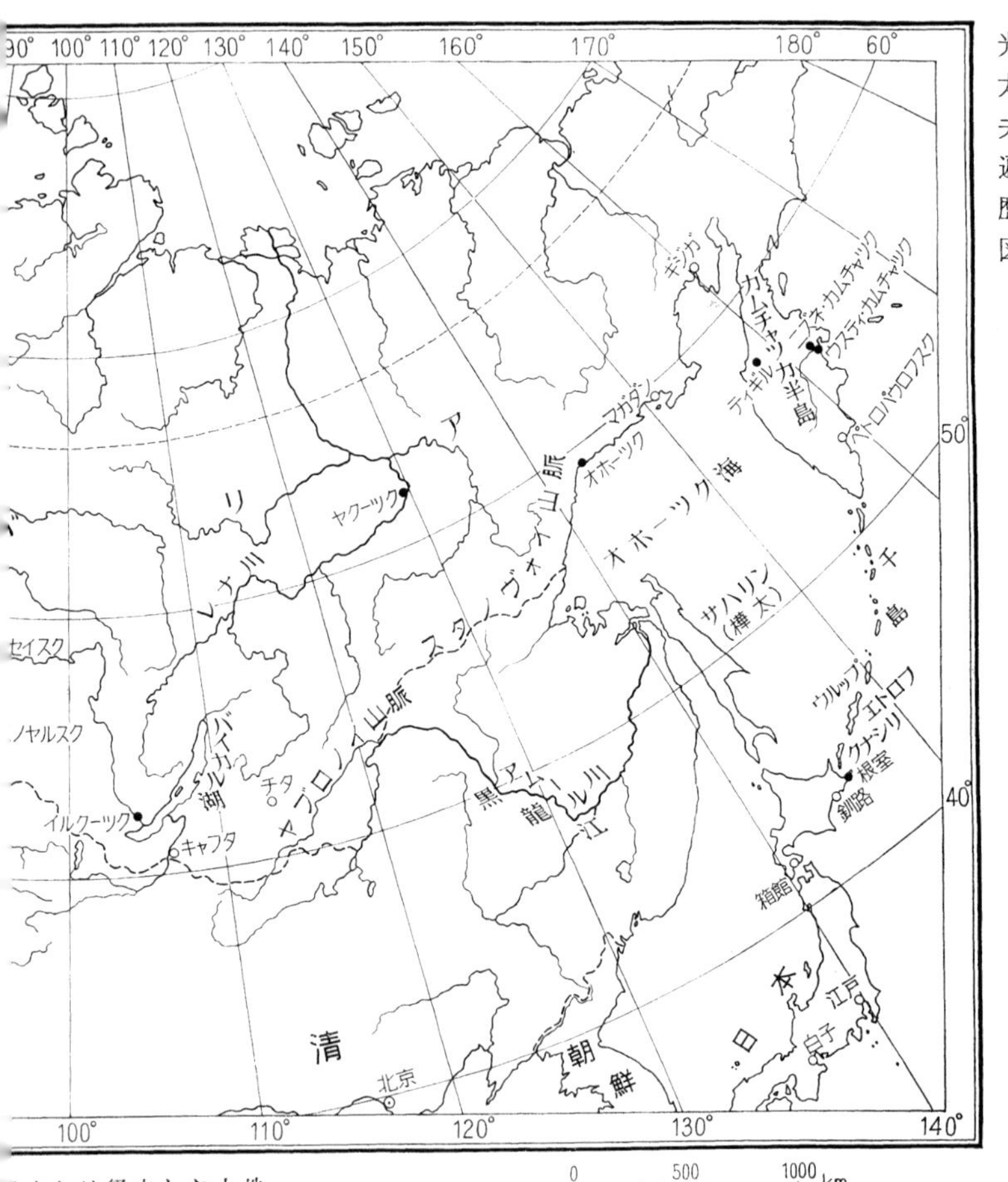

ﾆまたは経由した土地

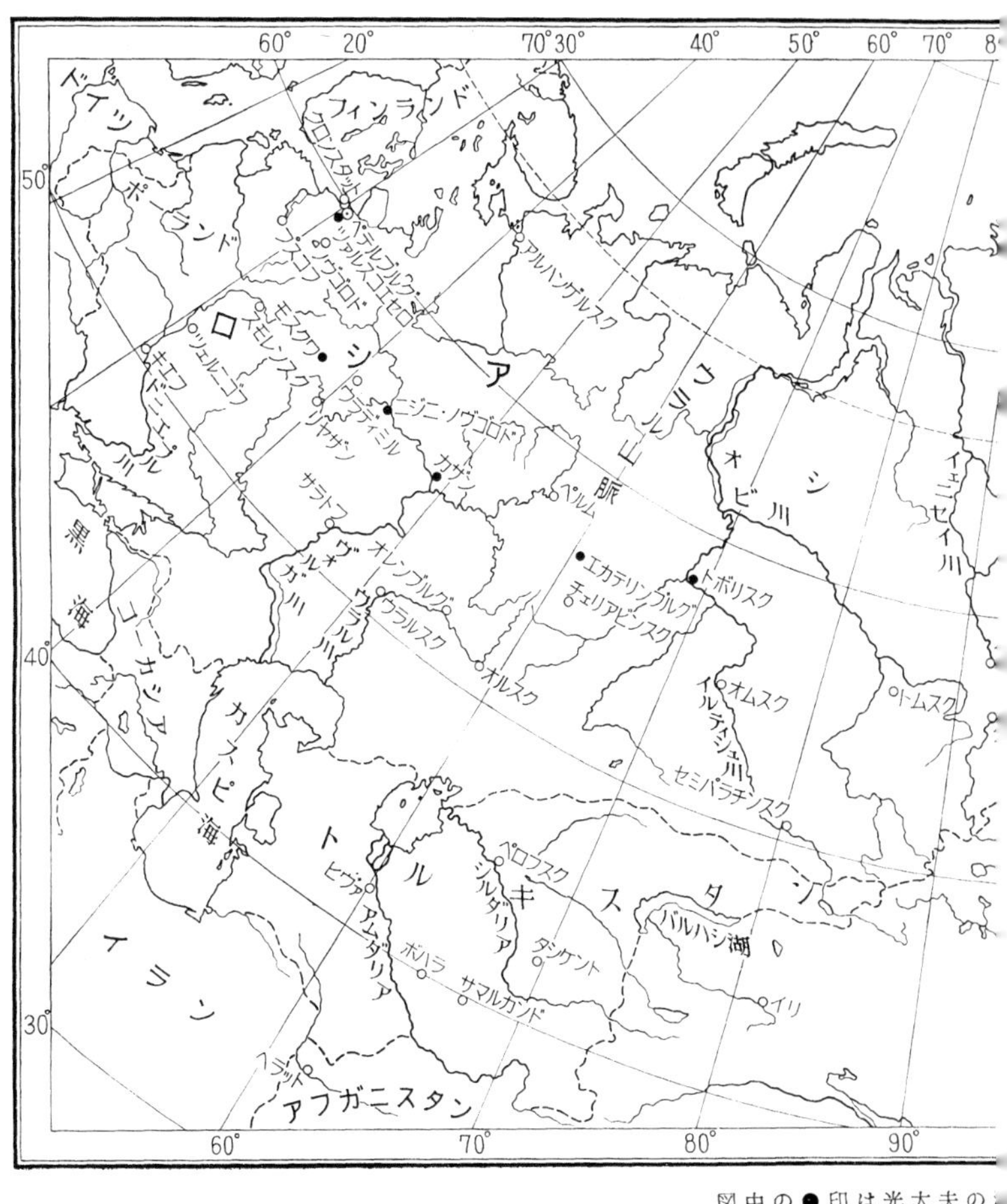
ドイツ
ポーランド
フィンランド
クロンスタット
ペテルブルグ
ツァルスコエセロ
ノヴゴロド
プスコフ
アルハンゲルスク
ロシア
モスクワ
スモレンスク
チェルニゴフ
キエフ
ドニエプル川
ウラジミル
ニジニ・ノヴゴロド
リャザン
カザン
サラトフ
ペルム
ウラル山脈
オビ川
シ
イェニセイ川
黒海
ヴォルガ川
オレンブルグ
ウラル川
ウラルスク
エカテリンブルグ
チェリアビンスク
トボリスク
オルスク
オムスク
トムスク
イルティシュ川
コーカサス
カスピ海
セミパラチンスク
トルキスタン
ペロフスク
ヒヴァ
シルダリア
アムダリア
ブハラ
タシケント
サマルカンド
バルハシ湖
イリ
イラン
ヘラット
アフガニスタン

図中の●印は光太夫の

著者略歴

明治十九年生れ
明治四十二年東京帝国大学文科大学西洋史学科卒業
第一高等学校教授、清泉女子大学教授、鎌倉市史編纂委員会委員長等を歴任
昭和五十二年没

主要著書
概説西洋歴史(上・下)〈共著〉 西洋史叢説 西洋史夜話 北槎聞略(校訂) 光太夫の悲恋 ハビヤン抄キリシタン版平家物語〈共翻字〉

人物叢書 新装版

大黒屋光太夫

昭和三十九年 七 月二十日 第一版第一刷発行
昭和六十二年 二 月 一 日 新装版第一刷発行
平成 四 年 五 月 十 日 新装版第三刷発行

著 者 亀井高孝(かめいたかよし)
編集者 日本歴史学会
代表者 児玉幸多
発行者 吉川圭三

発行所 株式会社 吉川弘文館
東京都文京区本郷七丁目二番八号
郵便番号一一三
電話〇三—三八一三—九一五一〈代表〉
振替口座東京〇—二四四
印刷=平文社 製本=ナショナル製本

『人物叢書』（新装版）刊行のことば

人物叢書は、個人が埋没された歴史書が盛行した時代に、「歴史を動かすものは人間である。個人の伝記が明らかにされないで、歴史の叙述は完全であり得ない」という信念のもとに、専門学者に執筆を依頼し、日本歴史学会が編集し、吉川弘文館が刊行した一大伝記集である。

幸いに読書界の支持を得て、百冊刊行の折には菊池寛賞を授けられる栄誉に浴した。

しかし発行以来すでに四半世紀を経過し、長期品切れ本が増加し、読書界の要望にそい得ない状態にもなったので、この際既刊本の体裁を一新して再編成し、定期的に配本できるような方策をとることにした。既刊本は一八四冊であるが、まだ未刊である重要人物の伝記についても鋭意刊行を進める方針であり、その体裁も新形式をとることとした。

こうして刊行当初の精神に思いを致し、人物叢書を蘇らせようとするのが、今回の企図である。大方のご支援を得ることができれば幸せである。

昭和六十年五月

日本歴史学会

代表者　坂本太郎

〈オンデマンド版〉

大黒屋光太夫

人物叢書　新装版

2020年（令和2）11月1日　発行

かめ　い　たか　よし
著　者　亀 井 高 孝

編集者　日本歴史学会
代表者　藤 田 覚

発行者　吉 川 道 郎

発行所　株式会社　吉川弘文館
〒113-0033　東京都文京区本郷7丁目2番8号
TEL　03-3813-9151〈代表〉
URL　http://www.yoshikawa-k.co.jp/

印刷・製本　大日本印刷株式会社

亀井高孝（1886 ～ 1977）

ISBN978-4-642-75067-7